INTRODUÇÃO AO GREGO BÍBLICO

JOHANNES BERGMANN

NOÇÕES GRAMATICAIS PARA LEITURA, EXEGESE E APLICAÇÃO

THOMAS NELSON
BRASIL

Copyright ©2024, de Johannes Bergmann
Todos os direitos desta publicação são reservados por Vida Melhor Editora LTDA.

Todas as citações são tradução do original feita pelo autor.

Os pontos de vista desta obra são de responsabilidade de seus autores e colaboradores diretos, não refletindo necessariamente a posição da Thomas Nelson Brasil, da HarperCollins Christian Publishing ou de sua equipe editorial.

Publisher	*Samuel Coto*
Editor	*André Lodos Tangerino*
Produção editorial	*Fabiano Silveira Medeiros*
Preparação	*Pedro Vercelino*
Revisão	*Daniel de Oliveira*
Diagramação	*Cícero Silva*
Capa	*Rafael Brum*

Dados internacionais de Catalogação na Publicação (CIP)
(BENITEZ Catalogação Ass. Editorial, MS, Brasil)

B436i Bergmann, Johannes
1.ed.   Introdução ao grego bíblico / Johannes Bergmann. – 1.ed. – Rio de Janeiro : Thomas Nelson Brasil, 2024.
        320 p.; 15,5 x 23 cm.

        Bibliografia.
        ISBN 978-65-5689-763-9

        1. Língua grega - gramática. 2. Grego - estudo e ensino. 3. Grego bíblico (Bíblia). 4. Novo Testamento. I. Título.

12-2023/14   CDD 487.4

Índices para catálogo sistemático

1. Grego bíblico : Novo Testamento   487.4

Aline Graziele Benitez – Bibliotecária - CRB-1/3129

Thomas Nelson Brasil é uma marca licenciada à Vida Melhor Editora LTDA.
Todos os direitos reservados à Vida Melhor Editora LTDA.
Rua da Quitanda, 86, sala 218 — Centro
Rio de Janeiro — RJ — CEP 20091-005
Tel.: (21) 3175-1030
www.thomasnelson.com.br

Sumário

Agradecimentos e dedicatória 5
Prefácio 7
Reduções 11

Introdução 15

1. Alfabeto • Acentos e outros sinais 23
2. Verbos: Introdução • Aspecto verbal • Presente do indicativo • Usos do presente 31
3. Verbos: Presente do subjuntivo • Usos do modo subjuntivo 43
4. Verbos: Futuro do indicativo • Usos do futuro 51
5. Artigos e substantivos: Casos e 2ª declinação 59
6. Substantivos: 1ª declinação 69
7. Adjetivos: Introdução • Graus de comparação 81
8. Preposições 91
9. Pronomes: Pessoais, demonstrativos e relativos • Usos do pronome relativo 97
10. Verbos: Imperfeito do indicativo • Usos do imperfeito • Verbos defectivos/depoentes 105
11. Verbos: Introdução ao aoristo, 2º aoristo do indicativo e do subjuntivo • Usos do aoristo 113
12. Verbos: 1º aoristo do indicativo e do subjuntivo 123
13. Substantivos: 3ª declinação • Usos do dativo e do acusativo 129

14. Particípios: Introdução • Particípio presente e futuro • Uso adverbial do particípio 139
15. Particípios: Particípio aoristo • Uso adjetivo do particípio • O genitivo absoluto • O particípio e a questão do tempo 149
16. Pronomes: Interrogativos, indefinidos, reflexivos e recíprocos 159
17. Verbos: Perfeito e mais-que-perfeito 167
18. Verbos: Modo imperativo • Modo optativo • Usos do modo imperativo e do optativo 179
19. Verbos: O infinitivo 191
20. Verbos: Verbos contraídos • Conjugação em -μι 201
21. Usos do artigo • Numerais 213
22. Orações condicionais • Advérbios, conjunções e partículas 227
23. O texto original do Novo Testamento 241
24. E agora? Como continuar? 257

Apêndice 1: Cronograma 273
Apêndice 2: Quadro para identificação de formas verbais 275
Apêndice 3: Vocabulário 279

Bibliografia 295
Sobre o Autor 301
Índice de passagens bíblicas 303
Índice remissivo 307

Agradecimentos e dedicatória

No início do ano 2022, adoeci com covid-19 e, de um momento para outro, tudo mudou. Fui internado na UTI, e poucos dias depois os médicos chamaram minha família para se despedir de mim. Eu não tinha nenhuma chance de continuar vivendo. Dos extremos norte e sul do Brasil, meus familiares vieram para meu funeral, que aconteceria a qualquer momento.

Passei dois meses na UTI, em coma. Nesse tempo, Deus moveu um exército de intercessores que jejuaram e oraram pela minha recuperação. Deus fez o milagre! Diferentemente do que os médicos prognosticaram, pouco a pouco voltei à vida. Seguiu-se mais um mês no hospital, e um longo período de convalescença em casa.

A ajuda que recebemos de inúmeras pessoas, conhecidas e desconhecidas, vai muito além de tudo que se possa imaginar. O grande amor e a fidelidade de Deus foram manifestos por eles de maneira real e concreta. Até hoje não sabemos quantos eram nem quem eram todos esses irmãos da grande família da fé que se deixaram usar por Deus para nos abençoar. Foram instrumentos nas mãos de Deus nessa história em que o grande herói foi, sem dúvida, o próprio Deus!

Com as forças e a capacidade que ele me deu, foi possível produzir o material desta gramática.

A ele, e a todos os que se deixaram usar por ele, dedico este trabalho, com o coração cheio de gratidão!

Soli Deo glória!

Prefácio

Uma das necessidades mais urgentes percebidas por professores do grego do Novo Testamento é a busca por uma gramática abrangente e acessível, projetada especificamente para alunos iniciantes. Em nossa língua, tem sido notável a escassez de uma gramática que tenha sido cuidadosamente elaborada e testada com alunos de diversas idades e tradições eclesiásticas ao longo de um extenso período. No entanto, é exatamente isso que a *Introdução ao grego bíblico: noções gramaticais para leitura, exegese e aplicação*, de Johannes Bergmann, oferece.

Esta gramática não visa a abordar exaustivamente todos os dilemas e desafios da língua grega, uma vez que seria impossível escrever sobre tudo isso em um único livro. Em vez disso, o que Bergmann oferece em sua gramática é uma introdução abrangente, passando por todos os elementos essenciais do *grego koinê*, incluindo um breve capítulo sobre a prática da crítica textual e a perspectiva da *prioridade bizantina*.

Contudo, por ser abrangente, essa gramática lida com *todos* os aspectos essenciais da língua, com especial atenção a textos específicos do NT. Portanto, é importante alertar o aluno de que, ao embarcar em sua jornada de aprendizado com esta gramática, será necessário agir com persistência e dedicação. O estudo do grego do Novo Testamento demanda comprometimento constante, algo que se tornará evidente através das numerosas tabelas, exercícios e vocabulário para memorizar que encontrará no caminho.

Objetivos

Embora grande parte desta gramática se dedique aos elementos da língua grega, seu principal propósito não é a exaustiva descrição dos detalhes do idioma, mas, sim, fornecer a base técnica necessária para que o aluno possa utilizar o grego do Novo Testamento na vida pessoal e no ministério. É inegável que o uso eficaz do grego do Novo Testamento requer conhecimento sólido da língua; no entanto, é crucial enfatizar que o estudo do grego não deve ser encarado como fim em si mesmo. Nesta gramática, o objetivo último é enriquecer a vida devocional e ministerial do estudante.

Para atingir esse fim, Bergmann se esforça para ensinar somente o que é essencial em cada capítulo. Em vez de sobrecarregar o aluno com informações que não conseguiria assimilar, o autor apresenta somente o necessário para os primeiros passos na exegese. Os exemplos fornecidos contribuem sempre para o entendimento, e a extensa utilização de versículos extraídos das Escrituras fortalece o propósito primordial da obra.

Além disso, o autor minimizou ao máximo a carga de memorização, revisando o vocabulário apresentado e selecionando apenas os termos frequentemente empregados no grego do Novo Testamento. Entretanto, isso não significa que o aluno esteja isento do desafio de memorizar, mas, sim, que esse desafio foi ajustado à realidade do estudante brasileiro, tantas vezes sobrecarregado com diversas atividades na vida. Em outras palavras, esta gramática busca simplificar ao máximo o processo de aprendizado sem eliminar a necessidade de dedicação por parte do aluno.

Por fim, o professor Bergmann almeja que, ao concluir esta gramática, o aluno se sinta capacitado a ler o grego do Novo Testamento com o auxílio de dicionários. Embora o aluno que embarca em seu curso de grego possa sonhar em ler o grego do Novo Testamento (*ou até mesmo falar grego em uma viagem internacional*), a realidade é que o domínio do grego neotestamentário requer muito mais que um curso introdutório ou uma única gramática. No entanto, os primeiros passos nessa jornada são cruciais para que o aluno possa empreender sua própria exegese. Nesse sentido, esta gramática servirá de alicerce sólido para os alunos que compreendem que o estudo da língua grega é apenas o começo de uma jornada mais ampla.

Distintivos

Um diferencial desta *Introdução ao grego bíblico* é que não se limita a oferecer apenas noções básicas. Por exemplo, ao falar dos casos de substantivos, Bergmann apresenta as diversas funções que esses cassos podem ter, por entender que os casos gregos descrevem *funções* e não *formas*. Ou, quando trata dos tempos verbais e seus aspectos, explica detalhadamente os diversos significados que podem ter.

Outro importante distintivo é a preferência por exemplos retirados do texto bíblico e não de frases inventadas. Por exemplo, ao ensinar sobre diferentes aspectos verbais, Bergmann ilustra a partir do texto grego apresentado com sua tradução. Observe:

Ὁ **μένων** ἐν ἐμοί [...] **φέρει** καρπὸν πολύν· (Jo 15.5) //
*Quem **permanece** em mim [...] **leva** muito fruto.*

Esse tipo de abordagem aproxima o aluno ao mesmo tempo do texto e dos aspectos gramaticais ensinados. Com essa abordagem, o aluno aprende desde o início a lidar com os desafios e complexidades da tradução bíblica, bem como a apreciar a beleza e profundidade do texto.

Talvez o mais importante seja o *Quadro para identificação das formas verbais*, que nada mais é que uma tabela com todas as formas verbais e suas características fundamentais. Com essa tabela em mãos, o aluno poderá, ao fim do curso, identificar todas as formas verbais utilizando apenas esse quadro. A simplicidade sintética desse recurso será uma ferramenta valiosa para o aluno atento e dedicado.

Outro elemento que diferencia esta gramática de outras é que cada lição também contém uma seção dedicada à aplicação do que foi estudado na vida pessoal. Nessas seções são analisadas questões linguísticas e sintáticas, bem como significados de palavras introduzidas no vocabulário e vinculadas à vida do aluno.

Como ex-aluno do professor Johannes Bergmann, posso afirmar com segurança que o conhecimento compartilhado nas páginas desta gramática foi cuidadosamente destilado e aprimorado ao longo de muitos anos de dedicação ao ensino do grego do Novo Testamento. Além disso, posso testemunhar que o autor deste livro é alguém de profunda devoção e clara vocação pastoral. Sua motivação ao escrever esta obra é servir ao Senhor e equipar seus alunos com as ferramentas necessárias para incorporar o texto original do Novo Testamento em sua vida devocional e ministério. Essa intenção transparece em cada página da gramática, uma vez que o professor sempre encerra suas lições com aplicações práticas das Escrituras.

Por essa razão, acredito firmemente que esta gramática representa mais que uma simples ferramenta linguística destinada a auxiliar estudantes de teologia a navegar nas turvas águas da exegese: será a ferramenta usada por Deus para levar alunos ao inesgotável manancial de águas límpidas das Escrituras gregas.

Marcelo Berti
Fonte São Paulo
Novembro de 2023

Reduções

Sinais e abreviaturas

=	igual a	aum.	aumento
≈	semelhante a	c/	com
<	derivado de	c.	(lat., *circa*) cerca de
>	resulta em	cf.	(lat., *confer*) confira, veja
→	transforma-se em	conj.	conjunção
+	acrescido de; seguido de	cont.	continuativo
§	seção; lição	copul.	copulativo(a)
†	indica o ano da morte	dat.	dativo
:	futuro do indicativo	declin.	declinação
1ª sg.	1ª pessoa singular	dem.	demonstrativo
1ª pl.	1ª pessoa plural	dep.	depoente
2ª sg.	2ª pessoa singular	ed.	edição; editor(a), editores
2ª pl.	2ª pessoa plural		
3ª sg.	3ª pessoa singular	encl.	enclítico
3ª pl.	3ª pessoa plural	et al.	(lat., *et alii*) e outros
a.c.i.	acusativo com infinitivo	etc.	(lat., *et cetera*) e outras
abl.	ablativo	evtl.	eventualmente
ac.	acusativo	ex(s).	exemplo(s)
adj.	adjetivo	f./ fem.	feminino
adv.	advérbio, adverbial	fig.	figurado
advers.	adversativo(a)	fut.	futuro
aor.	aoristo	gen.	genitivo
art.	artigo	hebr.	hebraico; hebraísmo
AT	Antigo Testamento	i.e.	isto é; ou seja
at.	voz ativa	imp.	imperativo

impf.	imperfeito	poss.	possessivo
incl.	inclui, inclui-se	prep.	preposição
ind.	indicativo	pres.	presente
indef.	indefinido	pron.	pronome / pronominal
inf.	infinitivo	prov.	provavelmente
instr.	instrumental	R	radical verbal
interj.	interjeição	Я	radical do 2º aoristo
interrog.	interrogativo	RεR	radical reduplicado
intrans.	intransitivo	RιR	radical de verbos em -μι
lit.	literal, literalmente	R-B	Rega & Bergmann (veja Bibliografia)
loc.	locativo		
LXX	Septuaginta	rad.	radical
m./ masc.	masculino	recípr.	recíproco
méd.	voz média	reflex.	reflexivo
mqpf.	mais-que-perfeito	rel.	relativo
ms(s)	manuscrito(s)	resp.	respectivamente
n.	neutro	s., ss.	seguinte(s)
nº	número	séc.	século
neg.	negação; negativo	sg.	singular
nom.	nominativo	subj.	subjuntivo
NT	Novo Testamento	subjet.	subjetivo
num.	numeral(ais)	subst.	substantivo, substantivado
obj.	objetivo	suj.	sujeito
obs.	observação(ções)	tb.	também
op. cit.	obra citada	temp.	temporal
opt.	optativo	term.	terminado; terminação
p.	página(s)	trad.	tradução, traduzido (por)
p. ex.	por exemplo	trans.	transitivo
part.	particípio	txt.	texto
partíc.	partícula	v.	versículo(s)
pass.	voz passiva	var.	variante textual
perf.	perfeito	voc.	vocativo
pess.	pessoa, pessoal	vol(s).	volume(s)
pl.	plural	vs.	(lat., *versus*) contra
pospos.	pospositivo(a)		

Abreviaturas dos livros da Bíblia

Antigo Testamento

Gn	Gênesis	2Cr	2Crônicas	Dn	Daniel
Êx	Êxodo	Ed	Esdras	Os	Oseias
Lv	Levítico	Ne	Neemias	Jl	Joel
Nm	Números	Et	Ester	Am	Amós
Dt	Deuteronômio	Jó	Jó	Ob	Obadias
Js	Josué	Sl	Salmos	Jn	Jonas
Jz	Juízes	Pv	Provérbios	Mq	Miqueias
Rt	Rute	Ec	Eclesiastes	Na	Naum
1Sm	1Samuel	Ct	Cânticos	Hc	Habacuque
2Sm	2Samuel	Is	Isaías	Sf	Sofonias
1Rs	1Reis	Jr	Jeremias	Ag	Ageu
2Rs	2Reis	Lm	Lamentações	Zc	Zacarias
1Cr	1Crônicas	Ez	Ezequiel	Ml	Malaquias

Novo Testamento

Mt	Mateus	Ef	Efésios	Hb	Hebreus
Mc	Marcos	Fp	Filipenses	Tg	Tiago
Lc	Lucas	Cl	Colossenses	1Pe	1Pedro
Jo	João	1Ts	1Tessalonicenses	2Pe	2Pedro
At	Atos	2Ts	2Tessalonicenses	1Jo	1João
Rm	Romanos	1Tm	1Timóteo	2Jo	2João
1Co	1Coríntios	2Tm	2Timóteo	3Jo	3João
2Co	2Coríntios	Tt	Tito	Jd	Judas
Gl	Gálatas	Fm	Filemom	Ap	Apocalipse

Abreviaturas e siglas usadas na lição 23 (cf. detalhes na Bibliografia)

Biz	Conjunto de *mss* da família de texto bizantino
ECM	*Editio critica maior*
HF	Texto Majoritário editado por Hodges e Farstad
NA	Nestle-Aland, *Novum Testamentum graece*
RP	Texto Bizantino editado por Robinson e Pierpont
SBL	Texto crítico da Society of Biblical Literature
TP	Texto Patriarcal: *Greek New Testament text of the Greek Orthodox Church*
TR	*Textus receptus*
UBS	*The Greek New Testament*. 5ª ed. rev. United Bible Societies

Introdução

A língua do Novo Testamento

Entre todas as línguas faladas no mundo, não existe outra mais apropriada para transmitir a revelação de Deus que o grego encontrado no Novo Testamento (NT). Desejar conhecer essa língua que Deus escolheu entre todas as outras para se revelar nas Escrituras é um empreendimento digno de ser abraçado. Sem dúvida, essa tarefa requer um investimento alto em esforço, tempo e disciplina, mas é, ao mesmo tempo, extremamente recompensadora. Quem realiza esse estudo com a atitude e o desejo de ouvir Deus falando por meio de sua Palavra com certeza será ricamente abençoado!

O grego do NT, conhecido como grego *koinê* (i.e., *comum*), foi a língua falada em todo o Império Romano entre os anos 330 a.C. e 330 d.C., aproximadamente. Foi a língua empregada na tradução do Antigo Testamento hebraico, por volta do ano 250 a.C., dando origem à versão bíblica conhecida como *Septuaginta* (LXX). Foi também uma das línguas usadas na época do ministério público do Senhor Jesus Cristo e da igreja primitiva. O grego *koinê* tornou-se um idioma universal quando a igreja se expandiu e os escritos bíblicos foram produzidos, copiados e divulgados.

O objetivo deste livro é iniciar o aluno no estudo dessa língua. O texto bíblico chegou a nós pronto, na forma em que está. Nossa tarefa agora é observar e tentar entender sua estrutura, gramática e vocabulário, para assim compreendermos o que se desejava comunicar.

Sobre esta gramática

Os tempos mudam, e a maneira de estudar também. Hoje o acesso à internet é cada vez mais comum, e existe uma diversidade de aplicativos disponíveis para smartphones e tablets que ajudam aos que desejam ler e estudar o NT grego. Muito do que antigamente era estudado e memorizado com grande esforço, hoje temos, literalmente, na palma da mão.

Foi pensando nessa nova realidade que esta *Introdução ao grego bíblico: noções gramaticais para leitura, exegese e aplicação* foi escrita. Ela ainda contém as noções fundamentais, como fazem gramáticas anteriores, mas não se detém em detalhes secundários. Antes, dá atenção especial a questões específicas e conta com o aproveitamento que o aluno fará das informações que sites e aplicativos oferecem. Esses aplicativos podem indicar a identificação morfológica de palavras gregas — mas como entender essas informações para interpretar corretamente o texto bíblico? Os aplicativos podem dizer, por exemplo, que determinado verbo está no tempo presente e no modo imperativo, mas não esclarecem que tipo de presente é, nem qual uso do imperativo deve ser entendido. Podem também dizer que um substantivo está no caso genitivo, mas não dizem que tipo de genitivo é. Essas decisões, o intérprete precisa tomar. Capacitá-lo para essa tarefa é um dos objetivos desta gramática.

Pensando nisso, são oferecidas noções avançadas sobre significados dos tempos gramaticais, sobre funções e usos dos casos, sobre a variedade de usos dos particípios, sobre sintaxe etc. Nesse quesito, esta gramática vai bem além das gramáticas elementares de grego. Contribui, assim, para promover uma melhor compreensão dos elementos gramaticais e de sintaxe, e do texto em sua riqueza e profundidade.

Sobre o conteúdo

O **conteúdo** desta gramática foi organizado com o propósito de facilitar ao máximo o aprendizado do aluno. Começa com assuntos mais básicos, que depois vão sendo aprofundados e ampliados gradualmente. Tanto nos assuntos gramaticais quanto no vocabulário apresentado, procurou-se trazer primeiro aquilo que ocorre com mais frequência e é mais usado no texto do NT. Isso fará com que o aluno mais rapidamente se sinta à vontade para abrir o texto bíblico, pois se perceberá em condições de reconhecer cada vez mais os elementos estudados.

O conteúdo foi distribuído em 24 lições, de modo que possa ser estudado durante um ano letivo com dois semestres de quinze semanas. Cada professor deverá decidir quanto de cada lição explicará em aula e quanto exigirá do aluno como estudo pessoal ou em grupo.[1]

Sobre os exemplos e exercícios

Desde o início, todos os exemplos e exercícios são extraídos do próprio texto bíblico. Assim, o aluno terá contato o mais rápido possível com o texto original do NT. Tanto os exemplos quanto os exercícios, na maioria das vezes, são trechos abreviados de um versículo, mas sempre com a preocupação de não distorcer o significado.

Por ser uma obra com enfoque gramatical, detalhes formais precisam ser respeitados, mesmo que não sejam amplamente usados. Por exemplo, nas tabelas com flexões dos verbos, é apresentada a forma da segunda pessoa no singular e no plural, *tu* e *vós*, com as traduções correspondentes, mesmo que no Brasil se utilizem mais as formas de tratamento *você* e *vocês* (para as quais é empregada a flexão da terceira pessoa do singular e plural).

---

[1] No Apêndice 1, é sugerido um cronograma para um ano de estudos.

Considerando esse uso, nas traduções dos exemplos usou-se uma redação mais livre e contemporânea.

Nos exercícios de tradução, o aluno pode escolher a maneira em que quer se expressar: usando o *tu* e o *vós*, ou *você* e *vocês*, desde que sua tradução reflita fielmente o texto grego original.

Sobre seções particulares desta gramática

Resumindo...

Nas lições que tratam de verbos, depois dos quadros que mostram as flexões, geralmente aparecerá uma tabela que **resumirá** o que foi detalhado. Os elementos que compõem as diversas formas verbais são indicados na ordem em que acontecem. Procura-se, dessa maneira, facilitar a memorização e seu uso na identificação posterior durante a leitura do texto bíblico. Todas essas tabelas estão reunidas no "Quadro para identificação das formas verbais", no Apêndice 2.

Vocabulário (para memorizar!)

O **vocabulário** apresentado nas lições inclui todas as palavras que ocorrem 40 vezes ou mais no NT, além de algumas outras palavras importantes. As que aparecem com mais frequência foram incluídas nas primeiras lições, de modo que, já na primeira metade do curso, o aluno conhecerá 215 palavras que, em suas diversas formas, ocorrem 100.742 vezes, o que representa 73% do total de palavras do NT grego (ou seja, reconhecerá 7 palavras de cada 10). No final do curso, o aluno terá memorizado 406 palavras que, juntas, ocorrem 128.961 vezes no NT, o que equivale a 93% do total de palavras no NT.

Em cursos de idiomas, é recomendado que o aluno confeccione cartões com vocabulário para levar consigo e estudar em qualquer momento em que tenha oportunidade (como quando estiver em uma fila aguardando para ser atendido, em uma sala de espera etc.). A melhor maneira é escrever a palavra grega na frente do cartão e a tradução no verso. Se estiver memorizando uma tabela de flexão verbal ou uma declinação de substantivos, também isso pode ser escrito em um cartão para tê-lo sempre à mão. Repita, repita e repita esse estudo, até ter segurança quanto ao significado das palavras. Faça isso do grego para o português, e no sentido inverso também.

A memorização de vocabulário é essencial no estudo de qualquer idioma; não menos no grego do NT. Quando os olhos se acostumam a ver uma palavra, e a memória visual a reconhece no meio de um texto (mesmo que haja pequenas variações da forma em que foi decorada), isso traz alegria durante a leitura e motivação para continuar. Ao contrário disso, quando cada palavra precisa ser consultada em um léxico, isso logo trará desmotivação. Por isso, é preciso memorizar bem o vocabulário!

Exercícios de revisão

Nos exercícios de tradução interlinear, você perceberá que a ordem das palavras é determinada pela ordem das palavras no grego. Isso muitas vezes leva a uma tradução em que as palavras no português precisarão ser reordenadas para que façam sentido e haja uma redação mais fluida. Nos primeiros exercícios, deixou-se uma linha adicional para a realização desse ajuste. Com o tempo, o aluno fará essa adequação mentalmente ou em folha à parte.

Quando surgir uma dificuldade ao realizar os exercícios de tradução, o importante é não desanimar — é natural que isso aconteça. Nesse caso, a recomendação é a seguinte:

- Ler novamente o conteúdo da lição, pois os textos dos exercícios foram escolhidos pensando no conteúdo aprendido na lição.
- Se a dificuldade é com o significado de alguma palavra, revisar o vocabulário. Palavras estudadas em lições anteriores também precisarão ser lembradas e traduzidas. Caso não lembre de alguma delas, saiba que poderão ser achadas no Vocabulário, no Apêndice 3, onde aparecem ordenadas alfabeticamente (algumas, inclusive, com significados adicionais).
- Caso nem o conteúdo da lição nem o Vocabulário ajude a resolver um problema na tradução, é preciso consultar materiais auxiliares. Como instrumento para reconhecer formas verbais foi preparada uma **Tabela para identificação das formas verbais**, disponibilizada como Encarte e no Apêndice 2. Outros materiais são indicados na lição 24. Será necessário usar alguns deles para entender e interpretar o texto bíblico com profundidade.

Aplicando o texto à vida...

Um diferencial desta gramática é uma seção especial ao final de cada lição. O estudo da Palavra de Deus nunca deve se limitar a aspectos linguísticos, mas deve sempre buscar entender o que o Deus da Palavra deseja comunicar. Por isso, em cada lição haverá um espaço dedicado a demonstrar como os conhecimentos gramaticais nos podem auxiliar a encontrar tesouros escondidos no texto bíblico, os quais serão proveitosos para achar aplicações para a vida diária. Espero que essas reflexões sirvam de edificação pessoal e contribuam para aumentar o amor à Palavra de Deus e ao Deus da Palavra!

Sobre o texto original

A gramática tem por objetivo ajudar a entender e interpretar o texto original do NT. Para isso, é preciso entender pelo menos o básico sobre sua origem, transmissão e recuperação. Noções são dadas sobre a crítica textual e como ela procura descobrir qual é, provavelmente, o texto original. Informações sobre edições modernas do texto grego do NT são apresentadas, junto com uma avaliação pessoal, na lição 23.

Apêndices

Nos apêndices desta obra, foram disponibilizadas informações e materiais valiosos e úteis:

1. **Cronograma.** Sugere a maneira de distribuir as lições ao longo de um ano letivo de dois períodos.
2. **Quadro para identificação das formas verbais.** Ajudará a identificar o tempo gramatical dos verbos regulares a partir do radical verbal, das características destacadas nas lições e das terminações pessoais.
3. **Vocabulário.** Contém os significados mais comuns das palavras que ocorrem mais de 40 vezes no NT, além de outras palavras importantes. O número entre ( ) indica a frequência com que a palavra ocorre no NT; a lição em que foi aprendida é indicada por §.

Outros recursos

A obra conta ainda com as seguintes ferramentas para facilitar a pesquisa e a consulta:

Bibliografia. Apresenta materiais consultados na preparação desta gramática, assim como outros materiais úteis para dar continuidade aos estudos no Novo Testamento grego.

Índice de passagens bíblicas. Todos os textos usados como exemplo estão relacionados, assim como os textos propostos nos exercícios para tradução. No índice, são indicadas as páginas em que os textos bíblicos aparecem.

Índice remissivo. Relaciona todos os assuntos abordados nesta gramática, com indicação das páginas em que são tratados.

Prioridades

Quando fui chamado para servir no reino de Deus, um pastor com vasta experiência me disse: "Quando for estudar em um seminário, dê atenção prioritária às línguas originais, o hebraico e o grego; o resto você pode aprender em livros".

Tem sido essa minha prioridade desde então, e sou grato a Deus pelas oportunidades que me deu de estudar com professores tementes a Deus, que amavam sua Palavra. Queira Deus usar também esta obra para que muitos sejam motivados ao estudo da preciosa Palavra de Deus e abençoados ao aplicá-la na vida pessoal e ministerial!

LIÇÃO 1

ALFABETO · ACENTOS E OUTROS SINAIS

1.0 O alfabeto

O texto original do NT aparece nos antigos manuscritos gregos em escrita *uncial*, somente em letras maiúsculas (veja abaixo a primeira coluna). Edições modernas o apresentam em letras maiúsculas e minúsculas (colunas 2 e 3). O alfabeto usado é este:

Unc.	Letra		Nome da letra		Translit.	Som/Pronúncia
Α	Α	α	ἄλφα	alfa	a	a em **a**mor
Β	Β	β	βῆτα	beta	b	b em **b**ondade
Γ	Γ	γ	γάμμα	gama	g	g em **g**ato (não como em gelo)
Δ	Δ	δ	δέλτα	delta	d	d em **d**e
Ε	Ε	ε	ἒ ψιλόν	épsilon	e	e em **e**ra
Ζ	Ζ	ζ	ζῆτα	zeta	z	ds em E**ds**on (**não** o z português!)
Η	Η	η	ἦτα	eta	ē	e em **ê**nfase
Θ	Θ	θ/ϑ	θῆτα	theta	th	*th* inglês — |th| como no artigo *the*
Ι	Ι	ι	ἰῶτα	iota	i	i em **í**ndio
Κ	Κ	κ	κάππα	kapa	k	c em **c**asa (não como em cifra)
Λ	Λ	λ	λάμβδα	lambda	l	l em **l**ar
Μ	Μ	μ	μῦ	my	m	m em **m**anso
Ν	Ν	ν	νῦ	ny	n	n em **n**ada
Ξ	Ξ	ξ	ξῖ	xi	x	x em tá**x**i (mas não em lixo)
Ο	Ο	ο	ὂ μικρόν	ómicron	o	o em p**ó**
Π	Π	π	πῖ	pi	p	p em **p**az
Ρ	Ρ	ρ	ῥῶ	rhô ou rô	r / rh	r em **r**espeito ou ca**rr**o
Σ	Σ	σ, ς	σίγμα	sigma	s	s em **s**aúde (não como em casa)
Τ	Τ	τ	ταῦ	tau	t	t em **t**empo
Υ	Υ	υ	ὖ ψιλόν	ýpsilon	y / u	*u* francês ou *ü* alemão
Φ	Φ	φ/ϕ	φῖ	phi ou fi	ph / f	f em **f**orça
Χ	Χ	χ	χῖ	chi	ch	*ch* alemão ou *j* espanhol – |ch|
Ψ	Ψ	ψ	ψῖ	psi	ps	ps em **ps**iquiatria
Ω	Ω	ω	ὦ μέγα	ômega	ō	o em al**ô**

1.1 Observações

1. A **transliteração** apresentada segue um padrão amplamente usado na literatura teológica.
2. Na coluna da direita, indica-se a **pronúncia** "erasmiana" para o grego bíblico. Não apenas por motivos didáticos, mas também porque facilita a comunicação entre estudiosos, por ser a mais usada no mundo acadêmico.
3. As **vogais** gregas são: α, ε, η, ι, ο, υ, ω. As vogais η e ω são consideradas formas longas de ε e ο respectivamente.
4. Os **ditongos** gregos são: αι, ει, οι, υι, αυ, ευ, ηυ, ου. Em um ditongo, o υ pronuncia-se *u*; também o ditongo ου é pronunciado *u* (ficando mudo o ο).
5. Existem também os ditongos impróprios ᾳ, ῃ e ῳ, em que o ι é *subscrito* às vogais α, η e ω, consideradas longas. Quando essas vogais são maiúsculas, o iota é *adscrito* à direita delas: Αι, Ηι, Ωι. Nos ditongos impróprios, o ι é mudo.
6. A letra *sigma* (σ, ς) tem duas formas. Aparece como σ no início e no meio de uma palavra, e como ς no fim dela.

    Ex.: σεισμός *seismos*[1]
    terremoto

7. As letras *theta* (θ / ϑ) e *phi* (φ / ϕ) podem ter visual diferente dependendo da grafia e fontes usadas.
8. Quando a letra *gama* (γ) aparece antes de γ, κ, ξ ou χ, pronuncia-se *n*.

    Ex.: ἄγκυρα (*âncora*) é pronunciada *ankyra*, e não *agkyra*.

---

[1] Como auxílio à leitura, algumas palavras gregas são transliteradas em *itálico cinza* nesta primeira lição; a vogal tônica aparece *sublinhada*.

9. Consoantes com características fonéticas semelhantes são agrupadas em:

   a. **Mudas:** *labiais:* π, β, φ, *guturais:* κ, γ, χ e *dentais:* τ, δ, θ.
   b. **Líquidas:** λ, μ, ν, ρ.
   c. **Sibilantes:** σ/ς, assim como as consoantes *duplas:* ζ (= δ + σ), ξ (= κ + σ) e ψ (= π + σ).

1.2 Aspiração

Palavras gregas que começam com vogal ou ditongo levam um sinal chamado **aspiração** ou **espírito**. Essa aspiração pode ser *branda* (ʼ) ou *áspera, forte* (ʻ). A aspiração é posta sobre a vogal inicial ou, caso a palavra comece com ditongo, sobre a segunda vogal. A aspiração branda não é pronunciada nem transliterada. A aspiração áspera é transliterada como *h*, sendo pronunciada como o *r* da palavra *rosa*.

Ex.: ὁδός (*caminho*) translitera-se *hodos* e pronuncia-se *rodós*.

Quando uma palavra começa com υ ou ρ, sempre leva aspiração áspera: ὑπομονή *hypomonē* — *paciência*; ῥῆμα *rhēma* — *palavra*.

1.3 Acentuação

A maioria das palavras gregas leva **acento.** O acento pode ser *agudo* (ʹ), *circunflexo* (˜ ou ˆ) ou *grave* (ˋ).

O **acento agudo** pode cair em uma das três últimas sílabas de uma palavra. Quando a última sílaba for longa, por ter vogal longa ou ditongo, o acento agudo se aproximará do final da palavra e só poderá estar em uma das duas últimas sílabas.

Ex.: ἄγγελος [→ ἀγγέλοις], ἀγάπη, θεός

O **acento circunflexo** só aparece em sílabas longas, e só pode estar em uma das duas últimas sílabas de uma palavra. Caso a última sílaba se torne longa, o acento circunflexo na penúltima sílaba se transforma em agudo.

Ex.: δοῦλος [→ δούλ*ου*], Ἰησοῦς.

O **acento grave** substitui o acento agudo na última sílaba de uma palavra quando esta é seguida por outra palavra e não por um sinal de pontuação.

Ex.: Χριστός. Χριστὸς ἔρχεται.

> **Observações**:
> 1. Em **substantivos**, sempre que possível o acento tende a ficar no lugar em que está no nominativo (= a forma em que aparece em um léxico).
> 2. Em **verbos**, o acento tende a ficar o mais distante possível do final da palavra.
> 3. A função do acento é simplesmente indicar a sílaba tônica da palavra. Quando aparece em um ditongo, o acento escrito é posto sobre a segunda vogal, mas a ênfase está sobre a primeira.
> 4. Observe o uso dos acentos em:
>
> κόψονται ἐπ᾽ αὐτὸν πᾶσαι αἱ φυλαὶ τῆς γῆς. Ναί, ἀμήν. (Ap 1.7)
>
> 5. Existem dez palavras gregas, chamadas *proclíticas*, que **nunca levam acento.** São elas:
>   - os artigos ὁ *ho* – *o*, οἱ *hoi* – *os*, ἡ *hē* – *a* e αἱ *hai* – *as*;
>   - as preposições ἐν *en* – *em*, εἰς *eis* – *para* e ἐκ *ek* (ou ἐξ *ex*) – *de*;
>   - o advérbio de negação οὐ *ou* (ou οὐκ *ouk*, οὐχ *ouch*) – *não*; e
>   - as conjunções εἰ *ei* – *se* e ὡς *hōs* – *como*.
>
> 6. Outras poucas palavras, chamadas *enclíticas*, tendem a depositar seu acento na palavra anterior. São elas: a maioria

das formas dos verbos εἰμί *eimi* — *ser* e φημί *phēmi* — *dizer* no tempo presente, a maioria das formas do pronome indefinido τις *tis* — *alguém* e τι *ti* — *alguma coisa*, e algumas formas de pronomes pessoais.

Ex.: Πάντα ἰσχύω ἐν τῷ ἐνδυναμοῦντί με Χριστῷ. (Fp 4.13)
 Panta ischyō en tō endynamounti me, Christō.

7. Observe a colocação de aspiração e acento nas seguintes palavras:

Ex.: ὃ ἔχετε κρατήσατε, ἄχρι οὗ ἂν ἥξω. (Ap 2.25)
 ho echete kratēsate, achri hou an hēxō.

8. Quando as letras iniciais são maiúsculas, aspiração e acento são colocados na frente delas, como em Ἰησοῦς *Iēsous*, Ἔφεσος *Ephesos*, Ἡρῴδης *Hērōdēs*.

1.4 Trema

Quando duas vogais (que normalmente formam um ditongo) estão juntas sem formar ditongo, um trema (¨), também chamado diérese, é adicionado na segunda vogal para indicar que as vogais devem ser consideradas e pronunciadas separadamente.

Ex.: Ἠσαΐας pronuncia-se *Esa-ías*.

1.5 Crase e coronis

A crase acontece quando duas palavras se unem mediante contração, supressão ou fusão de vogais. Nesse caso, acima da forma contraída é colocado o coronis ('): καί + ἐάν > κἄν.

1.6 Apóstrofo

Quando a vogal breve no final de uma palavra é suprimida porque segue uma palavra que começa com vogal, a supressão é indicada mediante um apóstrofo ('): διὰ + ἐμοῦ > δι' ἐμοῦ.

1.7 Sinais de pontuação

Há quatro sinais de pontuação que costumam ser acrescentados ao texto original grego em edições modernas. No quadro que segue, são mostrados com suas equivalências em português:

Grego	.	ʼ	·	;
Português	.	,:	:;!	?

📖 Exercício de leitura

Leia **em voz alta** os seguintes textos. As palavras transliteradas são apenas uma ajuda para este começo. Leia-as, decore-as e depois repita a leitura olhando para o texto com caracteres gregos. Pratique a leitura repetidamente até alcançar fluidez razoável na leitura do texto grego.

Exs.:
Πάντα ἰσχύω ἐν τῷ ἐνδυναμοῦντί με, Χριστῷ. (Fp 4.13)
P<u>a</u>nta ischy<u>ō</u> en tō endynamo<u>u</u>nti-me, Christ<u>ō</u>.

Χαίρετε ἐν Κυρίῳ πάντοτε· πάλιν ἐρῶ, χαίρετε. (Fp 4.4)
Ch<u>ai</u>rete en Kyri<u>ō</u> p<u>a</u>ntote ! p<u>a</u>lin erō, ch<u>ai</u>rete.

Ζητεῖτε πρῶτον τὴν βασιλείαν τοῦ Θεοῦ καὶ τὴν δικαιο-
Zēt<u>ei</u>te pr<u>ō</u>ton tēn basil<u>ei</u>an tou Theo<u>u</u> k<u>ai</u> tēn dikaio-

σύνην αὐτοῦ, καὶ ταῦτα πάντα προστεθήσεται ὑμῖν. (Mt 6.33)
syn<u>ē</u>n auto<u>u</u>, k<u>ai</u> t<u>au</u>ta p<u>a</u>nta prostethēsetai hym<u>i</u>n.

Exercícios de revisão

A. Memorize o alfabeto grego.
B. Exercite a escrita do alfabeto grego, das letras maiúsculas junto com as respectivas letras minúsculas. Quando tiver escrito o alfabeto de cor, verifique se as letras estão na sequência correta.

Para a escrita manual de cada uma das letras do alfabeto grego, sugere-se, por meio das setas, o lugar por onde começar o traçado e o sentido da letra. Observe que algumas letras são mais altas que outras, e também que existem letras com partes abaixo da linha.

α β γ δ ε ζ η ϑ

ι κ λ μ ν ξ ο π ρ

σ ς τ υ φ χ ψ ω

C. Escreva os textos do "Exercício de leitura" desta lição.

Aplicando o texto à vida...

Paulo diz (Fp 4.13):

Πάντα ἰσχύω ἐν τῷ ἐνδυναμοῦντί με Χριστῷ.

Consideremos a expressão ἐνδυναμοῦντί με, que contém o verbo composto ἐν-δυναμόω e o pronome pessoal με.

O verbo δυναμόω *dynamoō* tem a mesma raiz de δύναμις *dynamis*, e significa *fortalecer, capacitar, robustecer, dar força, dar poder, empoderar*. Junto com o prefixo ἐν – *em*, a conotação é: *infundir força em* alguém, *em-poderar* alguém, *fortalecer* alguém, *dar força* a alguém. Isso pode ser aplicado tanto ao corpo físico (cf. Hb 11.34) quanto à mente, ao homem interior (cf. Rm 4.20; Ef 6.10; 2Tm 2.1; 4.17).

A forma verbal ἐνδυναμοῦντι é um particípio no tempo presente do verbo ἐν-δυναμόω. Em grego, o tempo presente expressa ação contínua, em andamento, desenvolvendo-se ou que se repete constantemente. O verbo ἰσχύω – *poder, ser forte, ser capaz* ocorre aqui no tempo presente, transmitindo a ideia de ação contínua, repetida.

Por meio do pronome pessoal με – *me*, o apóstolo Paulo indica que, pela graça de Deus e por sua união com **Cristo**,[2] está sendo fortalecido e capacitado com o poder de Deus que está operando nele. A maneira em que isso acontece na vida do cristão é descrita em Gálatas 2.20 e em Efésios 3.16 (veja esses textos em seu contexto).

Aplicando essas observações ao texto, a afirmação é:

Tudo posso, nas mais diversas situações e desafios que enfrento na vida [inclusive com sustento material, como indica o contexto], **em Aquele que**, continuamente e sempre de novo, **me capacita, me dá forças**, *ou*: **coloca seu poder em mim, Cristo!**

---

[2]Cristo é mencionado explicitamente nesse versículo e atestado em 98% dos manuscritos antigos preservados.

LIÇÃO 2

VERBOS
Introdução · Aspecto verbal · Presente do indicativo · Usos do presente

2.1 Introdução ao verbo grego

Verbo é toda palavra que indica ação (*andar, ler*), estado (*ser, ficar*), desejo (*aspirar*) e outros processos. "Os verbos desempenham uma função vital em qualquer língua. [...] É em torno deles que se organizam as orações e os períodos, consequentemente é em torno deles que se estrutura o pensamento."[1] O verbo na língua grega tem *tempo, modo, voz, pessoa* e *número*, como no português.

1. Tempo e aspecto

A função principal do tempo verbal no grego não é indicar *quando* uma ação acontece (se no passado, presente ou futuro), mas *como* ela acontece. Neste caso, o tempo verbal focaliza mais no *aspecto* da ação, que pode ser:

a. *Linear* ou *durativo*: expressando uma ação em andamento, em progresso, se desenvolvendo, sendo executada, contínua,

---
[1] Pasquale Cipro Neto; Ulisses Infante, *Gramática da língua portuguesa*, p. 122.

ainda incompleta. A ação pode ser representada por um traço horizontal ———. Formas verbais no tempo *presente* e *imperfeito* comunicam este aspecto.

Ex.: Ὁ **μένων** ἐν ἐμοί (...) **φέρει** καρπὸν πολύν· (Jo 15.5)
Quem **permanece** em mim (...) **leva** muito fruto.

b. *Pontual*: considerando a ação como um todo, sem especificar o momento em que acontece, a maneira em que é realizada, a sua duração ou seus resultados. Pode ser representada por um ponto •. O tempo *aoristo* e com frequência também o *futuro* comunicam esse aspecto.

Ex.: ... **εὗρον** αὐτὸν ἐν τῷ ἱερῷ. (Lc 2.46)
... **encontraram** ele no templo.

c. *Resultante*: expressando um estado atual alcançado como resultado de uma ação precedente. A representação gráfica combina a do aspecto pontual e a do linear •——. Os tempos *perfeito* ou *mais-que-perfeito* comunicam esse aspecto.

Ex.: οἶδα ᾧ **πεπίστευκα**... (2Tm 1.12)
Sei em quem **tenho crido**... [em quem alguma vez depositei a minha confiança e continuo crendo nele]

2. Modo

Os modos no grego (indicativo, subjuntivo, imperativo e optativo) serão estudados mais tarde. Neste momento é suficiente aprender que o **modo indicativo** é usado para afirmar fatos considerados reais.

3. Voz

a. A voz **ativa** no grego, como no português, indica que o sujeito executa a ação expressa pelo verbo. Ex.: *Eu desato*.
b. Na voz **média**, o sujeito pratica uma ação *em si mesmo* ou *de seu próprio interesse* (é uma espécie de *reflexiva* em português). Ex.: *Eu me desato* ou: *Eu desato para mim*.
c. A voz **passiva** indica que o sujeito sofre a ação expressa pelo verbo. Ex.: *Eu sou desatado* (i.e., *alguém me desata*).

Sobre **verbos depoentes ou defectivos**, que têm forma de voz média ou passiva mas significado de voz ativa, veja a § 10.4.

4. Pessoa e número

No grego, as terminações pessoais dos verbos indicam a **pessoa** (1ª, 2ª ou 3ª) e o **número** (singular ou plural) do sujeito que executa a ação; conhecemos isso do português:

(eu) *estud-o* (1ª sg.)   (tu) *estud-as* (2ª sg.)   (ele/ela) *estud-a* (3ª sg.)
(nós) *estud-amos* (1ª pl.)   (vós) *estud-ais* (2ª pl.)   (eles) *estud-am* (3ª pl.).

5. Pronomes pessoais

Quando a intenção é destacar ou enfatizar o sujeito do verbo, acrescenta-se o **pronome pessoal**. Os pronomes pessoais gregos são:

Pess.	Nº	Pronomes pessoais		
1ª	Singular	ἐγώ	egṓ	eu
2ª		σύ	sy	tu
3ª		αὐτός, -ή, -ό*	aut<u>os</u>, -<u>ē</u>, -<u>o</u>	ele / ela
1ª	Plural	ἡμεῖς	hēm<u>ei</u>s	nós
2ª		ὑμεῖς	hym<u>ei</u>s	vós
3ª		αὐτοί, -αί, -ά*	aut<u>oi</u>, -<u>ai</u>, -<u>a</u>	eles / elas

Observações:

No grego existem três **gêneros gramaticais**: o *masculino* (m.), o *feminino* (f.) e o *neutro* (n.). O pronome pessoal da 3.ª pessoa, tanto no singular quanto no plural, apresenta formas diferentes para cada um desses gêneros. Essas formas, que na tabela aparecem abreviadas, são, no singular: αὐτός *auto̱s* (m.), αὐτή *autē̱* (f.) e αὐτό *auto̱* (n.), e no plural: αὐτοί *auto̱i* (m.), αὐταί *auta̱i* (f.) e αὐτά *auta̱* (n.).

O gênero *masculino* normalmente designa seres masculinos, assim como nomes de rios, ventos e meses; o artigo masculino é ὁ.

O gênero *feminino* normalmente designa seres femininos, assim como cidades, países, ilhas e árvores; o artigo feminino é ἡ.

O gênero *neutro* normalmente designa coisas impessoais (incluindo animais) e fenômenos que, por si, não possuem gênero natural; contudo, quando usado como diminutivo, pode se referir também a seres masculinos e femininos; o artigo neutro é τό.

2.2 Flexão do presente

1. Presente do indicativo e infinitivo de εἰμί **(para memorizar!)**

Pess.	N.º		Presente do indicativo de εἰμί — *ser*			
1.ª	Singular	(ἐγώ)	εἰμί	*eimi̱*	(eu)	sou
2.ª	Singular	(σύ)	εἶ	*e̱i*	(tu)	és
3.ª	Singular	(αὐτός, -ή, -ό)	ἐστί(ν)*	*esti(n)*	(ele/ela)	é
1.ª	Plural	(ἡμεῖς)	ἐσμέν	*esme̱n*	(nós)	somos
2.ª	Plural	(ὑμεῖς)	ἐστέ	*este̱*	(vós)	sois
3.ª	Plural	(αὐτοί, -αί, -ά)	εἰσί(ν)*	*eisi̱(n)*	(eles/elas)	são
		Infinitivo do Presente de εἰμί				
			εἶναι	*e̱inai*		ser

Observação: O ν final na 3.ª pessoa, chamado de ν *móvel* ou ν *eufônico*, está entre parêntesis aqui porque só aparece quando a palavra seguinte começa com vogal ou quando está no fim de uma oração.

2. Presente do indicativo e infinitivo, voz ativa

Pess.	Nº	Presente do indicativo ativo de λέγω — *digo*		
1ª	Singular	λέγ-ω	legō	digo ou *estou dizendo*
2ª		λέγ-εις	legeis	dizes ou *estás dizendo*
3ª		λέγ-ει	legei	diz ou *está dizendo*
1ª	Plural	λέγ-ομεν	legomen	dizemos ou *estamos dizendo*
2ª		λέγ-ετε	legete	dizeis ou *estais dizendo*
3ª		λέγ-ουσι(ν)	legousi(n)	dizem ou *estão dizendo*
Infinitivo				
		λέγ-ειν	legein	dizer ou *estar dizendo*

Observações: Os verbos são compostos por um **radical** e a **terminação**, que inclui a **vogal temática**, ε ou ο, e a **desinência** que varia de acordo com a pessoa, o número e a voz. A vogal temática que liga o radical à desinência pode combinar-se com esta última resultando numa contração. Isso aconteceu na 1ª pessoa do singular na voz ativa (veja no quadro acima) e, como mostram os quadros abaixo, na 2ª pessoa do singular na voz média e passiva. Neste último caso, a vogal temática ε contraiu-se com uma terminação primitiva da voz média e passiva (εσαι), o σ intervocálico se perdeu, as vogais contraídas alongaram-se para η e incorporaram o ι que ficou subscrito: ῃ.

3. Presente do indicativo e infinitivo, voz média

Pess.	Nº	Presente do indicativo médio de λύω — *desato*		
1ª	Singular	λύ-ομαι	lyomai	me desato ou *desato para mim*
2ª		λύ-ῃ	lyē	te desatas ou *desatas para ti*
3ª		λύ-εται	lyetai	se desata ou *desata para si*
1ª	Plural	λυ-όμεθα	lyometha	nos desatamos ou *desatamos para nós*
2ª		λύ-εσθε	lyesthe	vos desatais ou *desatais para vós*
3ª		λύ-ονται	lyontai	se desatam ou *desatam para si*
Infinitivo				
		λύ-εσθαι	lyesthai	desatar-se ou *desatar para si*

4. Presente do indicativo e infinitivo, voz passiva

Pess.	Nº	Presente do indicativo passivo de λύω — *desato*		
1ª	Singular	λύ-ομαι	l*y*omai	sou desatado/a
2ª		λύ-η	l*y*ē	és desatado/a
3ª		λύ-εται	l*y*etai	é desatado/a
1ª	Plural	λυ-όμεθα	l*y*ometha	somos desatados/as
2ª		λύ-εσθε	l*y*esthe	sois desatados/as
3ª		λύ-ονται	l*y*ontai	são desatados/as
		Infinitivo		
		λύ-εσθαι	l*y*esthai	ser desatado/a

Observações: As flexões da voz média e da voz passiva são iguais em todos os tempos, com exceção do tempo futuro e aoristo. O significado do próprio verbo e o contexto ajudarão a perceber se o verbo deve ser considerado como voz média ou passiva. As terminações destacadas na flexão do presente do indicativo, nas vozes ativa, média e passiva, são chamadas **terminações primárias**.

↳ Resumindo...

A flexão do presente do indicativo e infinitivo pode ser resumida da seguinte maneira (com **R** representando o radical do verbo):

Identificação verbal	Rad.	Terminações (1ª 2ª 3ª sg. | 1ª 2ª 3ª pl.)	Ação
Pres. Ind. A.	R	-ω -εις -ει | -ομεν -ετε -ουσι(ν)	—
Pres. Ind. M./P.	R	-ομαι -η -εται | -όμεθα -εσθε -ονται	—
Inf. **Pres**. A. | M./P.	R	-ειν | -εσθαι	—

Observação: Quase todos os verbos no grego flexionam-se como λέγω e λύω. Por terminarem em -ω na primeira pessoa do singular do presente do indicativo ativo, diz-se que pertencem à **conjugação em ω**. Além desses verbos, existe um pequeno grupo de verbos no grego *koinê* que na primeira pessoa do singular do presente do indicativo ativo terminam em **-μι**

(como o verbo εἰμί e δίδωμι no vocabulário desta lição). Eles pertencem à **conjugação em -μι**, que será estudada na lição 20.

2.3 Usos do presente

Uma forma verbal no tempo presente pode indicar diferentes *aspectos* da ação (veja § 2.1.1). Para reconhecer esse aspecto, é preciso prestar atenção ao contexto literário e ao significado do próprio verbo.

1. **Presente linear ou durativo [———]**

O tempo presente no grego é usado principalmente para descrever uma ação *contínua, linear* ou *durativa*, uma ação que pode ter começado no passado, mas que ainda é incompleta, sendo ainda executada, se desenvolvendo, em progresso ou em andamento.

> Exs.:
> ἡ ἀγάπη... πάντα **πιστεύει,** πάντα **ἐλπίζει,** πάντα **ὑπομένει.**
> *o amor... tudo **crê**, tudo **espera**, tudo **suporta**.*   (1Co 13.7)
>
> ... τὴν αὐτὴν εἰκόνα **μεταμορφούμεθα.**   (2Co 3.18)
> ... *na mesma imagem **estamos sendo transformados**.*

2. **Presente costumeiro ou iterativo**

O presente também pode expressar uma ação habitual, que se repete regularmente, ou que é intermitente.

> Ex.: **Νηστεύω** δὶς τοῦ σαββάτου...   (Lc 18.12)
> ***Jejuo** duas vezes por semana...*

3. **Presente gnômico**

Expressa uma verdade atemporal, universal, sempre válida (foi, é e será); simplesmente declara um fato real.

Ex.: Πᾶν δένδρον ἀγαθὸν καρποὺς καλοὺς **ποιεῖ.** (Mt 7.17)
*Toda árvore boa **produz** frutos bons.*

4. Presente histórico

É usado em narrativas para tornar mais vívida e real uma ação do passado; as circunstâncias e detalhes secundários normalmente são narrados usando tempos do passado (aoristo ou imperfeito do indicativo).

Ex.: Τῇ ἐπαύριον **βλέπει** τὸν Ἰησοῦν... καὶ **λέγει...** (Jo 1.29)
*No dia seguinte **vê** Jesus... e **diz**... [no sentido: **viu** ... e **disse**]*

5. Presente com sentido de futuro (futurístico)

É o presente usado para indicar ações ou eventos que são tidos como certos ou iminentes. É comum ver o verbo ἔρχομαι sendo usado neste sentido, especialmente quando o contexto possui verbos no futuro.

Ex.: πάλιν **ἔρχομαι** καὶ <u>παραλήψομαι</u> ὑμᾶς πρὸς ἐμαυτόν.
*outra vez **venho** [sentido: **virei**] e os <u>levarei</u> para junto de mim.* (Jo 14.3)

6. Presente instantâneo (aorístico)

O presente instantâneo (ou "aorístico") indica uma ação pura e simples, no momento em que se fala, sem considerar o seu progresso.

Ex.: Εἶπεν αὐτῷ ὁ Πέτρος· Αἰνέα, **ἰᾶταί** σε Ἰησοῦς ὁ Χριστός.
*Disse-lhe Pedro: Enéias, Jesus Cristo **cura** você.* (At 9.34)

Vocabulário[2,3] (para memorizar!) (n.º de ocorrências no NT)

ἐγώ	eu	pron. pess. da 1ª pess. sg.	(1.802)
σύ	tu	pron. pess. da 2ª pess. sg.	(1.066)
αὐτός, -ή, -ό[4]	ele / ela	pron. pess. da 3ª pess. sg.	(5.601)
ἡμεῖς	nós	pron. pess. da 1ª pess. pl.	(864)
ὑμεῖς	vós	pron. pess. da 2ª pess. pl.	(1.840)
αὐτοί, -αί, -ά	eles / elas	pron. pess. da 3ª pess. pl.	
ἀκολουθέω[5]	seguir, acompanhar, ir junto com		(90)
ἀκούω	ouvir, escutar; prestar atenção; entender; obedecer		(430)
βαπτίζω	batizar; imergir, mergulhar; lavar		(77)
γινώσκω	vir a conhecer; conhecer, saber; compreender, reconhecer		(222)
δίδωμι	dar, outorgar, conceder, constituir, oferecer; causar; entregar, confiar; colocar; realizar; designar etc.		(415)
εἰμί	ser, estar, existir; acontecer; haver		(2.461)
λέγω	dizer, falar		(2.262)
λύω	desatar, soltar, libertar; destruir		(42)
εἰς	prep.: para, a; para dentro; em; até		(1.768)
ἐκ (ἐξ)[6]	prep.: de; fora de; a partir de; por		(916)
ἐν	prep.: em, dentro de, no meio de; entre; com, por		(2.757)
καί	conj. copulativa: e; mas; como adv.: também		(9.164)

---

[2]Nos vocabulários exibidos em cada lição são apresentadas algumas poucas traduções de cada palavra, para dar uma noção inicial do seu significado mais comum; sentidos adicionais são oferecidos no Vocabulário encontrado no apêndice desta obra.

[3]No vocabulário aparecem diversas abreviaturas de termos que serão estudados mais tarde. Desconsidere, por enquanto, as que não entende ainda ou consulte as abreviaturas no início do livro.

[4]Verbetes no formato αὐτός, -ή, -ό ou οὗτος, αὕτη, τοῦτο apresentam o vocábulo nos gêneros **masc., fem.** e **neut.** respectivamente; vocábulos que só apresentam duas formas (como τις, τι), usam a primeira para **masc.** e **fem.**, e a segunda para **neut.**

[5]É comum apresentar um verbo grego conjugado na 1.ª pessoa do singular nas gramáticas, léxicos e dicionários de grego. Os dicionários da língua portuguesa, porém, costumam apresentar o(s) significado(s) dos verbos no infinitivo.

[6]Entre ( ) são indicadas formas que também ocorrem no Novo Testamento grego, mas que são resultado de alterações que dependem da letra inicial da palavra que segue, geralmente por motivo de eufonia.

οὐ (οὐκ, οὐχ, οὔ.)	adv. de negação: *não*; οὐχί = forma enfática	(1.630)
οὗτος, αὕτη, τοῦτο	adj. e pron. dem.: *este / esta / isto; esse / essa*	(1.391)
τις, τι	pron. indefinido, enclítico: *alguém, um (certo); algum, alguma coisa; qualquer um;* pl.: *alguns*	(526)
τίς, τί	pron. interrog.: *quem? quê? qual? por quê? que tipo de?*	(555)
Ἰησοῦς	*Jesus*	(919)
Χριστός	lit.: *Ungido; Cristo* (do hebraico: *Messias*)	(531)

✐ Exercícios

A. Leia os textos bíblicos a seguir, primeiro na sua Bíblia em português, para saber de que tratam, e depois em grego. Leia-os em voz alta, até ser capaz de ler com certa fluidez. Procure, a medida que lê, reconhecer as palavras que decorou no vocabulário da lição.

B. Tente completar a tradução interlinear, colocando debaixo de cada palavra grega, no espaço indicado, a tradução literal que está faltando. "Traduza" também os sinais de pontuação.

> **Como proceder na tradução:**
>
> 1. Para cada palavra que queira traduzir, identifique primeiro a classe gramatical: se é verbo, artigo, substantivo, adjetivo, pronome, preposição, conjunção, advérbio etc.
> 2. Dependendo da classe gramatical, identifique os detalhes:
>   para **verbos** – tempo, modo, voz, pessoa e número;
>   para **artigos, substantivos** ou **adjetivos** – caso, gênero, número;
>   para **pronomes** – tipo de pronome, caso, gênero, pessoa, número;
>   para **preposições** – com que caso é usada.
> 3. Identifique a forma que a palavra tem no vocabulário, veja seu(s) significado(s), e traduza de acordo com o significado e a função que a palavra tem nesse lugar na oração.
> 4. Pode ser necessário organizar as palavras traduzidas para que a redação final seja fluente em português. Use para isso a linha contínua logo abaixo de cada exercício.

Lição 2 | Verbos: Intr. • Aspecto verbal • Pres. do ind. • Usos do pres.

Veja quanto já consegue realizar com o que estudou nesta lição. Alegre-se com o que consegue traduzir, e não desanime com aquelas partes que ainda não consegue — chegará a hora em que, voltando ao exercício, poderá traduzir tudo!

Jo 1.19-21:

¹⁹ Καὶ αὕτη ἐστὶν ἡ μαρτυρία τοῦ Ἰωάννου·
___ este _____ o testemunho de João _

_____

²⁰ Οὐκ εἰμὶ ἐγὼ ὁ Χριστός. ²¹ Καὶ ἠρώτησαν αὐτόν· Τί οὖν;
___ ___ ___ o _____ _ ___ perguntaram a ele _ O que então_

_____

Ἠλίας εἶ σύ; Καὶ λέγει· Οὐκ εἰμί. Ὁ προφήτης εἶ σύ; Οὔ.
Elias _ ___ ___ _____ _ ___ _____ O profeta _ _ ____

_____

1Jo 4.4-6:

⁴ Ὑμεῖς ἐκ τοῦ Θεοῦ ἐστέ, τεκνία,
_____ ___ (o) Deus _____ _ filhinhos_

_____

⁵ Αὐτοὶ ἐκ τοῦ κόσμου εἰσίν, ⁶ Ἡμεῖς ἐκ τοῦ Θεοῦ ἐσμεν.
_____ ___ o [=do] mundo _____ _ _____ ___ (o) Deus _____ _

_____

Aplicando o texto à vida

Quando o Senhor Jesus descreve o relacionamento do bom pastor com suas ovelhas, ele diz (Jo 10.27-28):

Τὰ πρόβατα τὰ ἐμὰ τῆς φωνῆς μου **ἀκούουσιν**,
As minhas ovelhas **ouvem** a minha voz,

κἀγώ [= καί + ἐγώ] **γινώσκω** αὐτὰ καὶ **ἀκολουθοῦσίν** μοι·
*e eu as **conheço** e elas me **seguem**;*

κἀγὼ **δίδωμι** αὐτοῖς ζωὴν αἰώνιον,
*e eu lhes **dou** vida eterna,*

καὶ οὐ μὴ ἀπόλωνται εἰς τὸν αἰῶνα
e elas jamais perecerão;

καὶ οὐχ ἁρπάσει τις αὐτὰ ἐκ τῆς χειρός μου.
e ninguém as arrancará da minha mão.

Os verbos em negrito estão no tempo presente, indicando o aspecto linear e contínuo: as ovelhas *vivem ouvindo cada dia e sempre de novo* a voz do pastor, o *seguem de perto* para não deixar de ouvir a sua voz e, ao obedecer, *vivem experimentando* as bênçãos *da vida eterna* que ele *continuamente* lhes *dá*.

As ovelhas *que perseveram* nesse relacionamento com o pastor — sempre atentas para ouvir e seguir a sua voz, se regozijando na vida abundante que ele lhes dá, *essas* (!) podem ter certeza de que ninguém as arrebatará da mão do bom pastor, e que **não perecerão jamais**. É usada para esta afirmação a negação mais enfática que existe no grego para falar de um acontecimento futuro (veja mais sobre isso na § 22.4.2 da lição 22).

LIÇÃO 3

VERBOS
Presente do subjuntivo ·
Usos do modo subjuntivo

3.1 O modo subjuntivo

O modo subjuntivo, diferentemente do modo indicativo que expressa fatos reais, é o modo da contingência, usado para indicar um fato como possível, mas incerto; expressa dúvida, probabilidade. É também o modo que expressa desejo ou expectativa. (Veja abaixo mais informações sobre usos especiais do subjuntivo.)

No modo subjuntivo não há referência direta ao *momento* em que uma ação acontece; o tempo verbal será escolhido pelo escritor de acordo com o *aspecto da ação* que quiser expressar. Pode-se dizer, no entanto que, da perspectiva de quem fala ou escreve **a ação expressa no subjuntivo está no futuro,** isto é, ainda não foi realizada.

3.2 O presente do subjuntivo

Há uma característica que distingue o modo subjuntivo dos demais na maneira como ele é composto: **a vogal temática é alongada**. Essa característica distintiva do subjuntivo aparece em todos os tempos e em todas as vozes em que um verbo é conjugado neste modo.

1. Formação do presente do subjuntivo

Para formar o presente do subjuntivo, alonga-se a vogal temática da flexão do presente do indicativo: ε > η e o > ω.

Pess.	N.º	Pres. ind.	→	Pres. subj.	Pres. ind.	→	Pres. subj.
		\multicolumn{3}{c} Voz ativa		Voz média / passiva	
1ª	Singular	-ω	→	-ω	-ομαι	→	-ωμαι
2ª	Singular	-εις	→	-ῃς	-ῃ	→	-ῃ
3ª	Singular	-ει	→	-ῃ	-εται	→	-ηται
1ª	Plural	-ομεν	→	-ωμεν	-όμεθα	→	-ώμεθα
2ª	Plural	-ετε	→	-ητε	-εσθε	→	-ησθε
3ª	Plural	-ουσι(ν)	→	-ωσι(ν)	-ονται	→	-ωνται

Observações:

1. Em algumas ocasiões, a vogal temática alongada contrai-se com a vogal inicial da desinência, como mostra o quadro.

2. Na 2ª e 3ª pessoa do singular, o ι da desinência fica subscrito ao ε alongado em η, dando lugar ao ῃ.

3. Quando as formas no modo indicativo e no subjuntivo são idênticas, o contexto literário, bem como algumas partículas, conjunções e advérbios específicos, ajudam a identificar de que modo se trata.

2. Presente do subjuntivo, voz ativa

Pess.	N.º	Presente do subjuntivo ativo de λέγω — *digo*	
1ª	Singular	λέγ-ω	*(que eu) diga* ou *esteja dizendo*
2ª	Singular	λέγ-ῃς	*(que tu) digas* ou *estejas dizendo*
3ª	Singular	λέγ-ῃ	*(que ele/ela) diga* ou *esteja dizendo*
1ª	Plural	λέγ-ωμεν	*(que nós) digamos* ou *estejamos dizendo*
2ª	Plural	λέγ-ητε	*(que vós) digais* ou *estejais dizendo*
3ª	Plural	λέγ-ωσι(ν)	*(que eles/elas) digam* ou *estejam dizendo*

3. Presente do subjuntivo, voz média (M.) e passiva (P.)

Pess.	N°	Presente do subjuntivo médio e passivo de λύω — *desato*
1ª	Singular	λύ-ωμαι	M.: *(que eu) me desate* ou *desate para mim* P.: *(que eu) seja desatado/a* ou *esteja sendo desatado/a*
2ª	Singular	λύ-η	M.: *(que tu) te desates* ou *desates para ti* P.: *(que tu) sejas desatado/a* ou *estejas sendo desatado/a*
3ª	Singular	λύ-ηται	M.: *(que ele/ela) se desate* ou *desate para si* P.: *(que ele/ela) seja desatado/a* ou *esteja sendo desatado/a*
1ª	Plural	λυ-ώμεθα	M.: *(que nós) nos desatemos* ou *desatemos para nós* P.: *(que nós) sejamos desatados* ou *estejamos sendo desatados/as*
2ª	Plural	λύ-ησθε	M.: *(que vós) vos desateis* ou *desateis para vós* P.: *(que vós) sejais desatados/as* ou *estejais sendo desatados/as*
3ª	Plural	λύ-ωνται	M.: *(que eles/elas) se desatem* ou *desatem para si* P.: *(que eles/elas) sejam desatados/as* ou *estejam sendo desatados/as*

4. Presente do subjuntivo de εἰμί

O presente do subjuntivo ativo do verbo εἰμί é formado pelas terminações do presente do subjuntivo ativo, acrescidas de aspiração branda e de acento circunflexo:

Pess.	N°	Presente do subjuntivo ativo de εἰμί		
1ª	Singular	ὦ	*(que eu)*	*seja*
2ª	Singular	ᾖς	*(que tu)*	*sejas*
3ª	Singular	ᾖ	*(que ele / ela)*	*seja*
1ª	Plural	ὦμεν	*(que nós)*	*sejamos*
2ª	Plural	ἦτε	*(que vós)*	*sejais*
3ª	Plural	ὦσι(ν)	*(que eles/elas)*	*sejam*

↳ Resumindo...

Com a vogal temática alongada η / ω como característica distintiva do modo subjuntivo, temos o seguinte resumo:

Identificação	Rad.	Caract.	Terminações (1ª 2ª 3ª sg. | 1ª 2ª 3ª pl.)	Ação
Pres. Subj. A.	R	η/ω	-ω -ῃς -ῃ | -ωμεν -ητε -ωσι(ν)	—
Pres. Subj. M./P.	R	η/ω	-ωμαι -ῃ -ηται | -ώμεθα -ησθε -ωνται	—

3.3 Usos especiais do subjuntivo

1. A 1ª pessoa do plural no subjuntivo muitas vezes expressa uma **exortação**. Ex.: Lc 2.15; Rm 13.12s; Ap 19.7
2. μή + um verbo no aoristo do subjuntivo pode expressar uma **proibição**. Ex.: Mt 6.34; Hb 10.35
3. οὐ μή + um verbo no aoristo do subjuntivo (ou no futuro do indicativo) é **a maneira mais enfática de negar um acontecimento futuro**. Ex.: Mt 5.20; 24.35; Gl 5.16; Hb 13.5
4. O subjuntivo pode ser usado para **perguntas deliberativas** ou que expressam dúvida. Ex.: Mt 6.31; Lc 3.10; Rm 10.15
5. ἵνα (ou ὅπως) + verbo no subjuntivo pode expressar um **propósito** ou fim. Ex.: Jo 3.15; 1Jo 2.1
6. Em orações condicionais, ἐάν + verbo no subjuntivo expressa uma **condição futura provável**. Ex.: Mt 5.19; 9.21; Rm 7.2

Vocabulário (para memorizar!)

ἔχω	*ter, segurar, possuir; estar*	(711)
κρίνω	*julgar*	(115)
πιστεύω	*crer; acreditar; confiar (em), confiar algo a alguém*	(243)
σῴζω [σῳδ-][1]	*salvar; libertar; preservar; socorrer; livrar; curar*	(107)
ὁ, ἡ, τό	art. definido (m., f. e n.): *o / a*	(19.904)
ζωή, -ῆς, ἡ[2]	*vida (no sentido físico); vida (no sentido espiritual)*	(135)
θεός, -οῦ, ὁ	*deus; Deus*	(1.318)
κόσμος, -ου, ὁ	*mundo; universo; humanidade*	(186)

---

[1] Entre [ ] aparece o radical do verbo quando é diferente do esperado.

[2] O substantivo é apresentado no vocabulário indicando: a forma que tem no caso nominativo (quando é o sujeito de uma frase), seguido da sua terminação no caso genitivo (que será estudado mais tarde), e do artigo (que indica o seu gênero gramatical).

υἱός, -οῦ, ὁ	*filho; descendente*	(379)
αἰώνιος, -ον	*eterno*	(70)
πᾶς, πᾶσα, πᾶν	*todo, cada; inteiro*	(1.244)
ὅς, ἥ, ὅ	pron. rel.: *que, o que, o qual / a qual, quem*	(1.365)
ἀλλά (ἀλλ')	conj. adversativa: *mas; todavia, porém; exceto*	(638)
γάρ	conj. causal, pospos.[3]: *pois, portanto; certamente*	(1.042)
εἰ	partíc. condicional: *se*	(507)
ἐάν	conj.: (< εἰ + ἄν): *se, no caso de;* após pron. rel. ou adv. equivale a ἄν	(351)
ἵνα	conj.: *para que, a fim de que; que, de modo que*	(663)
ὅπως	conj.: *que; para que, a fim de que;* adv.: *como*	(53)
οὖν	conj. pospos.: *pois, portanto; então*	(501)
μή	adv. de negação: *não;* como conj.: *(para) que não; a fim de que não*	(1.043)
οὔτε	adv.: *e não;* **οὔτε... οὔτε...** ≈ *nem... nem...*	(87)
οὕτω(ς)	adv.: *assim, deste modo, desta forma, desta maneira;* οὕτως ... ὥστε ≈ *de tal maneira ... que*	(208)

✐ Exercícios

A. Marque a opção correta:

   A maneira mais fácil de formar o presente do subjuntivo é
   ☐ memorizando toda a flexão do presente do subjuntivo
   ☐ alongando a vogal temática do presente do indicativo

B. Leia os textos bíblicos abaixo em voz alta. Durante a leitura, procure lembrar os significados das palavras que decorou no vocabulário.

C. Tente completar a tradução interlinear, colocando debaixo de cada palavra grega, no espaço indicado, a tradução literal que está faltando. Siga as orientações dadas na lição anterior.

---

[3]Uma palavra pospositiva nunca aparece como primeira palavra numa frase grega, mas na tradução com frequência é colocada no início.

> **Atenção:** Você perceberá que algumas palavras no texto têm terminações um pouco diferentes do que viu no vocabulário. Desconsidere, por enquanto, essas diferenças.

Jo 3.16:

¹⁶Οὕτως   γὰρ   ἠγάπησεν   ὁ   Θεὸς   τὸν   κόσμον,
_____   ⇆⁴ ___   amou   (_)   ___ o   _____ ,

ὥστε   τὸν   υἱὸν   αὐτοῦ   τὸν   μονογενῆ   ἔδωκεν,
que   o   _____   seu   (o)   unigênito   deu,

ἵνα   πᾶς   ὁ πιστεύων   εἰς   αὐτὸν   μὴ   ἀπόληται,
___   ___   o que crê   __   ele   __   pereça,

ἀλλ᾽   ἔχῃ   ζωὴν   αἰώνιον.
___   ___   ___   ___ .

Jo 10.10:

Ἐγὼ   ἦλθον   ἵνα   ζωὴν   ἔχωσιν.
__   vim   ___   ___   ____ .

Jo 12.47:

Ἐγὼ   οὐ   κρίνω   αὐτόν,   οὐ   γὰρ   ἦλθον   ἵνα   κρίνω
__ __ ____ ele   __ ⇆ __   vim   ___ ___

Μὴ   κρίνωμεν   ἀλλήλους,   ἵνα   μὴ   κρινώμεθα. (cf. Mt 7.1)
__ _____   uns aos outros, ____ __ _____ .

---

⁴As setas ⇆ indicam que, em uma tradução final, pode haver uma reordenação: a palavra pospositiva provavelmente precisará ser posta no início da frase.

Aplicando o texto à vida...

Em Gálatas 5.16, lemos:

> Πνεύματι **περιπατεῖτε**, καὶ ἐπιθυμίαν σαρκὸς **οὐ μὴ τελέσητε**.
> *Vivam pelo Espírito, e **com certeza** vocês **não satisfarão** os desejos da carne!*

Vivamos** continuamente* [tempo presente] **no Espírito** ou: **pelo Espírito**, estando atentos ***à maneira em que ele constantemente nos guia [tempo presente] (v. 18) e dependendo em todo momento de seu poder e de sua atuação em nós (v. 22,23). Enquanto vivermos dessa maneira, *podemos estar certos de que* **de modo nenhum / com certeza não satisfaremos** [οὐ μή + aoristo subjuntivo] os desejos da nossa antiga natureza pecaminosa (v. 19-21)! É usada aqui a negação mais enfática de um acontecimento futuro que existe na língua grega (cf. § 22.4.2 da lição 22).

Mais uma observação: quando no grego se quer enfatizar determinada palavra, ela é trazida mais para a frente na frase, em vez de deixá-la no lugar onde normalmente se esperaria que ela ocorresse. Nesse versículo, a palavra Πνεύματι foi colocada na frente do verbo περιπατεῖτε, e não depois dele, como seria de esperar. Com isso, há uma ênfase intencional aqui: é *no Espírito* ou: *pelo Espírito* que devemos viver!

A vitória em um momento de tentação não só é possível — é certa e garantida para quem segue a voz do Espírito Santo e em todo momento vive dependendo das forças e da capacidade de vencer que ele dá! (Veja tb. 1Co 10.13; Rm 6.6,14; 8.37.) Ἀλληλούϊα!

LIÇÃO 4

VERBOS
Futuro do indicativo · Usos do futuro

4.1 O futuro do indicativo

O futuro do indicativo é usado principalmente para indicar **o que vai acontecer**. (Será usado o símbolo **:** para representá-lo.) O contexto e o significado do próprio verbo determinam o *aspecto* da ação.

4.2 Formação do futuro do indicativo

O futuro do indicativo é formado inserindo-se um σ entre o radical do presente e as terminações, tanto para a voz *ativa* quanto para a voz *média*. Para a voz *passiva*, que no futuro é diferente da voz *média*, é inserido um θε, que geralmente aparece como θη, junto com o σ no mesmo lugar. O futuro do indicativo pode ser reconhecido por essas características.

1. Futuro do indicativo, voz ativa e voz média

Pess.	Nº	Pres. ind.	→	Futuro ind.	Pres. ind.	→	Futuro ind.
		\multicolumn{3}{c}{Voz ativa}	\multicolumn{3}{c}{Voz média}
1ª	Singular	-ω	→	-σ-ω	-ομαι	→	-σ-ομαι
2ª		-εις	→	-σ-εις	-η	→	-σ-η
3ª		-ει	→	-σ-ει	-εται	→	-σ-εται
1ª	Plural	-ομεν	→	-σ-ομεν	-όμεθα	→	-σ-όμεθα
2ª		-ετε	→	-σ-ετε	-εσθε	→	-σ-εσθε
3ª		-ουσι(ν)	→	-σ-ουσι(ν)	-ονται	→	-σ-ονται
Infinitivo		-ειν	→	-σ-ειν	-εσθαι	→	-σ-εσθαι

2. Futuro do indicativo, voz passiva

Pess.	Nº	Pres. ind. passivo	→	Futuro ind. passivo
1.ª	Singular	-ομαι	→	-θήσ-ομαι
2.ª	Singular	-η	→	-θήσ-η
3.ª	Singular	-εται	→	-θήσ-εται
1.ª	Plural	-όμεθα	→	-θησ-όμεθα
2.ª	Plural	-εσθε	→	-θήσ-εσθε
3.ª	Plural	-ονται	→	-θήσ-ονται
Infinitivo		-εσθαι	→	-θήσ-εσθαι

3. Futuro do indicativo de εἰμί

Pess.	Nº	Futuro do Indicativo de εἰμί		
1.ª	Singular	ἔσομαι	(eu)	serei
2.ª	Singular	ἔση	(tu)	serás
3.ª	Singular	ἔσται	(ele / ela)	será
1.ª	Plural	ἐσόμεθα	(nós)	seremos
2.ª	Plural	ἔσεσθε	(vós)	sereis
3.ª	Plural	ἔσονται	(eles/elas)	serão
Infinitivo		ἔσεσθαι		vir a ser

4. Alterações devidas ao acréscimo do σ do futuro

Quando o σ é adicionado ao radical do verbo, algumas alterações acontecem:

- Se o radical termina em vogal breve, esta alonga-se antes do σ:

Radical termina em		Alteração	Exemplos		
vogal breve	α	α + σ → ησ	ἀγαπάω	>	ἀγαπήσω
vogal breve	ε	ε + σ → ησ	ποιέω	>	ποιήσω
vogal breve	ο	ο + σ → ωσ	πληρόω	>	πληρώσω

- Se a última letra do radical é uma consoante com som de P ou κ, a combinação dela com o σ resulta numa consoante que tem o som duplo daquela combinação: ψ e ξ respectivamente; caso a consoante final do radical tiver som de τ, esta é omitida e só fica o σ:

Radical termina em		Alteração		Exemplos		
labial (som de P):	π, β, φ	π, β, φ + σ → ψ		βλέπω	>	βλέψω
gutural (som de κ):	κ, γ, χ	κ, γ, χ + σ → ξ		ἄγω	>	ἄξω
dental (som de τ):	τ, δ, θ	τ, δ, θ + σ → σ		πείθω	>	πείσω

5. Alterações devidas ao acréscimo do θησ do futuro passivo

Quando o θησ é adicionado ao radical do verbo acontecem diversas alterações, algumas delas parecidas com as que acontecem quando é adicionado apenas o σ.

- Se o radical termina em vogal breve, esta alonga-se antes do θησ:

Radical termina em		Alteração	Exemplos		
vogal breve	α	α + θησ → ηθησ	ἀγαπάω	>	ἀγαπήθησω
vogal breve	ε	ε + θησ → ηθησ	ποιέω	>	ποιήθησω
vogal breve	ο	ο + θησ → ωθησ	πληρόω	>	πληρώθησω

- Se a última letra do radical é uma consoante muda, a combinação dela com θησ resulta na seguinte alteração:

Radical termina em		Alteração	
labial (som de P):	π, β, φ	+ θησ → φθησ
gutural (som de κ):	κ, γ, χ	+ θησ → χθησ
dental (som de τ):	τ, δ, θ	+ θησ → σθησ

6. Formações perifrásticas

Uma ação no futuro também pode ser expressa mediante o verbo auxiliar μέλλω - *ir, estar prestes a*, seguido de um verbo no Infinitivo:

Ex.: **μέλλει πορεύεσθαι** καὶ **διδάσκειν** τοὺς Ἕλληνας; (Jo 7.35)
vai   ir   e   ensinar   aos   gregos?

↳ Resumindo...

Com o σ como característica do futuro, e o θη como característica suplementar da voz passiva no futuro, podemos resumir a morfologia do futuro da seguinte maneira:

Identificação	Rad.	Caract.	Terminações (1.ª 2.ª 3.ª sg. | 1.ª 2.ª 3.ª pl.)	Ação
Fut. Ind. A.	R	σ	-ω -εις -ει | -ομεν -ετε -ουσι(ν)	:
Fut. Ind. M.	R	σ	-ομαι -η -εται | -όμεθα -εσθε -ονται	:
Fut. Ind. P.	R	θησ	-ομαι -η -εται | -όμεθα -εσθε -ονται	:
Inf. Fut. A./M.	R	σ	-ειν / -εσθαι	:
Inf. Fut. P.	R	θήσ	-εσθαι	:

4.3 Usos do futuro

O futuro pode ser usado para expressar vários tipos de ações, como:

1. Futuro **preditivo**: anuncia algo que **vai acontecer**.

   Ex.: ὑμεῖς **βαπτισθήσεσθε** ἐν Πνεύματι Ἁγίῳ. (At 1.5)
   *vocês **serão batizados** com o Espírito Santo.*

2. Futuro **imperativo**: comunica *mandamentos* ou *proibições* estritas, ao estilo da linguagem legal do AT.

   Ex.: **Ἀγαπήσεις** τὸν πλησίον σου (Mt 5.43)
   *Você **amará** o seu próximo* [no sentido: ***deve amar!, ame!***]

3. Futuro **deliberativo**: expressa algo que eventualmente *deveria* ou *poderia* acontecer.

Ex.: Κύριε, πρὸς τίνα **ἀπελευσόμεθα**; (Jo 6.68)
*Senhor, a quem **iremos**?* [no sentido: *a quem **iríamos**?*]

4. Futuro **gnômico**: expressa uma *verdade atemporal*.

Ex.: Μόλις ὑπὲρ δικαίου τις **ἀποθανεῖται**. (Rm 5.7)
*Dificilmente alguém **morrerá** por um justo.*

🕮 Vocabulário (para memorizar!)

ἀγαπάω	amar, com consideração, afeição e benevolência	(143)
λαλέω	falar, dizer	(296)
μέλλω (+ inf.)	estar prestes a (+*inf.*), estar a ponto de (+*inf.*); dever (+*inf.*)	(109)
πληρόω	completar, encher; cumprir	(87)
ποιέω	fazer, executar, realizar, trabalhar, produzir	(568)
τηρέω	guardar, vigiar; observar, obedecer; conservar	(70)
ἀλήθεια, -ας, ἡ	verdade	(109)
κύριος, -ου, ὁ	amo, senhor, dono, patrão; Senhor	(719)
λόγος, -ου, ὁ	palavra; discurso, declaração, proclamação; ensino, instrução; mensagem, revelação; assunto, razão	(330)
οἶκος, -ου, ὁ	casa; lar; família; moradia; comunidade (cristã)	(114)
πατήρ, πατρός, ὁ	pai	(414)
πνεῦμα, -ατος, τό	vento; sopro; espírito; Espírito	(379)
σωτήρ, -ῆρος, ὁ	(< σῴζω) salvador, libertador	(24)
δέ (δ')	partíc. copulativa pospos., advers.: *mas, porém, no entanto, por outro lado*; cont. ou explicativa: *ora, então; e, também, além disso; ou seja, a saber.*	(2.801)
ἐκεῖνος, -η, -ο	adj. e pron. dem.: *aquele / aquela / aquilo*	(265)
ἀνά	prep.: *para cima; acima, sobre; cada*; como prefixo: *para cima; outra vez*	(13+)
ἀπό (ἀπ', ἀφ')	prep.: *de, desde; embora; da parte de*	(646)
διά (δι')	prep.: *por; por meio de; através de; por causa de* διά (τό) + inf. ≈ *por causa de, por; porque*	(668)

ἐπί (ἐπ', ἐφ')	prep.: sobre, em, em cima de; acima; no tempo de, durante; para	(891)
κατά (κατ', καθ')	prep.: sobre; por; para baixo; contra; segundo, conforme	(476)
παρά (παρ')	prep.: de, da parte de; perto de, junto de, ao lado de; junto a, perto de, ao longo de; c/ comparativo: em comparação com	(194)
πρός	prep.: (necessário) para; perto de, junto a; para; em direção a; com πρὸς (τό) + inf. ≈ para, a fim de; assim que, de modo que	(699)

Exercícios

A. Marque a opção correta: A característica principal na formação do futuro, na voz ativa e média, é

- ☐ alongamento da vogal temática.
- ☐ acréscimo de um σ entre o radical e a vogal temática, com as terminações do presente do indicativo, ativo e médio.

B. Leia os textos gregos abaixo em voz alta. Durante a leitura, procure lembrar dos significados das palavras que decorou no vocabulário.

C. Complete a tradução interlinear, colocando debaixo de cada palavra grega, no espaço indicado, a tradução literal que está faltando. Siga, para isso, as orientações dadas na lição 2.

Jo 14.23:

Ἐάν τις ἀγαπᾷ με τὸν λόγον μου τηρήσει,
___ ____ ama a mim a _____ minha _____,

καὶ ὁ πατήρ μου ἀγαπήσει αὐτόν, καὶ πρὸς αὐτὸν ἐλευσόμεθα
__ __ _____ meu _____ a ele __ ____ ele viremos

καὶ μονὴν παρ' αὐτῷ ποιήσομεν.
___ morada _____ ele _____.

_____

Jo 16.13:

Τὸ Πνεῦμα ὁδηγήσει ὑμᾶς εἰς πᾶσαν τὴν ἀλήθειαν·
__ _____ guiará vocês __ toda a _____;

_____

At 16.31:

Πίστευσον ἐπὶ τὸν Κύριον Ἰησοῦν Χριστόν
Creia _____ __ o _____ _____ _____

καὶ σωθήσῃ σὺ καὶ ὁ οἶκός σου.
___ _____ __ __ __ _____ sua.

_____

At 22.26:

Τί μέλλεις ποιεῖν;
____ _____ _____?

Tg 4.15:

Ἐὰν ὁ Κύριος θελήσῃ καὶ ζήσωμεν
____ __ _____ quiser __ vivermos

καὶ ποιήσομεν τοῦτο ἢ ἐκεῖνο.
____ _____ _____ ou _____.

_____

> **Aplicando o texto à vida...**

Em Mateus 24.12-13, o Senhor Jesus descreve uma das características dos últimos tempos, a era em que estamos atualmente vivendo. Ele diz que

ψυγήσεται ἡ ἀγάπη τῶν πολλῶν
esfriará o amor de muitos.

Ainda bem que o Senhor Jesus não para por ali, mas acrescenta:

ὁ <u>δὲ</u> ὑπομείνας εἰς τέλος, οὗτος σωθήσεται
no entanto, quem perseverar até o fim, este será salvo.

A partícula <u>δὲ</u>, que aqui tem o significado de *mas*, *porém*, *no entanto*, indica continuação entre o que foi dito anteriormente e o texto que a segue:

<u>*No entanto*</u>, *quem perseverar até o fim*, **οὗτος σωθήσεται**, *este será salvo!*

Quem perseverar até o fim, cuidando para que seu amor não esfrie, para *este* [em posição enfática] vale a preciosa promessa: *será salvo!*

Vale a pena perguntar: como está "a temperatura" do meu amor a Deus e ao próximo? Está como nos dias de meu primeiro amor? Evidencia-se em ações concretas? Caso percebamos que já não é como antes, que nosso amor está esfriando aos poucos, façamos o que Deus diz para quem abandonou seu primeiro amor (Ap 2.5): "Lembre-se de onde caiu! Arrependa-se, e pratique as obras que praticava no princípio!".

LIÇÃO 5

ARTIGOS E SUBSTANTIVOS
Casos e 2.ª declinação

5.1 Introdução

Em grego, artigos, substantivos, adjetivos e outras formas nominais flexionam suas terminações apresentando cinco formas diferentes, os **casos**: *nominativo, genitivo, dativo, acusativo* e *vocativo*. Esses *casos*, com suas diferentes terminações, mostram de que maneira os substantivos se relacionam com as outras palavras numa frase. Esse fenômeno será explicado nesta lição.

5.2 O artigo

Em grego, só existem **artigos definidos**. São eles: ὁ (masculino), ἡ (feminino) e τό (neutro), com as respectivas formas no plural: οἱ, αἱ e τά. Esses artigos são flexionados de acordo com o seu *número* (singular ou plural), *gênero gramatical* (masculino, feminino e neutro)[1] e *caso*.

A **função principal do artigo**, quando acompanha um substantivo, é *tornar definido, identificar* ou *individualizar* o substantivo que modifica. Sempre que um artigo acompanha um substantivo, ambos são flexionados, e sempre concordam em *gênero, número* e *caso*.

---

[1] Veja a observação na lição 2, p. 34.

Flexão do artigo com uma das suas possíveis traduções (porque no dativo poderia ser: *ao / para o, no, com o;* ou *à / para a, na, com a* etc.):

O artigo	Masculino		Feminino		Neutro	
Caso	Singular	Plural	Singular	Plural	Singular	Plural
Nominativo	ὁ *o*	οἱ *os*	ἡ *a*	αἱ *as*	τό *o/a*	τά *os/as*
Genitivo	τοῦ *do*	τῶν *dos*	τῆς *da*	τῶν *das*	τοῦ *do/da*	τῶν *dos/das*
Dativo	τῷ *ao*	τοῖς *aos*	τῇ *à*	ταῖς *às*	τῷ *ao/à*	τοῖς *aos/às*
Acusativo	τόν *o*	τούς *os*	τήν *a*	τάς *as*	τό *o/a*	τά *os/as*
Vocativo	(O caso vocativo não é acompanhado de artigo.)					

5.3 O substantivo

Substantivos são palavras que designam algo que existe, seja de maneira concreta ou abstrata: *cidade, parque, pessoa, vida, sonho, amor* etc. À semelhança do artigo, o substantivo grego tem **número** (singular ou plural), **gênero gramatical** (masculino, feminino e neutro) e **caso**, e flexiona-se de acordo com essas características.

5.4 Os casos[2]

Enquanto o português usa preposições para mostrar a relação entre os diferentes elementos de uma frase, o grego usa as terminações flexionadas nos *casos* para fazê-lo. É dessa maneira que um substantivo ou outras formas nominais expressam a sua *função sintática*, ou seja, se são *sujeito, objeto direto, objeto indireto* etc.

Esse relacionamento gramatical pode ser ilustrado de maneira simplificada no exemplo a seguir: *O Filho de Deus dá aos crentes a vida eterna – ó graça!*

---

[2] Considerações detalhadas sobre os casos serão apresentadas nas lições 6 e 13.

1. Quando a terminação de um substantivo indica que está no caso **nominativo**, ele cumpre a função de *sujeito* da frase. Responde assim à pergunta *"Quem é que...?"* ou *"O que é que...?"*.

   Ex.: *O Filho*...

2. Quando a terminação indica que o substantivo está no caso **genitivo**, ele cumpre a função de *descrever* ou *especificar* o substantivo ou pronome que está modificando. Está respondendo à pergunta *"De que natureza, qualidade ou tipo é...?"* ou *"De quem é...?"* etc. Também pode dar a ideia de *origem*, *procedência* ou *separação*: *"De onde é...?"*, sendo então chamado de **genitivo ablativo**.

   Ex.: *O Filho **de Deus**...*

3. Quando pela terminação um substantivo indica que está no caso **dativo**, ele tem a função de *objeto indireto*. Está respondendo à pergunta *"A quem...?"* ou *"Para quem...?"*. Também pode se referir à *posição* ou *local*: *"Onde...?"* (= **dativo locativo**), ou ainda a um *meio* ou *instrumento*: *"Com que...?"* ou *"Com quem...?"* (= **dativo instrumental**).

   Ex.: *O Filho de Deus dá **aos crentes**...*

4. Quando a terminação indica que um substantivo aparece no caso **acusativo**, ele funciona como *objeto direto* de um verbo e responde à pergunta *"Que coisa sofre a ação do verbo?"* ou *"A quem é dirigida a ação do verbo?"*.

   Ex.: *O Filho de Deus dá aos crentes **a vida eterna**...*

5. Um substantivo no caso **vocativo** está *invocando* ou *interpelando* alguém; quando acompanhado pela partícula ὦ, em

português *ó*, está **exclamando** algo importante de maneira emotiva.

Ex.: *O Filho de Deus dá aos crentes a vida eterna* — *ó graça!*

5.5 Flexão dos substantivos da 2ª declinação

Na chamada "2ª Declinação" estão agrupados os substantivos com **tema** ou **radical nominal** terminado em -o. Em sua ampla maioria são *masculinos*, e usam o artigo masculino; alguns poucos são *femininos*, e usam o artigo feminino, e os que terminam em -ov são *neutros*, usando o artigo neutro.[3] Familiarize-se com a flexão desses substantivos; observe como com frequência a sua terminação é igual à do artigo, e como o artigo ajuda a identificar o gênero.

1. Substantivos masculinos

Caso	Singular			Plural		
Nom.	ὁ	λόγος	a palavra	οἱ	λόγοι	as palavras
Gen. Gen. abl.	τοῦ	λόγου	da palavra	τῶν	λόγων	das palavras
Dat. Dat. loc. Dat. Instr.	τῷ	λόγῳ	para a palavra na palavra com a palavra	τοῖς	λόγοις	para as palavras nas palavras com as palavras
Ac.	τόν	λόγον	a palavra	τούς	λόγους	as palavras
Voc.		λόγε	palavra!		λόγοι	palavras!

---

[3]O gênero gramatical de um substantivo em grego pode ser diferente do seu gênero gramatical em português. Ex.: ὁ λόγος (masc. no grego) — *a palavra* (fem.), ou: τὸ ἔργον (neutro em grego) — *o trabalho* (masc.), *a obra* (fem.). Isso acontece também em línguas próximas como o português e o espanhol: **a** árvore (fem.) — *el* árbol (masc.).

2. Substantivos femininos

Substantivos femininos da 2.ª declinação

Caso	Singular			Plural		
Nom.	ἡ	ὁδός	o caminho	αἱ	ὁδοί	os caminhos
Gen. / Gen. abl.	τῆς	ὁδοῦ	do caminho	τῶν	ὁδῶν	dos caminhos
Dat. / Dat. loc. / Dat. Instr.	τῇ	ὁδῷ	para o caminho / no caminho / com o caminho	ταῖς	ὁδοῖς	para os caminhos / nos caminhos / com os caminhos
Ac.	τήν	ὁδόν	o caminho	τάς	ὁδούς	os caminhos
Voc.		ὁδέ	caminho!		ὁδοί	caminhos!

Por ser ὁδός um substantivo feminino, usa o artigo feminino.

3. Substantivos neutros

Substantivos neutros da 2.ª declinação

Caso	Singular			Plural		
Nom.	τό	ἔργον	a obra	τά	ἔργα	as obras
Gen. / Gen. abl.	τοῦ	ἔργου	da obra	τῶν	ἔργων	das obras
Dat. / Dat. loc. / Dat. Instr.	τῷ	ἔργῳ	para a obra / na obra / com a obra	τοῖς	ἔργοις	para as obras / nas obras / com as obras
Ac.	τό	ἔργον	a obra	τά	ἔργα	as obras
Voc.		ἔργον	obra!		ἔργα	obras!

♮ Resumindo...

A flexão dos substantivos da 2.ª declinação é resumida assim:

2.ª declinação	Singular		Plural	
	masc./fem.	neut.	masc./fem.	neut.
Nominativo	-ος	-ον	-οι	-α
Genitivo	-ου	-ου	-ων	-ων
Dativo	-ῳ	-ῳ	-οις	-οις
Acusativo	-ον	-ον	-ους	-α
Vocativo	-ε	-ον	-οι	-α

Vocabulário (para memorizar!)

ἄγγελος, -ου, ὁ	anjo; mensageiro	(176)
ἀδελφός, -οῦ, ὁ	irmão, irmão na fé, compatriota, próximo	(343)
ἄνθρωπος, -ου, ὁ	homem; ser humano, pessoa	(551)
δοῦλος, -ου, ὁ	escravo; servo	(124)
ἔργον, -ου, τό	trabalho; obra, ato, ação	(169)
θάνατος, -ου, ὁ	morte	(120)
λαός, -οῦ, ὁ	povo	(142)
νόμος, -ου, ὁ	lei	(195)
ὁδός, -οῦ, ἡ	caminho	(101)
οὐρανός, -οῦ, ὁ	céu	(274)
ὀφθαλμός, -οῦ, ὁ	olho	(100)
ὄχλος, -ου, ὁ	multidão; povo	(175)
γίνομαι	ser; vir a ser, tornar-se; acontecer	(670)
εἶδον / εἶδα	ver; perceber [2º aor. de ὁράω]	
εἶπον / εἶπα	dizer, falar [2º aor. de λέγω]	
ἔρχομαι	ir; vir [rad. 2º aor.: ἐλθ-]	(636)
ὁράω	ver; perceber; contemplar [rad. 2º aor.: ἰδ-]	(449)
ἀμήν	partíc. asseverativa: verdadeiramente, certamente; amém, assim seja!	(130)
ὅτι	conj.: que; de modo que; pois, porque, visto que	(1297)
μετά (μετ', μεθ')	prep.: com, junto a; entre; depois de, após μετὰ τό + inf. ≈ depois de, após	(473)
περί	prep.: concernente a, acerca de, sobre; ao redor de, em volta de	(333)

Lição 5 | Artigos e Substantivos: Casos e 2ª declinação

✎ Exercícios

A. **Cruze as colunas**. Relacione os casos com as respectivas funções sintáticas, numerando a segunda coluna.

(1) Nominativo   ( ) Objeto direto
(2) Genitivo   ( ) Sujeito
(3) Gen. ablativo   ( ) Invocação
(4) Dativo   ( ) Especificação, descrição; posse
(5) Dat. locativo   ( ) Origem, procedência; separação
(6) Dat. instrumental   ( ) Lugar
(7) Acusativo   ( ) Meio, instrumento
(8) Vocativo   ( ) Objeto indireto

B. Complete a tradução interlinear dos textos abaixo, seguindo as orientações dadas na lição 2.

Veja o quanto já consegue fazer com o que estudou nesta lição. Alegre-se com o que consegue traduzir, e não desanime com aquelas partes que ainda não consegue – chegará a hora em que, voltando ao exercício, poderá traduzir tudo!

Jo 1.1-2

Ἐν   ἀρχῇ   ἦν   ὁ λόγος,
____   [o] princípio   era   _____,
καὶ ὁ λόγος   ἦν   πρὸς   τὸν Θεόν, καὶ Θεὸς   ἦν   ὁ λόγος.
___ _____ estava ____ _____, __ _____ era _____.
² Οὗτος   ἦν   ἐν   ἀρχῇ   πρὸς   τὸν Θεόν.
_____   era ___ [o] princípio _____ _____.

Jo 1.49

Ναθαναήλ λέγει αὐτῷ, Ῥαββί, σὺ εἶ ὁ υἱὸς τοῦ Θεοῦ.
Natanael ____ *a ele: Rabi,* __ __ _____ _____.

⁵⁰ Ἀπεκρίθη Ἰησοῦς καὶ εἶπεν αὐτῷ,
Respondeu _____ __ *disse   a ele:*

Ὅτι εἶπόν σοι, εἶδόν σε ὑποκάτω τῆς συκῆς, πιστεύεις;
_____ *disse a você, vi   você debaixo de a figueira,* _____?

⁵¹ Καὶ λέγει αὐτῷ, Ἀμὴν ἀμὴν λέγω ὑμῖν,
____ _____ *a ele,* _____ _____ *a vocês,*

ἀπ' ἄρτι ὄψεσθε τὸν οὐρανὸν ἀνεῳγότα,
_____ *agora verão* _____ *aberto,*

καὶ τοὺς ἀγγέλους τοῦ Θεοῦ ἀναβαίνοντας καὶ
__ _____ _____ *subindo* __

καταβαίνοντας ἐπὶ τὸν υἱὸν τοῦ ἀνθρώπου.
descendo ____ _____ _____.

Mt 15.22

Ἐλέησόν με, **Κύριε,** υἱὲ Δαυίδ·
Tem misericórdia de mim, _____, _____ *de Davi!*

> 🕊 **Aplicando o texto à vida...**

Jesus disse:

> Ἐγώ εἰμι **ἡ** ὁδὸς καὶ **ἡ** ἀλήθεια καὶ **ἡ** ζωή.   (Jo 14.6)
> ***Eu** sou **o** caminho e **a** verdade e **a** vida.*

Ao usar *o artigo definido* junto a cada substantivo, Jesus está deixando claro que:

1. Ele é **o** caminho. Embora algumas pessoas imaginem que existam muitos caminhos para chegar a Deus, **Jesus** é *o único* **caminho** que leva ao Pai. Só caminhando com ele,

só deixando que ele conduza nossa vida, poderemos ter certeza de que também chegaremos ao destino final certo: à eterna comunhão com ele!
2. Ele é **a** verdade. A despeito de as pessoas na cultura pós-moderna terem cada uma sua própria "verdade" e acharem que não existe nenhuma verdade absoluta, **Jesus** é a personificação da *única* **verdade**, real e absoluta, e tudo o que ele diz e faz é verdadeiro.
3. Ele é **a** vida. Apesar de o ser humano sempre buscar uma vida feliz em diversões, em bens materiais, na fama, ou aderindo a ideologias e religiões, *a única* **vida plena e abundante**, tanto nesta existência quanto na eternidade, só pode ser encontrada em **Jesus**! Só quem tem Jesus tem a **vida**; quem não tem o Filho de Deus não tem a vida!

O verbo εἰμί aparece flexionado na 1ª pessoa do singular, deixando claro que seu sujeito é Jesus. Não seria necessário acrescentar nenhum pronome pessoal, mas, se Jesus acrescenta o Ἐγώ, está enfatizando: *Eu* **sou** tudo o que estou afirmando, **e nenhum outro!** Jesus usa aqui a mesma expressão com que Deus se identificou para Moisés (Êx 3.14), ressaltando assim sua divindade.

LIÇÃO 6

SUBSTANTIVOS
1ª declinação

6.1 Substantivos da primeira declinação

À "**1ª declinação**" ou "**declinação em -α**" pertencem as palavras terminadas em -α ou -η. Os substantivos que no nominativo singular terminam em -α ou -η são *femininos*, e os que terminam em -ας ou -ης são *masculinos*.

6.2 Declinação dos substantivos da 1ª declinação

1. Substantivos femininos terminados em α precedido por ε, ι ou ρ, como **σοφία, -ας, ἡ** - *sabedoria*.

Subst. fem. terminados em α precedido por ε, ι ou ρ		
Caso	*Singular*	*Plural*
Nominativo	ἡ σοφί-α	αἱ σοφί-αι
Genitivo	τῆς σοφί-ας	τῶν σοφι-ῶν
Dativo	τῇ σοφί-ᾳ	ταῖς σοφί-αις
Acusativo	τὴν σοφί-αν	τὰς σοφί-ας
Vocativo	σοφί-α	σοφί-αι

2. Substantivos femininos terminados em α não precedido por ε, ι ou ρ, como γλῶσσα, -ης, ἡ - *língua*.

Subst. fem. terminados em α não precedido por ε, ι ou ρ		
Caso	Singular	Plural
Nominativo	ἡ γλῶσσ-α	αἱ γλῶσσ-αι
Genitivo	τῆς γλώσσ-ης	τῶν γλωσσ-ῶν
Dativo	τῇ γλώσσ-ῃ	ταῖς γλώσσ-αις
Acusativo	τὴν γλῶσσ-αν	τὰς γλώσσ-ας
Vocativo	γλῶσσ-α	γλῶσσ-αι

3. Substantivos femininos terminados em η, como ἀγάπη, -ης, ἡ - *amor*.

Subst. fem. terminados em η		
Caso	Singular	Plural
Nominativo	ἡ ἀγάπ-η	αἱ ἀγάπ-αι
Genitivo	τῆς ἀγάπ-ης	τῶν ἀγαπ-ῶν
Dativo	τῇ ἀγάπ-ῃ	ταῖς ἀγάπ-αις
Acusativo	τὴν ἀγάπ-ην	τὰς ἀγάπ-ας
Vocativo	ἀγάπ-η	ἀγάπ-αι

4. Substantivos masculinos terminados em ας, como νεανίας, ου, ὁ - *jovem, moço*.

Subst. masc. terminados em ας		
Caso	Singular	Plural
Nominativo	ὁ νεανί-ας	οἱ νεανί-αι
Genitivo	τοῦ νεανί-ου	τῶν νεανι-ῶν
Dativo	τῷ νεανί-ᾳ	τοῖς νεανί-αις
Acusativo	τὸν νεανί-αν	τοὺς νεανί-ας
Vocativo	νεανί-α	νεανί-αι

5. Substantivos masculinos terminados em ης, como προφήτης, -ου, ὁ - profeta.

Subst. masc. terminados em ης		
Caso	Singular	Plural
Nominativo	ὁ προφήτ-ης	οἱ προφήτ-αι
Genitivo	τοῦ προφήτ-ου	τῶν προφήτ-ῶν
Dativo	τῷ προφήτ-ῃ	τοῖς προφήτ-αις
Acusativo	τὸν προφήτ-ην	τοὺς προφήτ-ας
Vocativo	προφήτ-α	προφήτ-αι

Resumindo...

Resumo da 1ª declinação:

1ª declinação	Singular					Plural
	f.*	f.**	f.	m.	m.	Igual para todos
Nominativo	-α	-α	-η	-ας	-ης	-αι
Genitivo	-ας	-ης	-ης	-ου	-ου	-ῶν
Dativo	-ᾳ	-ῃ	-ῃ	-ᾳ	-ῃ	-αις
Acusativo	-αν	-αν	-ην	-αν	-ην	-ας
Vocativo	-α	-α	-η	-α	-α	-αι

* Para radicais terminados em α precedido por ε, ι ou ρ. ** Para radicais terminados em α não precedido por ε, ι ou ρ.

6.3 Sintaxe dos casos

Na lição anterior foram apresentados brevemente alguns usos dos casos. Mas, para compreender um texto bíblico em toda a sua riqueza e profundidade, será necessário dar atenção maior às diversas nuances da sintaxe dos casos.

A seguir, serão explicados os usos mais frequentes dos casos nominativo, genitivo e vocativo. Os usos dos casos dativo e acusativo serão apresentados na lição 13, juntamente com a 3ª declinação.

A. Nominativo

1. **Sujeito**. Na maioria das vezes, o substantivo ou pronome no caso nominativo funciona como *sujeito* da oração.

    Ex.: Ὁ **πατὴρ** ἀγαπᾷ τὸν υἱόν. (Jo 3.35)
    O **Pai** ama o filho.

2. **Predicativo do sujeito** ou **"predicado nominal"**. No nominativo também aparecem *definições complementares do sujeito* (predicativos), ligados a este por verbos de ligação como εἰμί, γίνομαι ou ὑπάρχω.

    Ex.: ... ὁ Θεὸς **ἀγάπη** ἐστίν. (1Jo 4.8)
    ... Deus é **amor**.

3. **Nominativo vocativo**. O nominativo pode aparecer em *invocações* ou *exclamações*, onde normalmente seria usado o caso vocativo.

    Ex.: **Πάτερ δίκαιε**, ὁ κόσμος σε οὐκ ἔγνω... (Jo 17.25)
    Pai justo, o mundo não o conheceu...

    Aqui, enquanto o substantivo **πάτερ** está no nominativo, o adjetivo **δίκαιε** que o qualifica (e que normalmente concorda com ele em caso, cf. a lição 7), aparece no vocativo, reforçando assim a ideia de que esse nominativo funciona como vocativo.

4. **Nominativo de aposição**. A aposição ocorre quando um substantivo é seguido por outro que o *descreve, explica* ou *identifica*.

    Ex.: Παῦλος, **δοῦλος** Ἰησοῦ Χριστοῦ...   (Rm 1.1)
    Paulo, **servo** de Jesus Cristo...

B. Genitivo

O genitivo propriamente dito é o caso da *descrição*, da *especificação* e *restrição*, enquanto o "genitivo ablativo" faz referência à *procedência*, ao *ponto de partida*, tanto no sentido espacial como no sentido figurado.

Usos mais frequentes do **genitivo propriamente dito**:

1. **Genitivo descritivo.** Uma palavra no genitivo na maioria das vezes cumpre a função de *descrever, especificar, definir* ou *caracterizar* o substantivo com o qual se relaciona.

    Ex.: μὴ ποιεῖτε τὸν οἶκον τοῦ πατρός μου οἶκον ἐμπορίου.
    *Não façam da casa de meu Pai uma casa **de negócio**.*   (Jo 2.16)

2. **Genitivo de posse.** Uma palavra no genitivo pode indicar o *proprietário de algo* ou *alguém*:

    Ex.: Ἐν τῇ οἰκίᾳ **τοῦ πατρός** μου... | ... **τοῦ Κυρίου** ἐσμέν.
    *Na casa **do meu Pai**...* (Jo 14.2) | *... **do Senhor** somos.* (Rm 14.8)

3. **Genitivo de relacionamento** ou **parentesco.** Uma palavra no genitivo pode indicar *relações pessoais* ou *familiares*. Muitas vezes a palavra que especifica o tipo de relação é omitida; na tradução ela deve ser suprida a partir do contexto:

    Ex.: Ἰάκωβος ὁ **τοῦ Ζεβεδαίου**. (Mt 10.2)
    *Tiago, o [filho] **de Zebedeu**.*

4. **Genitivo partitivo.** Uma palavra no genitivo pode indicar *um todo do qual* a palavra sendo modificada é uma parte:

    Ex.: τοὺς πτωχοὺς **τῶν ἁγίων** (Rm 15.26)
    *os pobres **dentre os santos**.*

5. **Genitivo de autoria.** Uma palavra no genitivo pode indicar o *autor*:

   Ex.: ... εὐαγγέλιον **Θεοῦ**. (Rm 1.1)
   ... o evangelho **de Deus**.

6. **Genitivo subjetivo.** Uma palavra no genitivo pode indicar o *agente*, o *sujeito* que executa a ação indicada por um substantivo de origem verbal (ex.: *amor < amar*):

   Ex.: Τίς ἡμᾶς χωρίσει ἀπὸ τῆς ἀγάπης **τοῦ Χριστοῦ**; (Rm 8.35)
   *Quem nos separará do amor **de Cristo**?* [i.e., *do amor com que **Cristo** nos **ama***]

7. **Genitivo objetivo.** Uma palavra no genitivo pode indicar o *objeto* que recebe a ação indicada por um substantivo de origem verbal (ex.: *amor < amar*):

   Ex.: Αὕτη ἐστιν ἡ ἀγάπη **τοῦ Θεοῦ**, ἵνα τηρῶμεν... (1Jo 5.3)
   *Este é o amor **a Deus**, que guardemos [seus mandamentos]...*

   Observação: Em alguns textos, como, por exemplo, em Rm 5.5, 2Co 5.14 e Ap 1.1, o gen. subjetivo e o gen. objetivo parecem estar combinados, o que alguns gramáticos têm chamado de **genitivo plenário** (veja também "Aplicando o texto à vida").

Os usos mais frequentes do **genitivo ablativo** são:

8. **Genitivo ablativo / de separação / de origem.** Neste uso, o genitivo indica *separação, origem, procedência* ou *fonte*. Geralmente está associado a um verbo, funcionando como um adjunto adverbial, e com frequência vem acompanhado da preposição ἀπό ou ἐκ.

Ex.: Καὶ εἶδον... τὴν πόλιν τὴν ἁγίαν, Ἰερουσαλὴμ καινήν, καταβαίνουσαν <u>ἐκ</u> τοῦ οὐρανοῦ <u>ἀπὸ</u> τοῦ Θεοῦ.
*E vi... a cidade santa, [a] nova Jerusalém, descendo **do céu**, [vindo da parte] **de Deus**. (Ap 21.1-2)*

9. **Genitivo de comparação.** Uma palavra no genitivo, depois de um adjetivo comparativo, faz comparação com a palavra a ela relacionada.

   Ex.: Μείζω **τούτων** ὄψει. (Jo 1.50)
   *Maiores (coisas) **do que estas** verá.*

10. **Genitivo absoluto.** Um substantivo ou pronome no genitivo junto com um particípio no genitivo, que não estão gramaticalmente conectados com o resto da oração, formam o "genitivo absoluto". Nessa construção, o substantivo ou pronome funciona como sujeito da ação expressa pelo particípio.[1] Na tradução, o particípio é reproduzido como um gerúndio ou um verbo conjugado normalmente, e o substantivo ou pronome como seu sujeito.

    Ex.: Καὶ **καταβαινόντων αὐτῶν** ἐκ τοῦ ὄρους... (Mt 17.9)
    *E quando **eles desceram** do monte...*

C. Vocativo

1. Num discurso direto, um substantivo no caso **vocativo** está *invocando* alguém.

   Ex.: Ἐλέησον ἡμᾶς, **Κύριε**· (Mt 20.30) | **Πάτερ** ἅγιε... (Jo 17.11)
   *Tem misericórdia de nós, **Senhor**!* | ***Pai** santo...*

---

[1]Nesses casos, um genitivo absoluto comunica algum dos significados possíveis dos particípios adverbiais (cf. lição § 14.4), sendo, em sua maioria, temporais.

2. Quando acompanhado pela partícula ὦ - *ó*, um substantivo no **vocativo** está *interpelando* alguém ou *exclamando* de maneira emotiva algo importante.

Ex.: Σὺ δέ, ὦ ἄνθρωπε τοῦ Θεοῦ, ταῦτα φεῦγε· (1Tm 6.11)
Mas tú, ó homem de Deus, foge destas coisas!

Vocabulário (para memorizar!)

ἀγάπη, -ης, ἡ	amor	(116)
ἁμαρτία, -ας, ἡ	(< ἁμαρτάνω, errar o alvo) *pecado, transgressão;* também *a culpa* resultante	(173)
βασιλεία, -ας, ἡ	*reino; reinado, governo, domínio real; o reinar*	(162)
γῆ, -ῆς, ἡ	*terra*	(250)
γλῶσσα, -ης, ἡ	*língua; linguagem, idioma*	(50)
δόξα, -ης, ἡ	*glória, honra, majestade, esplendor, grandeza*	(166)
ἐκκλησία, -ας, ἡ	*assembleia, reunião; congregação, igreja*	(114)
ἐξουσία, -ας, ἡ	*autoridade, poder*	(102)
ἐπιθυμία, -ας, ἡ	*desejo, anseio, paixão* (muitas vezes impura)	(38)
ἡμέρα, -ας, ἡ	*dia*	(389)
καρδία, -ας, ἡ	*coração*	(157)
μαθητής, -οῦ, ὁ	(< μανθάνω, aprender, assimilar) *discípulo, aprendiz, seguidor* de um mestre	(261)
μήτηρ, μητρός, ἡ	*mãe*	(83)
οἰκία, -ας, ἡ	*casa; família*	(94)
προφήτης, -ου, ὁ	*profeta*	(144)
σοφία, -ας, ἡ	*sabedoria*	(51)
φωνή, -ῆς, ἡ	*voz; som*	(139)
οἶδα	*saber; conhecer* (< ὁράω; perf. c/ sentido de pres.)	(318)
σύν	prep.: *com* (expressa companhia, associação)	(128)
ὑπέρ	prep.: *por; em lugar de; em favor de; sobre, acima de, além de*	(150)
ὑπό (ὑπ', ὑφ')	prep.: *por, por meio de; sob, debaixo de; abaixo de*	(220)
ἕως	conj., adv. e prep.: *até, até que; enquanto*	(146)

Lição 6 | Substantivos: 1ª declinação

✎ Exercícios de revisão

Complete a tradução interlinear dos textos que seguem:

Jo 13.35
Ἐν τούτῳ γνώσονται πάντες ὅτι ἐμοὶ μαθηταί ἐστε,
__ _____ conhecerão todos __ meus _____ ____,
ἐὰν ἀγάπην ἔχητε ἐν ἀλλήλοις.
 uns aos outros [ou: uns pelos outros].
__ _____ _____

Jo 14.2-6
Ἐν τῇ οἰκίᾳ τοῦ πατρός μου μοναὶ πολλαί εἰσιν·
__ _____ _____ meu moradas muitas ____;
⁴ Καὶ ὅπου ἐγὼ ὑπάγω οἴδατε, καὶ τὴν ὁδὸν οἴδατε.
__ aonde __ vou sabem, __ _____ conhecem.
⁵ Λέγει αὐτῷ Θωμᾶς, Κύριε, οὐκ οἴδαμεν ποῦ ὑπάγεις·
_____ a ele Tomé, _____, __ sabemos aonde vai;
πῶς δυνάμεθα τὴν ὁδὸν εἰδέναι;
como podemos _____ conhecer?
⁶ Λέγει αὐτῷ ὁ Ἰησοῦς, Ἐγώ εἰμι ἡ ὁδὸς
_____ a ele (o) _____: ___ ___ _____
καὶ ἡ ἀλήθεια καὶ ἡ ζωή·
__ _____ __ ____;

At 26.27
Πιστεύεις, βασιλεῦ Ἀγρίππα, τοῖς προφήταις;
_____, rei Agripa ___ _____?

1Jo 4.8
ὁ Θεὸς ἀγάπη ἐστίν.
_____ _____ ____.

Jo 5.42
τὴν ἀγάπην τοῦ Θεοῦ οὐκ ἔχετε.

___ ___ ___ ___ ___ ___ ___ .

Mc 2.28
Κύριός ἐστιν ὁ υἱὸς τοῦ ἀνθρώπου καὶ τοῦ σαββάτου.

___ ___ ___ ___ ___ ___ ___ .

> **Aplicando o texto à vida...**

Em Romanos 5.5, Paulo diz:

> ...ἡ ἀγάπη <u>τοῦ Θεοῦ</u> ἐκκέχυται ἐν ταῖς καρδίαις ἡμῶν διὰ Πνεύματος Ἁγίου τοῦ δοθέντος ἡμῖν.
> ...*o amor de* [ou: *a*] *Deus foi derramado em nossos corações pelo Espírito Santo que nos foi dado.*

Que τοῦ Θεοῦ é um genitivo está claro. Léxicos analíticos, sites na internet e aplicativos de computador e smartphone vão nos dar essa informação. Mas qual dos possíveis usos do genitivo temos aqui? Identificar isso é a tarefa do intérprete do texto.

Considerando os diversos usos do genitivo expostos nesta lição, percebemos logo que alguns deles podem ser descartados de imediato. Mas ficam algumas possibilidades que parecem plausíveis:

O **gen. de descrição** *descreve, caracteriza* e *qualifica* o amor que o Espírito Santo derramou nos corações dos que se abriram para ele – *é divino*.

O **gen. subjetivo** dá a entender que é **o amor com que Deus ama, o amor de Deus** a mim e às outras pessoas, que foi derramado no coração daqueles em que habita e atua o Espírito Santo. Esses agora têm a capacidade e os recursos para amar aos outros como Deus os ama (cf. Jo 13.34)!

O **gen. objetivo** transmite uma ideia que parece oposta: trata-se do **amor a Deus**. É um novo amor que o Espírito Santo derramou no coração daqueles que se abriram para Deus, que experimentaram a graça e a bênção do perdão e do novo nascimento e agora têm um **amor a Deus** que antes não conheciam. **Deus** tornou-se **o objeto** de seu amor.

Em todas essas maneiras de entender o amor, parece que até um **gen. ablativo** faz sentido: a *fonte* do amor sempre é Deus, e, seja qual for a interpretação, o amor descrito nesse texto sempre *procede* **de Deus** (cf. 1Jo 4.19).

Há contradições entre essas maneiras de entender o genitivo? Não! Precisamos optar por uma única maneira de entender o texto e forçá-lo a se encaixar em uma categoria por nós imposta? Não! Quem somos nós para fazer isso com a Palavra de Deus? O Espírito Santo pode ter inspirado Paulo a escrever dessa maneira aparentemente ambígua porque queria comunicar toda essa riqueza e profundidade aos leitores da carta. Glória a Deus por esse maravilhoso amor!

LIÇÃO 7

ADJETIVOS
Introdução · Graus de comparação

7.1 Introdução aos adjetivos

O **adjetivo** é uma palavra que qualifica ou modifica um substantivo com que ele se relaciona. Ele é flexionado em conformidade com o substantivo, e **concorda com ele em** *caso, gênero e número*.

7.2 Flexão dos adjetivos

Adjetivos são flexionados de forma semelhante aos substantivos. Alguns seguem a 1.ª e a 2.ª declinação, outros a 3.ª declinação. Ainda outros, dependendo do gênero, podem seguir as três declinações.

Para os adjetivos da 1.ª e 2.ª declinação as terminações são:

Adjetivos da 1.ª e da 2.ª declinação	Singular			Plural		
	m.	f.	n.	m.	f.	n.
Nominativo	-ος	-α -η	-ον	-οι	-αι	-α
Genitivo	-ου	-ας -ης	-ου	-ων	-ων	-ων
Dativo	-ῳ	-ᾳ -ῃ	-ῳ	-οις	-αις	-οις
Acusativo	-ον	-αν -ην	-ον	-ους	-ας	-α
Vocativo	-ε	-α -η	-ον	-οι	-αι	-α

Adjetivos que seguem a 3.ª declinação serão apresentados na lição 13. Para a identificação de outros adjetivos recomenda-se consultar um léxico analítico ou aplicativos para dispositivo móvel ou sites online.

7.3 Usos dos adjetivos

1. Uso atributivo do adjetivo

Quando um adjetivo aparece logo após um artigo, ele está na "posição atributiva". Nessa posição, ele funciona como *atributo* do substantivo que modifica, *atribuindo*-lhe alguma qualidade.

Ex.: ἡ **αἰώνιος** ζωή (Jo 17.3) | τὴν ζωὴν τὴν **αἰώνιον** (1Jo 1.2)
 a vida eterna | *a vida eterna*

2. Uso predicativo do adjetivo

Quando não há artigo na frente do adjetivo, este está na "posição predicativa". Nesse uso *predicativo*, o adjetivo declara alguma qualidade do substantivo digna de destaque, o que na tradução é expresso mediante o uso do verbo auxiliar *ser*.

Ex.: Οὗτοι οἱ λόγοι **πιστοὶ** καὶ **ἀληθινοί**   (Ap 22.6)
 Estas palavras são confiáveis e verdadeiras

Observação: Se não aparece artigo nem na frente do adjetivo nem na frente do substantivo qualificado, o adjetivo com frequência tem significado atributivo, mesmo estando na posição predicativa. O contexto, e especialmente se houver um verbo próximo, auxiliará no processo de decisão.

3. Uso substantivado do adjetivo

Quando um adjetivo aparece precedido por um artigo, sem estar vinculado sintaticamente a nenhum substantivo com que concorde, se torna um *adjetivo substantivado*, i.e., funciona como se fosse um substantivo.

Ex.: ... ἵνα γινώσκωμεν **τὸν ἀληθινόν**.   (1Jo 5.20)
 ... para que conheçamos o verdadeiro.

7.4 Graus de comparação

No grego, como também no português, existem três *graus* ou *níveis de comparação* do adjetivo:

Graus	Exemplos
Normal ou positivo	O homem é *sábio*.
Comparativo	Salomão era *mais sábio*.
Superlativo	Deus é *extremamente sábio*, ou: Deus é *o mais sábio de todos*.

As terminações características de adjetivos gregos nos três graus de comparação (irregularidades são inevitáveis) são:

- No *comparativo*, dependendo do gênero, acrescenta-se ao radical do adjetivo as terminações -τερος, -τερα, -τερον ou -ιων (masc. e fem.) e -ιον (neutro).
- No *superlativo*, as terminações acrescentadas são -τατος, -τατη, -τατον ou -ιστος, -ιστη, -ιστον.

Positivo	Comparativo	Superlativo
δίκαιος - justo	δικαιότερος - mais justo	δικαιότατος - o mais justo
σοφός - sábio	σοφώτερος - mais sábio	σοφώτατος - o mais sábio
μέγας - grande	μείζων - maior	μέγιστος - o maior, o máximo (2Pe 1.4)
ὑψηλός - alto	ὑψηλότερος - mais alto	ὕψιστος - altíssimo, o mais alto (cf. At 7.48; 16.17)

No Novo Testamento existem diversas maneiras de expressar os graus de comparação.

1. O grau comparativo no NT

O grau comparativo pode ser expresso mediante as seguintes construções:

a. Pelo adjetivo comparativo e a partícula ἤ - *que, do que*, seguida do elemento com o qual é feita a comparação, no mesmo caso do adjetivo comparativo, ou no nominativo.

> Ex.: μείζων ἐστὶν ὁ ἐν ὑμῖν ἢ ὁ ἐν τῷ κόσμῳ.   (1Jo 4.4)
> **Maior** é o que está em vocês **do que** o que está no mundo.

b. Pelo adjetivo comparativo seguido por um substantivo ou pronome no caso genitivo (o "genitivo comparativo").

> Ex.: Μείζω τούτων ὄψει.   (Jo 1.50)
> Coisas **maiores do que estas** verá.

c. Pelo adjetivo positivo ou comparativo seguido de uma locução preposicional, seja com **παρά** c/ acusativo (ex.: Lc 3.13), **ὑπέρ** c/ acusativo (ex.: Hb 4.12), **πρός** c/ acusativo (ex.: Rm 8.18).

> Ex.: ὁ λόγος τοῦ Θεοῦ **τομώτερος ὑπὲρ** πᾶσαν μάχαιραν δίστομον.   (Hb 4.12)
> A palavra de Deus é mais **cortante que** qualquer espada de dois gumes.

d. Pelo adjetivo positivo (em lugar do comparativo) seguido de ἤ.

> Ex.: **καλόν** ἐστίν σε εἰσελθεῖν εἰς τὴν ζωὴν χωλόν, **ἢ** τοὺς δύο πόδας ἔχοντα βληθῆναι εἰς τὴν γέενναν. (Mc 9.45)
> **Melhor** é para você entrar na vida aleijado **do que**, tendo os dois pés, ser lançado no inferno.

e. Pelo adjetivo positivo (em lugar do comparativo) com **μᾶλλον** – *mais, muito mais*.

> Ex.: **Καλόν** ἐστιν αὐτῷ **μᾶλλον** εἰ...   (Mc 9.42)
> **Melhor** seria para ele se...

2. O grau superlativo no NT

O superlativo só ocorre no NT em Judas 1.20; Atos 26.5; Apocalipse 18.12 e 21.11, mas a sua ideia também é expressa das seguintes maneiras:

a. Mediante um adjetivo positivo:

Ex.: ποία ἐντολὴ **μεγάλη** ἐν τῷ νόμῳ; (Mt 22.36)
*Qual mandamento é **o maior** [lit. grande] na lei?*

b. Mediante um adjetivo comparativo:

Ex.: ... **μείζων** δὲ τούτων ἡ ἀγάπη. (1Co 13.13)
*... mas **o maior** destes é o amor.*

c. Um grau elevado de uma determinada qualidade também é expresso por meio do adjetivo comparativo independentemente de uma construção que expresse comparação:

Ex.: **σπουδαιότερος** ὑπάρχων, ἐξῆλθεν πρὸς ὑμᾶς. (2Co 8.17)
*Sendo **muito diligente**, partiu para vocês.*

7.5 Advérbios em construções comparativas

Advérbios são palavras usadas para qualificar formas verbais. A maioria deles é formada a partir de adjetivos. Em sua maioria, os advérbios são reconhecidos pela terminação característica -ως.

As regras sintáticas que se referem aos adjetivos comparativos valem também para **advérbios em construções comparativas**: o uso da partícula ἤ (ex.: At 4.19; 5.29), do "genitivo comparativo" (ex.: Mt 5.20; Jo 21.15), de locuções preposicionais (ex.: Hb 1.9; Lc 15.7) etc.

🔖 Vocabulário (para memorizar!)

As terminações dos **adjetivos** variam de acordo com o gênero: no nom. singular, o masculino termina em **-ος**, o feminino em **-α** (depois de ε, ι ou ρ) ou **-η** (nos demais casos), e o neutro em **-ον**. Alguns adjetivos só têm duas formas: a do masculino, usada também para o feminino, e a do neutro. Existem também adjetivos que têm apenas uma forma, que serve, então, para os três gêneros.

Lembramos que quando uma palavra proparoxítona alonga a sua última sílaba, neste caso, seu **acento** passa para a penúltima sílaba. Isto acontece também com a forma feminina de adjetivos que no masculino e neutro são proparoxítonos.

ἀγαθός, -ή, -όν	bom; reto	(102)
ἅγιος, -ία, -ον	santo; consagrado, separado por ou para Deus	(233)
ἀληθινός, -ή, -όν	verdadeiro; genuíno, real; confiável	(28)
ἄλλος, -η, -ο	outro (da mesma espécie); ὁ ἄλλος: o outro	(155)
δίκαιος, -α, -ον	justo; reto; conforme ao padrão ou caráter de Deus	(79)
ἔσχατος, -η, -ον	último	(52)
ἕτερος, -α, -ον	outro no sentido qualitativo, de outro tipo, diferente; ὁ ἕτερος: o outro	(99)
καινός, -ή, -όν	novo (no sentido qualitativo: inédito, não conhecido antes), melhor; novo (no sentido quantitativo: recente)	(42)
κακός, -ή, -όν	mau; ruim	(50)
καλός, -ή, -όν	bom; lindo, belo	(101)
μέγας, μεγάλη, μέγα	grande	(243)
μείζων, -ον	adj. comp. de μέγας: maior	(48)
μικρός, -ά, -όν	adj.: pequeno, insignificante; adv.: pouco	(46)
μόνος, -η, -ον	adj.: único; só; adv. μόνον: só, somente	(115)
νεκρός, -ά, -όν	morto	(128)
ὀλίγος, -η, -ον	pequeno; pouco	(41)

Lição 7 | Adjetivos: Introdução • Graus de comparação

ὅλος, -η, -ον	todo, inteiro, completo	(110)
ὅσος, -η, -ον	pron. correlativo: quanto; o que; tão grande quanto (ou: que); tanto quanto	(110)
πιστός, -ή, -όν	fiel; confiável, fidedigno; crente, confiante	(67)
πονηρός, -ά, -όν	mau; maligno, mais agressivo que κακός	(78)
μᾶλλον	adv.: mais, muito mais	(81)
ἤ	conj.: ou; em comp.: que, do que	(344)

✎ Exercícios de revisão

Complete a tradução interlinear dos textos que seguem:

Mt 24.45

Τίς   ἐστὶν   ὁ   πιστὸς   δοῦλος;
____   ____   __   _____   _____?

Mt 19.16

Διδάσκαλε   ἀγαθέ,   τί   ποιήσω   ἵνα   ἔχω   ζωὴν   αἰώνιον;
_____   _____, __ _____   ____ ____ ____   _____?

Jo 17:3

Αὕτη   ἐστιν   ἡ αἰώνιος ζωή,   ἵνα   γινώσκωσίν   σε
Esta _____ _____,   __   _____   *a você*

τὸν   μόνον   ἀληθινὸν   Θεόν...
__   _____ _____ _____...

1Jo 1.2

ἡ ζωὴ ἐφανερώθη,   καὶ   ἑωράκαμεν   τὴν ζωὴν   τὴν αἰώνιον...
_ ____ *foi manifestada*, __   _____ __ ____ (__) _____...

1Jo 5.20

ὁ υἱὸς   τοῦ Θεοῦ...   δέδωκεν   ἡμῖν   διάνοιαν   ἵνα
_____   _____ ... *deu*   *a nós* *discernimento* _____

γινώσκωμεν τὸν ἀληθινόν καὶ ἐσμὲν ἐν τῷ ἀληθινῷ,
_____ _____; __ ____ __ _____,

ἐν Ἰησοῦ Χριστῷ.
__ ____ _____.

Οὗτός ἐστιν ὁ ἀληθινὸς Θεός, καὶ ζωὴ αἰώνιος.
____ ____ _____ _____, ___ ___ _____.

1Jo. 4.4
μείζων ἐστὶν ὁ   ἐν ὑμῖν
_____ _____ *o [que está]* __ *vocês*
ἢ   ὁ   ἐν τῷ κόσμῳ.
_____ *o [que está]* __ _____.

🕊 Aplicando o texto à vida...

Um dos adjetivos que ocorrem no Novo Testamento e merece atenção especial é **αἰώνιος**, geralmente traduzido por *eterno*. Seu uso mais frequente é junto com o substantivo ζωή - *vida*, como, por exemplo, em João 3.16:

> ...ἵνα πᾶς ὁ πιστεύων εἰς αὐτὸν μὴ ἀπόληται, ἀλλ᾽ ἔχῃ **ζωὴν αἰώνιον**.
> ...*para que todo o que crê nele não pereça, mas tenha **vida eterna***.

Enquanto em português o adjetivo *eterno* tem conotação temporal, de duração ilimitada, o sentido de αἰώνιος em grego é mais qualitativo que quantitativo, e denota um estado que transcende o tempo. Essencialmente, αἰώνιος é a palavra da eternidade em contraste com o tempo e com a ordem deste mundo. É a palavra do divino em contraste com o humano. É uma palavra que, por sua essência, só pode ser aplicada a Deus. *Vida eterna* é nada menos que a vida do próprio Deus. Assim, o convite para a vida eterna é um convite para participar da vida do próprio Deus.

Essa vida eterna está intimamente ligada a Jesus Cristo, que veio dar vida, vida abundante (Jo 10.10). Essa vida não começa só depois da morte, na eternidade, mas pode ser experimentada já agora, no presente, como antegosto da eternidade.

Quem crê [tempo presente contínuo] ***no Filho, tem*** [tempo presente contínuo] ***a vida eterna,*** *já* ***quem rejeita*** ou: ***se mantém rebelde*** [tempo presente contínuo] ***contra o Filho, não verá a vida,*** *mas a ira de Deus permanece* [tempo presente contínuo] *sobre ele* (Jo 3.36).

E em 1João 5.11,12, lemos:

Deus nos deu a vida eterna, e esta vida está no seu Filho. Quem tem [tempo presente contínuo] ***o Filho,*** i.e., quem vive com Ele numa relação íntima, de dependência e obediência, como um ramo ligado à videira permitindo que a seiva que vem do tronco [ilustrando o Espírito Santo, cf. Jo 14–16] flua através dele, transmitindo vida e produzindo fruto (cf. Jo 15.4-11), *esse* ***tem*** [tempo presente contínuo] ***a vida; quem não tem o Filho de Deus, não tem*** [tempo presente contínuo] ***a vida!***

Louvado seja Deus pelo dom da vida eterna, com todas as bênçãos que traz, já agora, e para todo o sempre (εἰς τοὺς αἰῶνας τῶν αἰώνων)!

LIÇÃO 8

PREPOSIÇÕES

8.1 Introdução às preposições

Preposições são palavras que ajudam os substantivos e pronomes a expressarem a sua relação com outros elementos da oração. Elas contribuem para esclarecer a sua função sintática.

O significado de uma preposição depende do caso com o qual ela é usada, como será indicado a seguir, e poderá ser observado no vocabulário desta lição.

Preposições que terminam em vogal podem perdê-la, caso a palavra que a sucede começar com vogal.[1] A consoante final de uma preposição também pode sofrer alterações, caso a palavra que a sucede começar com vogal ou aspiração áspera. Observe os exemplos a seguir:

ἀπό > **ἀπ᾽**, **ἀφ᾽**; διά > δι᾽; ἐκ > **ἐξ**; μετά > μετ᾽, μεθ᾽.

No vocabulário, essas possíveis alterações aparecem entre ( ).

8.2 Preposições usadas como prefixos

Preposições também são usadas em combinação com verbos, podendo se unir a um verbo como prefixo para:

---

[1] Lembre o que foi mencionado sobre o apóstrofo na lição 1, p. 28.

1. *Localizar* ou *especificar* o significado do verbo (nesse uso mantem-se seu significado original).

   Ex.: ἔρχομαι – *vou,* + εἰς > εἰσ-ἔρχομαι = *vou para dentro, entro*

2. *Intensificar, reforçar* ou *completar* o significado do verbo (nesse uso perde-se seu significado original).

   Ex.: γινώσκω – *conheço,* + ἐπί > ἐπι-γινώσκω = *conheço bem, conheço plenamente.*

✒ Vocabulário (para memorizar!)

Algumas preposições que já foram apresentadas em lições anteriores são repetidas aqui, indicando agora como seu significado depende do *caso* com que são usadas.

ἀνά § 04	c/ ac.: *para cima; acima, sobre; cada;* como prefixo: *para cima; outra vez* (13+)
ἀντί (ἀνθ')	c/ gen.: *em lugar de, em vez de; em troca de; por;* como prefixo: *em oposição a, contra* (22)
ἀπό (ἀπ', ἀφ') § 04	c/ gen. abl.: *de; desde; da parte de* (646)
διά (δι') § 04	c/ gen.: *por; por meio de; através de;* c/ ac.: *por causa de* διά (τό) + inf. ≈ *por causa de, por; porque* (668)
εἰς § 02	c/ ac.: *para, a; para dentro; em; até* (1.768) εἰς (τό) + inf. ≈ *para, para que; de maneira que*
ἐκ (ἐξ) § 02	c/ gen. abl.: *de; fora de; a partir de; por* (916)
ἐν § 02	c/ dat. loc.: *em, dentro de, no meio de; entre; com, por* ἐν (τῷ) + inf. ≈ *enquanto, quando, ao* + inf.; *depois de* + inf.; *por* + inf. (2.757)
ἐπί (ἐπ', ἐφ') § 04	c/ gen., dat. loc., ac.: *sobre, em, em cima de; acima; no tempo de, durante; para* (891)
κατά (κατ', καθ') § 04	c/ gen.: *sobre; por;* c/ gen. abl.: *para baixo; contra; por;* c/ ac.: *segundo, conforme; por* (476)

Lição 8 | Preposições

μετά (μετ', μεθ') § 05	c/ gen.: *com, junto a; entre;* c/ ac.: *depois de, após* μετὰ τό + inf. ≈ *depois de, após*	(473)
παρά (παρ') § 04	c/ gen. abl.: *de, da parte de;* c/ dat. loc.: *perto de, junto de, ao lado de;* c/ ac.: *junto a, perto de, ao longo de;* c/ comp.: *em comparação com*	(194)
περί § 05	c/ gen.: *concernente a, acerca de, sobre;* c/ ac.: *ao redor de, em volta de*	(333)
πρό	c/ gen. abl., com sentido posicional: *diante de, na frente de;* ou temporal: *antes de, antes* πρὸ (τοῦ) + inf. ≈ *antes, antes de*	(47)
πρός § 04	c/ gen.: *(necessário) para;* c/ dat. loc.: *perto de, junto a;* c/ ac.: *para; em direção a; com* πρὸς (τό) + inf. ≈ *para, a fim de; assim que, de modo que*	(699)
σύν § 06	c/ dat. instr.: *com* (expressa a ideia de companhia, associação)	(128)
ὑπέρ § 06	c/ gen. abl.: *por; em lugar de; em favor de;* c/ ac.: *sobre, acima de, além de*	(150)
ὑπό (ὑπ', ὑφ') § 06	c/ gen. abl.: *por, por meio de;* c/ ac.: *sob, debaixo de; abaixo de*	(220)
δύναμαι	*ser capaz (de), estar em condições de, poder*	(210)
εἰσέρχομαι	*entrar*	(194)
ἐξέρχομαι	*sair*	(218)
διέρχομαι	*atravessar; passar (por)*	(43)

Alguns dos significados "espaciais" das preposições podem ser ilustrados da seguinte maneira:

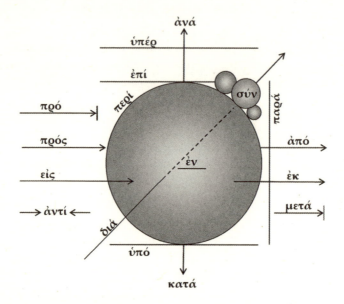

✎ Exercícios de revisão

A. Depois de familiarizar-se com o vocabulário da lição, escreva os nomes das preposições que correspondem a cada uma das setas e traços no diagrama a seguir.

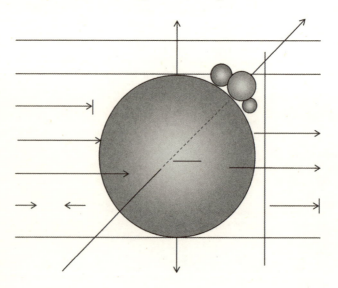

B. Procure traduzir o quanto conseguir dos textos abaixo, seguindo as orientações dadas na lição 2. Alegre-se com o que já consegue realizar, e não desanime com aquelas partes que ainda não consegue – chegará a hora em que, voltando ao exercício, traduzirá tudo!

Jo 1.45-48

εὑρήκαμεν Ἰησοῦν τὸν υἱὸν τοῦ Ἰωσὴφ τὸν ἀπὸ Ναζαρέτ.
... *achamos* _____ ___ ____ __ *José* ___ ____ *Nazaré.*

⁴⁶ εἶπεν Ναθαναήλ, Ἐκ Ναζαρὲτ δύναταί τι ἀγαθὸν εἶναι;
Disse Natanael: ___ _____ *pode* ____ *bom* _____?

⁴⁷ Εἶδεν ὁ Ἰησοῦς τὸν Ναθαναὴλ ἐρχόμενον πρὸς αὐτόν
Viu (_)_____ (o) _____ vindo _____ ele

καὶ λέγει περὶ αὐτοῦ, Ἴδε ἀληθῶς Ἰσραηλίτης,
___ _____ *dele: Eis verdadeiramente [um] Israelita,*

ἐν ᾧ δόλος οὐκ ἔστιν.
___ *quem engano* ____ _____.

⁴⁸ Λέγει αὐτῷ Ναθαναήλ, Πόθεν με γινώσκεις;
_____ *a ele* _____: *De onde me* _____?

Ἀπεκρίθη Ἰησοῦς καὶ εἶπεν αὐτῷ, Πρὸ τοῦ σε Φίλιππον
Respondeu _____ ___ *disse a ele:* _____ *a ti Filipe*

φωνῆσαι, ὄντα ὑπὸ τὴν συκῆν, εἶδόν σε.
chamar, estando _____ *a figueira, vi a ti.*

🕊 Aplicando o texto à vida...

Disse Jesus:

> "Ἐγώ εἰμι ἡ ἄμπελος, ὑμεῖς τὰ κλήματα.
> *"**Eu sou** a videira,   **vocês** [são] os ramos.*

> Ὁ μένων ἐν ἐμοί, κἀγὼ ἐν αὐτῷ, οὗτος φέρει καρπὸν πολύν·
> *Quem permanece **em mim**, e eu **nele**, este dá muito fruto;*

ὅτι χωρὶς ἐμοῦ οὐ δύνασθε ποιεῖν οὐδέν." (Jo 15.5)
*porque sem **mim** vocês não podem fazer nada."*

Em seu discurso de despedida a seus discípulos (cf. Jo 14-16), Jesus usa a figura de uma videira e seus ramos para ilustrar como deve ser a relação de seus seguidores com ele. Para que os ramos continuem com vida e deem o fruto esperado, é preciso que permaneçam unidos à videira e permitam que a seiva flua através deles, providenciando os nutrientes necessários. Só assim, no tempo certo, aparecerão os frutos.

A imagem da seiva que flui através dos ramos ilustra a maneira em que o Espírito Santo continua a obra de Jesus *em* e *através* de seus discípulos (Jo 14.17-23; 17.20-23). O Espírito será neles uma fonte de água que continuamente jorra dando vida eterna (Jo 4.14), de maneira que rios de água viva fluirão e transbordarão (Jo 7.38).

É em uma ligação tão íntima com Jesus que também devemos viver. Ele em nós, e nós nele. Por consequência, muito fruto será produzido, fruto que traz glória para Deus e nos identifica como discípulos de Jesus (cf. Jo 15.8).

Além do aspecto individual do relacionamento com Jesus aqui descrito, a Palavra de Deus ensina também o aspecto coletivo que não devemos negligenciar: como discípulos de Jesus, fomos incorporados a seu corpo, a igreja (cf. Gl 3.26-27 e 1Co 12.12-13)!

LIÇÃO 9

PRONOMES
Pessoais, demonstrativos e relativos • Usos do pronome relativo

9.1 Introdução aos pronomes

Pronome é uma palavra usada para substituir ou fazer referência a outra, evitando assim a sua repetição monótona. Um pronome concorda com seu **antecedente** (= a palavra que está substituindo) em *gênero* e *número*, mas não necessariamente em *caso*.

9.2 Pronomes pessoais

A. Declinação dos pronomes pessoais ἐγώ, σύ, e αὐτός, -ή, -ό

Pron. pess. 1ª pess.	Singular			Plural	
Nominativo	ἐγώ		eu	ἡμεῖς	nós
Genitivo / Gen. ablativo	ἐμοῦ	μου	meu(s) / minha(s) de mim	ἡμῶν	nosso(s) / nossa(s) de nós
Dativo / Dat. loc.; dat. instr.	ἐμοί	μοι	a / para mim em mim; comigo	ἡμῖν	a / para nós em nós; conosco
Acusativo	ἐμέ	με	me	ἡμᾶς	nos

Pron. pess. 2ª pess.	Singular			Plural	
Nominativo	σύ		tu	ὑμεῖς	vós
Genitivo / Gen. ablativo	σοῦ	σου	teu(s) / tua(s) de ti	ὑμῶν	vosso(s) / vossa(s) de vós
Dativo / Dat. loc.; dat. instr.	σοί	σοι	a / para ti em ti; contigo	ὑμῖν	a / para vós em vós; convosco
Acusativo	σέ	σε	te	ὑμᾶς	vos

Pron. pess. 3.ª pess. Singular	Masculino		Feminino		Neutro	
Nominativo	αὐτός	ele	αὐτή	ela	αὐτό	ele / ela
Genitivo Gen. ablativo	αὐτοῦ	seu(s), dele(s) dele	αὐτῆς	sua(s), dela(s) dela	αὐτοῦ	seu(s)/sua(s),... dele / dela,...
Dativo Dat. loc.; Dat. instr.	αὐτῷ	a / para ele nele; com/por ele	αὐτῇ	a / para ela nela; com/por ela	αὐτῷ	a / para ele(a) nele(a); com/por ele(a)
Acusativo	αὐτόν	ele, o	αὐτήν	ela, a	αὐτό	ele(a)
Plural						
Nominativo	αὐτοί	eles	αὐταί	elas	αὐτά	eles / elas
Genitivo Gen. ablativo	αὐτῶν	deles	αὐτῶν	delas	αὐτῶν	deles / delas
Dativo Dat. loc.; dat. instr.	αὐτοῖς	a / para eles	αὐταῖς	a / para elas	αὐτοῖς	a / para eles(as)
Acusativo	αὐτούς	eles, os	αὐτάς	elas, as	αὐτά	eles / elas

Observação: Os pronomes pessoais da 1.ª e 2.ª pessoa, ἐγώ e σύ, têm duas formas no genitivo, dativo e acusativo: quando acentuados, são enfáticos; enquanto na forma mais breve, sem acento, carecem dessa ênfase.

B. Usos do pronome pessoal

1. **Uso do pronome pessoal para ênfase.** O sujeito de um verbo é indicado implicitamente pelas terminações verbais. Se, apesar disso, um pronome pessoal é acrescentado, isso acontece para *destacar o sujeito,* para *ênfase* ou *contraste.*

   Ex.: Ἐγώ εἰμι ἡ ὁδός... (Jo 14.6)
   Eu sou o caminho... (e nenhum outro!)

2. **Uso do pronome pessoal como pronome possessivo**: quando o pronome pessoal ocorre no caso genitivo, geralmente expressa *posse, propriedade.*

Ex.: ... οἰκοδομήσω **μου** τὴν ἐκκλησίαν. (Mt 16.18)
... edificarei **a minha** igreja.

3. **Usos de αὐτός, -ή, -ό**: além de ser usado como pronome pessoal de 3ª pessoa, o adjetivo pronominal **αὐτός, -ή, -ό** pode ser usado:

   (1) como **pronome enfático** – *mesmo, próprio* [em inglês *self*]. Nesse uso estará em posição predicativa,

   Ex.: **Αὐτὸς** ἐγὼ Παῦλος παρακαλῶ ὑμᾶς... (2Co 10.1) (Rm 7.25)
   *Eu **mesmo**, Paulo, peço a vocês...*

   (2) como **pronome de identidade** — *o mesmo* [em inglês *same*], em posição atributiva.

   Ex.: ὁ **αὐτός** ἐστιν Θεός, ὁ ἐνεργῶν τὰ πάντα ἐν πᾶσιν.
   *é o **mesmo** Deus que opera tudo em todos.* (1Co 12.6)

9.3 Pronomes demonstrativos

Os pronomes *demonstrativos* **οὗτος, αὕτη, τοῦτο** - *este, esta, isto* e **ἐκεῖνος, -η, -ο** — *aquele, aquela, aquilo*, são declinados da mesma maneira que os adjetivos da 1ª e 2ª declinações:

| Caso | O pronome demonstrativo οὗτος, αὕτη, τοῦτο ||||||
| | Singular ||| Plural |||
	m.	f.	n.	m.	f.	n.
Nom.	οὗτος	αὕτη	τοῦτο	οὗτοι	αὗται	ταῦτα
Gen.	τούτου	ταύτης	τούτου	τούτων	τούτων	τούτων
Dat.	τούτῳ	ταύτῃ	τούτῳ	τούτοις	ταύταις	τούτοις
Ac.	τοῦτον	ταύτην	τοῦτο	τούτους	ταύτας	ταῦτα

9.4 Pronomes relativos

A declinação do pronome *relativo* ὅς, ἥ, ὅ - *o qual, a qual, que* segue a declinação do artigo.

Caso	O pronome relativo ὅς, ἥ, ὅ					
	Singular			Plural		
	Masc.	Fem.	Neut.	Masc.	Fem.	Neut.
Nominativo	ὅς	ἥ	ὅ	οἵ	αἵ	ἅ
Genitivo	οὗ	ἧς	οὗ	ὧν	ὧν	ὧν
Dativo	ᾧ	ᾗ	ᾧ	οἷς	αἷς	οἷς
Acusativo	ὅν	ἥν	ὅ	οὕς	ἅς	ἅ

É importante observar a acentuação e a aspiração áspera do pronome relativo, para não confundi-lo com as formas do artigo ὁ, ἡ, οἱ e αἱ, nem com a forma ἦν do verbo εἰμί no imperfeito, ou com a conjunção ἤ - *ou* (que sempre ocorre na forma ἤ), ou com o advérbio de negação οὐ - *não*.

9.5 Pronomes possessivos

Os pronomes *possessivos* ἐμός, ἐμή, ἐμόν - *meu, minha*, e σός, σή, σόν - *teu, tua*, destacam a relação de *posse, propriedade*, e o fazem com mais força que os genitivos ἐμοῦ e σοῦ.

Vocabulário (para memorizar!)

ἐμός, ἐμή, ἐμόν	pron. / adj. poss. da 1ª pess.: *meu, minha*	(76)
σός, σή, σόν	pron. / adj. poss. da 2ª pess.: *teu, tua [seu, sua]*	(27)
ὅστις, ἥτις, ὅ τι	pron. rel. indefinido: *quem quer que, qualquer que; que;* com frequência equivale a ὅς, ἥ, ὅ	(148)
αἴρω	*levantar; carregar, levar; tirar, remover*	(101)
ἀναβαίνω	*subir*	(82)
καταβαίνω	*descer*	(82)
βλέπω	*ver, olhar, contemplar*	(133)
μαρτυρέω	*testemunhar, testificar*	(76)

μένω	permanecer, ficar	(118)
πέμπω	enviar	(79)
φανερόω	manifestar, revelar, mostrar, dar a conhecer	(49)
ἀφίημι	despedir, mandar embora; deixar; permitir; abandonar; perdoar	(146)
αἰών, αἰῶνος, ὁ	era, século; eternidade; mundo	(122)
ἀνήρ, ἀνδρός, ὁ	homem; varão; marido; ser humano	(216)
ἄρτος, -ου, ὁ	pão	(97)
δύναμις, -εως, ἡ	poder, força, vigor; capacidade, habilidade; ato de poder, milagre	(119)
θέλημα, -ατος, τό	desejo, vontade, propósito, plano, intenção	(62)
ὄνομα, -ατος, τό	nome; pessoa; reputação, fama	(231)
ὕδωρ, ὕδατος, τό	água	(78)
πρῶτος, -η, -ον	adj.: primeiro	(156)
ἔμπροσθεν	adv. e prep. c/ gen.: adiante (de), em frente (a)	(48)
ὀπίσω	adv.: atrás, detrás; para trás; como prep. c/ gen.: atrás, após, depois de	(35)

✎ Exercícios de revisão

Tente traduzir os textos a seguir, observando as orientações dadas na lição 2.

Jo 1.29-34

²⁹ [Ἰωάννης] βλέπει τὸν Ἰησοῦν ἐρχόμενον πρὸς αὐτὸν
 [João] ___ ___ ___ vindo ___ ___
καὶ λέγει, Ἴδε ὁ ἀμνὸς τοῦ Θεοῦ, ὁ αἴρων τὴν ἁμαρτίαν
___ ___: Eis o cordeiro ___ ___, que tira ___ ___
τοῦ κόσμου.
___ ___.

³⁰ Οὗτός ἐστιν περὶ οὗ ἐγὼ εἶπον,
___ ___ ___ de quem ___ disse:
Ὀπίσω μου ἔρχεται ἀνὴρ ὃς ἔμπροσθέν μου γέγονεν,
___ ___ vem [um] homem que ___ ___ existia,

ὅτι πρῶτός μου ἦν.
___ _____ _____ era.

31 Κἀγὼ οὐκ ᾔδειν αὐτόν, ἀλλ᾽ ἵνα φανερωθῇ τῷ Ἰσραήλ,
___ ___ ___ conhecia _____, ___ _____ fosse manifesto __ _____,
διὰ τοῦτο ἦλθον ἐγὼ ἐν ὕδατι βαπτίζων.
_____ _____ vim ____ __ água batizando.

32 Καὶ ἐμαρτύρησεν Ἰωάννης λέγων ὅτι Τεθέαμαι τὸ Πνεῦμα
___ testemunhou _____ dizendo : Vi _ _____
καταβαῖνον ὡσεὶ περιστερὰν ἐξ οὐρανοῦ,
descendo como pomba ___ [o] céu,
καὶ ἔμεινεν ἐπ᾽ αὐτόν.
___ permaneceu _____ _____.

33 Κἀγὼ οὐκ ᾔδειν αὐτόν, ἀλλ᾽ ὁ πέμψας με
___ ___ ___ conhecia _____, ___ o que enviou __
βαπτίζειν ἐν ὕδατι, ἐκεῖνός μοι εἶπεν, Ἐφ᾽ ὃν ἂν ἴδῃς
[a] _____ __ água, _____ __ disse: _____ quem você vir
τὸ Πνεῦμα καταβαῖνον καὶ μένον ἐπ᾽ αὐτόν,
__ _____ descendo ___ permanecendo ____ _____,
οὗτός ἐστιν ὁ βαπτίζων ἐν Πνεύματι Ἁγίῳ.
_____ _____ o que batiza __ [o] _____ _____.

34 Κἀγὼ ἑώρακα ὅτι οὗτός ἐστιν ὁ υἱὸς τοῦ Θεοῦ.
__ __ tenho visto ___ _____ _____ __ ___ ___ ____.

🕊 Aplicando o texto à vida...

Jesus disse:

Ἐὰν **ἐμοὶ** διακονῇ τις, **ἐμοὶ** ἀκολουθείτω·
Se alguém quiser **me** servir, deve **me** seguir **a mim**!

καὶ ὅπου εἰμὶ **ἐγώ**, ἐκεῖ καὶ ὁ διάκονος ὁ **ἐμὸς** ἔσται·
e onde **eu** estou, ali também estará o **meu** servo;

καὶ ἐάν τις ἐμοὶ διακονῇ, τιμήσει αὐτὸν ὁ πατήρ." (Jo 12.26)
*e se alguém **me** servir **a mim**, o Pai o honrará."*

O Senhor Jesus diz aqui, literalmente: "**Se <u>a mim</u> alguém quiser servir – <u>a mim</u> deve seguir!**" A ênfase ressaltada por esses pronomes pessoais é dupla: tanto pela forma enfática empregada quanto pela posição de destaque no início das orações. Se alguém quiser servir *a Jesus*, precisa seguir *a Jesus*!

Nesta vida, é possível ter inúmeros interesses, perseguir uma variedade de metas, seguir outros líderes, mas o Senhor Jesus alerta: "Não dá para servir a dois senhores" (Mt 6.24)!

Quem servir a Jesus deve seguir a Jesus no caminho da auto-humilhação e da autonegação, e, se for necessário, até a cruz (cf. Fp 2.5-11; Mt 10.37-39; 16.24-26; Mc 8.34; Lc 9.23-26). O caminho da cruz leva à coroa da vida. Quem segue Jesus nesse caminho estará com ele em todo momento e chegará finalmente a compartilhar com ele *a glória do céu, morando para sempre* em sua presença!

LIÇÃO 10

VERBOS

Imperfeito do indicativo · Usos do imperfeito · Verbos defectivos/depoentes

A. Imperfeito do indicativo

10.1 Introdução ao imperfeito

O **imperfeito** é um tempo verbal que, como o presente, expressa uma *ação contínua, linear* ou *durativa*, só que o imperfeito a transporta ao passado. Descreve uma ação que pode ter estado *em andamento, progredindo* por algum tempo, pode ter sido *habitual* ou *iterativa*, mas que já cessou no momento em que se fala dela. Graficamente pode ser representada assim: ——|.

O imperfeito só ocorre no modo Indicativo.

10.2 Formação do imperfeito

No texto bíblico, verbos no imperfeito podem ser reconhecidos por apresentarem duas características acrescidas ao radical do presente:

1. Um "**aumento**" na frente do radical verbal:

    a. Quando o radical começa com consoante, o aumento acrescentado geralmente é a vogal ε :

    Ex.: βλέπω – *eu vejo* → ἔ-βλεπ-ον – *eu via*

b. Quando o radical começa com vogal, esta normalmente é alongada, "aumentada":[1]

Ex.: ἄγω – *eu conduzo* ➔ ἦγ-ον – *eu conduzia*

c. Caso o verbo tenha uma preposição como prefixo, o aumento é inserido entre o prefixo e o radical. Nessa situação, se a preposição termina em vogal, esta vogal final se perde:

Ex.: ἀπο-στέλλω – *eu envio* ➔ ἀπ-έ-στελλ-ον – *eu enviava*

2. Depois do radical **são usadas as** terminações **secundárias**:

Terminações secundárias				
Pess.	Nº.	Voz ativa	Voz média e passiva
1.ª	Singular	-ον	-ομην
2.ª		-ες	-ου
3.ª		-ε(ν)	-ετο
1.ª	Plural	-ομεν	-όμεθα
2.ª		-ετε	-εσθε
3.ª		-ον	-οντο

Conjugação no imperfeito do indicativo do verbo βλέπω - *ver*:

Imperfeito do indicativo					
Pess.	N.º	Voz ativa		Voz média e passiva	
1.ª	Singular	ἔ-βλεπ-ον	*via*	ἐ-βλεπ-όμην	M.: *me via* ou *via para mim* P.: *era visto/a*
2.ª		ἔ-βλεπ-ες	*vias*	ἐ-βλέπ-ου	M.: *te vias* ou *vias para ti* P.: *eras visto/a*
3.ª		ἔ-βλεπ-ε(ν)	*via*	ἐ-βλέπ-ετο	M.: *se via* ou *via para si* P.: *era visto/a*

---

[1] Outra maneira de explicar este aumento é dizer que foi acrescentada a vogal ε do aumento que se contraiu com a vogal inicial do radical, resultando na vogal "aumentada".

Imperfeito do indicativo

Pess.	N.º	Voz ativa		Voz média e passiva	
1.ª	Plural	ἐ-βλέπ-ομεν	vía-mos	ἐ-βλεπ-όμεθα	M.: *nos víamos* ou *víamos para nós* P.: *éramos vistos*
2.ª		ἐ-βλέπ-ετε	*víeis*	ἐ-βλέπ-εσθε	M.: *vos víeis* ou *víeis para vós* P.: *éreis vistos*
3.ª		ἔ-βλεπ-ον	*viam*	ἐ-βλέπ-οντο	M.: *se viam* ou *viam para si* P.: *eram vistos*

É importante familiarizar-se também com a flexão de εἰμί - *ser, estar*, que no imperfeito ocorre 470 vezes no NT:

Pess.	N.º	Imperfeito do indicativo de εἰμί	
1.ª	Singular	ἤμην	*(eu) era* ou *estava*
2.ª		ἦς	*(tu) eras* ou *estavas*
3.ª		ἦν	*(ele/ela) era* ou *estava*
1.ª	Plural	ἦμεν	*(nós) éramos* ou *estávamos*
2.ª		ἦτε	*(vós) éreis* ou *estáveis*
3.ª		ἦσαν	*(eles/elas) eram* ou *estavam*

♦ Resumindo...

A formação do imperfeito do indicativo pode ser resumida da seguinte maneira:

Identificação	Aum.	Rad.	Características	Terminações (1ª 2ª 3ª sg. | 1ª 2ª 3ª pl.)	Ação
Impf. Ind. A.	ε	R		-ον -ες -ε(ν) | -ομεν -ετε -ον	−∣
Impf. Ind. M./P.	ε	R		-όμην -ου -ετο | -όμεθα -εσθε -οντο	−∣

10.3 Usos e tradução do imperfeito

Graças às suas características, o imperfeito é usado em narrativas, especialmente para destacar informações de pano de fundo como cenário, caracterização de personagens etc.

Ex.: ἦν ... διδάσκων αὐτοὺς... (Mc 1.22)
estava ... ensinando-os...

Ex.: ἐπορεύοντο ... κατ' ἔτος εἰς Ἱερουσαλήμ. (Lc 2.41)
iam ... cada ano a Jerusalém.

B. Verbos defectivos/depoentes

Observação: A nota que segue sobre verbos chamados "defectivos" ou "depoentes" não é uma particularidade do tempo imperfeito; tem a ver com o sistema verbal grego em geral.

10.4 Introdução aos verbos defectivos/depoentes

Existem alguns verbos que são chamados **defectivos** ou **depoentes** em razão de certas características próprias que apresentam na conjugação. Eles não têm formas de voz ativa, mas expressam o significado da voz ativa usando formas da voz média ou passiva. Em outras palavras, aparecem na voz média ou passiva, mas com significado de voz ativa.

Verbos que pertencem a este grupo são apresentados no vocabulário terminados em **-ομαι** (a terminação da 1ª pessoa do presente do indicativo médio e passivo).

Vocabulário (para memorizar!)

ἀπέρχομαι	*partir, sair; ir*	(118)
ἀποκρίνομαι	*responder*	(232)
ἀσπάζομαι	*saudar*	(59)
δέχομαι	*pegar; receber, aceitar; acolher*	(56)
πορεύομαι	*ir; andar, caminhar; viver*	(154)
προσέρχομαι	*ir (para); aproximar-se*	(86)
προσεύχομαι	*orar*	(86)
φοβέομαι	*temer; estar com medo; reverenciar, respeitar*	(95)
ἀποθνήσκω	*morrer*	(111)
ἀποστέλλω	*enviar*	(132)
ἐκβάλλω	*expulsar, lançar fora; enviar; tirar, remover*	(81)

Lição 10 | Verbos: Imperf. do ind. • Usos do imperf. • Verbos defec./dep.

ἐσθίω	*comer*	(158)
θεραπεύω	*cuidar de; curar, sarar*	(43)
πιστεύω	*crer; acreditar; confiar (em); confiar algo a alguém*	(243)
πολύς, πολλή, πολύ	*muito, muitos; numeroso; grande*	(418)
ἄν	partíc. que denota condição ou eventualidade; não é traduzida [cf. At 2.45 na "Aplicação" abaixo]	(167)
ἑαυτοῦ, -ῆς	pron. reflex. da 3ª pess.: *de si mesmo* (no gen.)	(321)
νῦν, νυνί	adv.: *agora* (νυνί é a forma enfática)	(168)
μέν	partíc. usada correlativamente, pospositiva; normalmente não é traduzida	(180)
τέ	partíc. encl.: *e*; τὲ... τέ ou τὲ... καί ≈ *tanto... como, não somente... mas também*	(215)
τότε	adv.: *naquela época, então*	(160)
ὡς	partíc. comparativa: *como, assim como*; conj.: *como*; temporal: *quando*; resultado: *de modo que*; propósito: *para, a fim de que*; c/ numerais: *cerca de, aproximadamente*	(503)

✎ Exercícios de revisão

Depois de ter memorizado o vocabulário, complete a tradução interlinear do texto que segue, seguindo as orientações dadas na lição 2. Se precisar, consulte o encarte ou a gramática.

Jo 1.15

Ἰωάννης μαρτυρεῖ περὶ αὐτοῦ λέγων,
_____ *testemunha* _____ _____ *dizendo,*

Οὗτος ἔμπροσθέν μου γέγονεν, ὅτι πρῶτός μου ἦν.
____ _____ ___ *existia,* ____ _____ ____ __.

Jo 2.24

Αὐτὸς δὲ ὁ Ἰησοῦς οὐκ ἐπίστευεν ἑαυτὸν αὐτοῖς,
O próprio ⇆ __ _____ __ _____ *a si mesmo [= se]* _____,

διὰ τὸ αὐτὸν γινώσκειν πάντας, καὶ ὅτι οὐ χρείαν εἶχεν
_____ _____ _____ *todos*, _____ _____ _____ *necessidade tinha*
ἵνα τις μαρτυρήσῃ περὶ τοῦ ἀνθρώπου·
_____ _____ *testemunhasse* _____ _____ _____ ;
αὐτὸς γὰρ ἐγίνωσκεν τί ἦν ἐν τῷ ἀνθρώπῳ.
_____ ⇆ _____ _____ _____ _____ _____ .

Mc 4.2
Καὶ ἐδίδασκεν αὐτοὺς ἐν παραβολαῖς πολλά,
_____ _____ _____ _____ _____ *parábolas* _____ *(coisas)*,
καὶ ἔλεγεν αὐτοῖς ἐν τῇ διδαχῇ αὐτοῦ…
_____ _____ _____ _____ _____ _____ …

At 18.8
πολλοὶ τῶν Κορινθίων ἀκούοντες ἐπίστευον καὶ ἐβαπτίζοντο.
_____ _____ _____, *ouvindo*, _____ _____ _____.

🕊 Aplicando o texto à vida...

Em Atos 2.42-47, é descrito o dia a dia dos primeiros cristãos. Os verbos sublinhados estão no tempo imperfeito:

> ⁴² **Ἦσαν προσκαρτεροῦντες** τῇ διδαχῇ τῶν ἀποστόλων καὶ τῇ κοινωνίᾳ, καὶ τῇ κλάσει τοῦ ἄρτου καὶ ταῖς προσευχαῖς. ⁴³ Ἐγένετο δὲ πάσῃ ψυχῇ φόβος, πολλά τε τέρατα καὶ σημεῖα διὰ τῶν ἀποστόλων **ἐγίνετο**. ⁴⁴ Πάντες δὲ οἱ πιστεύοντες **ἦσαν** ἐπὶ τὸ αὐτό, καὶ **εἶχον** ἅπαντα κοινά, ⁴⁵ καὶ τὰ κτήματα καὶ τὰς ὑπάρξεις **ἐπίπρασκον**, καὶ **διεμέριζον** αὐτὰ πᾶσιν, καθότι ἄν τις χρείαν **εἶχεν**. ⁴⁶ Καθ' ἡμέραν τε προσκαρτεροῦντες ὁμοθυμαδὸν ἐν τῷ ἱερῷ, κλῶντές τε κατ' οἶκον ἄρτον, **μετελάμβανον** τροφῆς ἐν ἀγαλλιάσει καὶ ἀφελότητι καρδίας, ⁴⁷ αἰνοῦντες τὸν Θεόν, καὶ ἔχοντες χάριν πρὸς ὅλον τὸν λαόν. Ὁ δὲ Κύριος **προσετίθει** τοὺς σῳζομένους καθ' ἡμέραν τῇ ἐκκλησίᾳ. (Atos 2.42-47)

"Eles **continuavam firmes**[2] no ensino dos apóstolos e na comunhão, no partir do pão e nas orações. ⁴³ Em cada alma havia temor; e muitas maravilhas e sinais **eram realizados** por meio dos apóstolos. ⁴⁴ Todos os que criam **estavam** juntos e unidos e **tinham** tudo em comum. ⁴⁵ **Vendiam** suas propriedades e bens, e **distribuíam** o produto entre todos, à medida que alguém [ἄν] **tinha** necessidade. ⁴⁶ Diariamente perseveravam unânimes no templo, partiam o pão em suas casas e **participavam** das refeições com alegria e singeleza de coração, ⁴⁷ louvando a Deus e contando com a simpatia de todo o povo. E o Senhor **acrescentava** à igreja cada dia os que iam sendo salvos."

O uso do tempo imperfeito na maioria dos verbos dessa passagem transmite a ideia de que esse era o estilo de vida da igreja cristã. Era a prática de quem tinha recebido o Espírito Santo e se deixava guiar por ele.

Até que ponto permitimos que o Espírito Santo controle as nossas atitudes, decisões e ações, para que também a nossa vida reflita esse amor ao próximo e essa união, que gerará em outros o desejo de se tornar parte da família cristã? Qual poderia ser a minha contribuição, qual o passo que eu devo dar para que esse tipo de comunhão se torne real no meio em que Deus me permite viver?

---

[2] As palavras "continuavam firmes" traduzem uma locução verbal que combina o verbo εἰμί (aqui no imperfeito) com um particípio presente (προσκαρτεροῦντες) (cf. § 14.4.). Esse tipo de locução com frequência é usada para ressaltar o aspecto *contínuo*, *durativo* ou *linear* de uma ação. Ela tem aqui o mesmo sentido de um verbo no imperfeito.

LIÇÃO 11

VERBOS
Introdução ao aoristo, 2º aoristo do indicativo e do subjuntivo · Usos do aoristo

11.1   Introdução ao aoristo

O **aoristo** é um tempo particular do grego, que não tem equivalente exato em outros idiomas. É usado no Novo Testamento com muita frequência. Quando empregado, retrata um acontecimento sem dar atenção aos pormenores do seu desenvolvimento. Simplesmente *constata* a execução de uma ação, sem especificar o momento em que acontece, nem a sua duração, nem os resultados.

1. Função e usos do aoristo

a. A função mais comum do **aoristo** é *constatar* uma ação, um evento ou um estado expresso pelo verbo. Nesse uso, a ação é vista como um todo, como um ponto, e por isso se diz que o aoristo expressa uma ação "pontual", simbolizada por um ●.

Ex.: ... **εὗρον** αὐτὸν ἐν τῷ ἱερῷ.   (Lc 2.46)
       ... *o* **encontraram** *no templo.*

Pode acontecer que seja focalizado mais o *momento inicial* da ação. Fala-se então do uso *ingressivo* do aoristo, que acontece principalmente com verbos que expressam um *estado* ou uma *condição*.

Exs.: (Ἰησοῦς Χριστός) **ἐπτώχευσεν.** (2Co 8.9)
(Jesus Cristo) **tornou-se pobre**.

Quando a atenção está mais no *momento final*, no *alvo* ou no *resultado* da ação, o aoristo é chamado de **efetivo, consumativo** ou **culminativo**.

Ex.: **ἔμαθον** αὐτάρκης εἶναι. (Fp 4.11)
aprendi *a estar contente*.

b. O aoristo **epistolar**: ao ser escrita a epístola, a ação ainda não aconteceu, mas é vista desde a perspectiva do destinatário: quando a lê, já ocorreu, o que justifica o uso do passado.

Ex.: **ἔπεμψα** αὐτόν. (Fp 2.28)
o ***enviei*** *[outros traduzem: o* ***envio****, ou:* ***vou enviá-lo****]*

c. O aoristo *com sentido de futuro* (**futurístico** ou **proléptico**): a ação ainda irá acontecer.

Ex.: Ἐὰν μή τις μείνῃ ἐν ἐμοί, **ἐβλήθη** ἔξω. (Jo 15.6)
Se alguém não permanecer em mim, ***será jogado*** *fora*.

d. O aoristo **gnômico**: é empregado em provérbios e sentenças para expressar verdades ou fatos atemporais (não durativos).

Ex.: **Ἀνέτειλεν** ὁ ἥλιος... καὶ **ἐξήρανεν** τὸν χόρτον... (Tg 1.11)
Levanta-se *o sol... e* ***seca*** *a planta...*

e. O aoristo **dramático**: a ação descreve um estado mental (e é traduzido como presente).

Ex.: Ἔγνων τί ποιήσω... (Lc 16.4)
Sei o que farei...

2. O aoristo e a questão do tempo

No modo indicativo, e **somente no indicativo**, o aoristo recebe um aumento silábico que consiste no acréscimo da vogal ε antes do radical. Esse aumento é uma característica de tempo passado. Por causa disso, *a ação do **aoristo do indicativo** pode ser considerada como uma ação passada*.

No modo **subjuntivo**, pelo próprio significado do subjuntivo, a ação do aoristo ainda não pode ser verificada; da perspectiva de quem fala ou escreve, *a ação do **aoristo do subjuntivo** pode ser concebida como pertencendo ao futuro, ainda não realizada*.

3. A tradução do aoristo

O aoristo com suas peculiaridades não tem equivalência exata em português. Para traduzir corretamente o aoristo é preciso entender a ideia que está expressando no seu contexto original, e comunicar essa ideia em português.

O **aoristo do indicativo** frequentemente é traduzido para o português usando o pretérito perfeito simples, mesmo que não seja essa a sua equivalência exata. Em algumas ocasiões, a ideia que o aoristo tem em seu contexto original pode ser mais bem reproduzida em português mediante o pretérito perfeito composto, o pretérito mais-que-perfeito composto, ou até mediante o presente.

O **aoristo do subjuntivo** é traduzido para o português mediante o presente do subjuntivo, embora às vezes o pretérito perfeito do subjuntivo expresse melhor a ideia original.

11.2 Formação do aoristo

O aoristo aparece no texto bíblico em duas formas:

- Caracterizado por um **radical modificado** (geralmente monossilábico), seguido da vogal temática o/ε; esse é chamado de *"segundo aoristo"* (mesmo que seja o mais antigo), ou
- Caracterizado por um σ depois do radical do presente, seguido da vogal temática α; esse é o *"primeiro aoristo"* ou "aoristo sigmático" (que será explicado na próxima lição).

O aoristo usa as **terminações secundárias**, como o imperfeito, e recebe o **aumento** temporal somente no modo indicativo.

Em princípio, um verbo grego usa uma das duas formas para o aoristo. Para saber qual a forma em que o verbo é conjugado, é necessário consultar um léxico.

11.3 Flexão do 2º aoristo

A fim de exemplificar a conjugação do aoristo, o verbo βάλλω – *jogar*, será utilizado como modelo. Seu radical no 2º aoristo é βαλ:

1. 2.º aoristo do indicativo ativo

Pess.	Nº	2º aoristo do indicativo ativo		
1ª	Singular	ἔ-βαλ-ον	eu	joguei
2ª		ἔ-βαλ-ες	tu	jogaste
3ª		ἔ-βαλ-ε(ν)	ele / ela	jogou
1ª	Plural	ἐ-βάλ-ομεν	nós	jogamos
2ª		ἐ-βάλ-ετε	vós	jogastes
3ª		ἔ-βαλ-ον	eles / elas	jogaram
Infinitivo do 2º aoristo, voz ativa				
		βαλ-εῖν	jogar	

2. 2º aoristo do indicativo médio

Pess.	Nº	2º aoristo do indicativo médio		
1ª	Singular	ἐ-βαλ-όμην	eu me joguei	ou joguei para mim
2ª		ἐ-βάλ-ου	tu te jogaste	ou jogaste para ti
3ª		ἐ-βάλ-ετο	ele / ela se jogou	ou jogou para si
1ª	Plural	ἐ-βαλ-όμεθα	nós nos jogamos	ou jogamos para nós
2ª		ἐ-βάλ-εσθε	vós vos jogastes	ou jogastes para vós
3ª		ἐ-βάλ-οντο	eles / elas se jogaram	ou jogaram para si
Infinitivo do 2º aoristo, voz média				
		βαλ-έσθαι	jogar-se ou jogar para si	

3. 2º aoristo do indicativo passivo

Normalmente a forma da voz média e da voz passiva são iguais. Somente no aoristo e no futuro a voz passiva difere da voz média, acrescentando ao radical verbal a característica θε, que geralmente aparece como θη. Na voz passiva do 2º aoristo do **indicativo**, da característica θη omite-se o θ, e apenas é inserida a característica η depois do radical do verbo. Esta característica contrai-se com a vogal inicial da terminação, ficando o η em todas as pessoas. Segue aqui como exemplo do 2º aoristo passivo a conjugação de ἀποστέλλω — *enviar*, cujo radical no 2º aoristo é σταλ:

Pess.	Nº	2º aoristo do indicativo, voz passiva	
1ª	Singular	ἀπ-ε-στάλ-η-ν	(eu) fui enviado
2ª		ἀπ-ε-στάλ-η-ς	(tu) foste enviado
3ª		ἀπ-ε-στάλ-η	(ele / ela) foi enviado /a
1ª	Plural	ἀπ-ε-στάλ-η-μεν	(nós) fomos enviados
2ª		ἀπ-ε-στάλ-η-τε	(vós) fostes enviados
3ª		ἀπ-ε-στάλ-η-σαν	(eles / elas) foram enviados /as
Infinitivo do 2º aoristo passivo			
		βαλ-ῆ-ναι	ser jogado

4. Flexão do 2º aoristo do subjuntivo

Não há aumento no modo subjuntivo, mas aparece a vogal temática alongada, característica deste modo.

Pess.	Nº	2º aoristo do subj. ativo		2º aor. do subj. médio	
1ª	Singular	βάλ-ω	eu jogue / jogasse / se eu jogar	βάλ-ωμαι	(eu) jogue para mim / me jogue
2ª		βάλ-ῃς		βάλ-ῃ	
3ª		βάλ-ῃ		βάλ-ηται	
1ª	Plural	βάλ-ωμεν		βαλ-ώμεθα	
2ª		βάλ-ητε		βάλ-ησθε	
3ª		βάλ-ωσι(ν)		βάλ-ωνται	

No 2º aoristo do **subjuntivo passivo**, da característica da voz passiva apenas a vogal é inserida logo após o radical do 2º aoristo. Ali ela se contrai com a vogal temática alongada ω/η das terminações pessoais, e a sílaba contraída recebe um acento circunflexo. Como exemplo, a 3ª pessoa plural do aoristo do subjuntivo passivo do verbo ἀποστέλλω fica ἀπο-**σταλ**-**ῶσιν** (Rm 10.15).

↳ Resumindo...

A formação do 2º aoristo do indicativo e do subjuntivo pode ser resumida de acordo com o quadro a seguir, com Я simbolizando o radical modificado:

Identificação		Aum.	Rad.	Características	Terminações (1ª 2ª 3ª sg. | 1ª 2ª 3ª pl.)		Ação
2º aor. Ind.	A.	ε	Я		-ον -ες -ε(ν)	| -ομεν -ετε -ον	•
2º aor. Ind.	M.	ε	Я		-όμην -ου -ετο	| -όμεθα -εσθε -οντο	•
2º aor. Ind.	P.	ε	Я	η	-ν -ς —	| -μεν -τε -σαν	•
Inf. 2º aor.	A. | M.		Я		-εῖν | -έσθαι		•
Inf. 2º aor.	P.		Я	ῆ	-ναι		•
2º aor. Subj.	A.		Я	[ω/η]	-ω -ῃς -ῃ	| -ωμεν -ητε -ωσι(ν)	•
2º aor. Subj.	M.		Я	[ω/η]	-ωμαι -ῃ -ηται	| -ώμεθα -ησθε -ωνται	•

Lição 11 | Verbos: Introd. ao aor., 2º aor. do ind. e do sub. • Usos do aor.

🗨 **Vocabulário** (para memorizar!)

ἄγω	conduzir, guiar; ir	rad. 2º aor.: ἀγαγ	(67)
ἁμαρτάνω	lit.: errar o alvo, pecar	rad. 2º aor.: ἁμαρτ	(43)
ἀποθνῄσκω	morrer	rad. 2º aor.: θαν	(111)
ἀπόλλυμι	destruir; perecer	rad. 2º aor.: ἀπολ	(91)
ἀποστέλλω	enviar	rad. 2º aor.: σταλ	(132)
βάλλω	jogar; lançar	rad. 2º aor.: βαλ	(122)
γίνομαι	ser; vir a ser, tornar-se; acontecer	rad. 2º aor.: γεν	(670)
ἐγείρω	levantar, erguer; despertar, acordar; ressuscitar rad. 2º aor.: ἐγερ		(144)
ἔρχομαι	ir; vir	rad. 2º aor.: ἐλθ	(636)
ἐσθίω	comer	rad. 2º aor.: φαγ	(158)
εὑρίσκω	achar, encontrar	rad. 2º aor.: εὑρ	(176)
ἔχω	ter, segurar, possuir; estar	rad. 2º aor.: σχ	(711)
λαμβάνω	tomar, receber	rad. 2º aor.: λαβ	(260)
λέγω	dizer, falar	rad. 2º aor.: εἰπ	(2.262)
ὁράω	ver; perceber; contemplar	rad. 2º aor.: ἰδ	(449)
πάσχω	sofrer, padecer	rad. 2º aor.: παθ	(42)
πίνω	beber	rad. 2º aor.: πι	(73)
πίπτω	cair	rad. 2º aor.: πεσ	(90)
καρπός, -οῦ, ὁ	fruto		(66)
σῶμα, -ατος, τό	corpo		(142)
εἷς, μία, ἕν	numeral: um(a)		(346)
οὐδείς, οὐδεμία, οὐδέν	nenhum(a); ninguém; nada; como adv.: de modo nenhum		(227)
μηδείς, μηδεμία, μηδέν	nenhum(a); ninguém; nada; como adv.: de modo nenhum		(89)

Exercícios de revisão

A. Depois de ter se familiarizado com o vocabulário, relacione o radical do 2º aoristo com o verbo na conjugação padrão do presente do indicativo:

(1) θαν   ( ) ἀποστέλλω
(2) εἰπ   ( ) βάλλω
(3) γεν   ( ) λαμβάνω
(4) ἐλθ   ( ) ὁράω
(5) φαγ   ( ) ἔρχομαι
(6) βαλ   ( ) γίνομαι
(7) ἰδ   ( ) λέγω
(8) σταλ   ( ) ἀποθνῄσκω
(9) λαβ   ( ) ἐσθίω

B. Complete a tradução interlinear, seguindo os passos explicados na lição 2. Consulte o material auxiliar apenas depois de ter tentado por seus próprios meios...

Jo 1.14

ὁ λόγος σὰρξ ἐγένετο...
_____ carne _____...

Mt 21.19

Καὶ ἰδὼν συκῆν μίαν ἐπὶ τῆς ὁδοῦ,
__ vendo figueira ___ ___ _____,

ἦλθεν ἐπ' αὐτήν, καὶ οὐδὲν εὗρεν ἐν αὐτῇ...
_____ __ _____, ___ ____ ___ __ ___...

Jo 6.35

Εἶπεν δὲ αὐτοῖς ὁ Ἰησοῦς, Ἐγώ εἰμι ὁ ἄρτος τῆς ζωῆς.
_____ __ _____ _____, ___ ____ _ _____ ___ ____.

Mt 26.26

Ἐσθιόντων δὲ αὐτῶν, λαβὼν ὁ Ἰησοῦς τὸν ἄρτον
comendo ⤺ ___ eles, tendo tomado ___ ___
καὶ εὐχαριστήσας, ἔκλασεν καὶ δοὺς τοῖς μαθηταῖς, εἶπεν,
___ tendo agradecido, partiu ___ dando ___, ___:
Λάβετε, φάγετε· τοῦτό ἐστιν τὸ σῶμά μου.
Tomem, comam; ___ ___ ___ ___.

Jo 2.22

Ὅτε οὖν ἠγέρθη ἐκ νεκρῶν,
Quando ___ foi levantado ___ os mortos,
ἐμνήσθησαν οἱ μαθηταὶ αὐτοῦ ὅτι τοῦτο ἔλεγεν,
lembraram-se ___ ___ ___ ___ ___,
καὶ ἐπίστευσαν τῇ γραφῇ καὶ τῷ λόγῳ ᾧ εἶπεν ὁ Ἰησοῦς.
___ creram na Escritura ___ ___ que ___ ___.

🕊 Aplicando o texto à vida...

Nas exortações finais do apóstolo Paulo aos cristãos em Filipos, encontram-se as seguintes palavras (Fp 4.9):

ἃ καὶ ἐμάθετε καὶ παρελάβετε καὶ ἠκούσατε
o que também aprenderam e receberam e ouviram [de mim]

καὶ εἴδετε ἐν ἐμοί, ταῦτα πράσσετε·
e viram em mim, isso continuem a pôr em prática;

καὶ ὁ Θεὸς τῆς εἰρήνης ἔσται μεθ᾽ ὑμῶν.
e o Deus da paz estará com vocês.

Os verbos sublinhados estão no aoristo,[1] provavelmente com a conotação do aoristo efetivo, considerando o resultado da ação. Não é especificado aqui quando foi que aprenderam, receberam, ouviram e viram tudo isso, nem quais foram as circunstâncias, ou quanto tempo demoraram para isso, mas Paulo destaca que isso aconteceu.

Se os filipenses agora continuarem a pôr em prática (tempo presente) o que aprenderam e viram, desfrutarão uma dupla bênção: não só experimentarão a dádiva da paz de Deus que excede todo o entendimento (v. 7), mas também o doador da Paz, o próprio Deus, estará com eles!

Chama a atenção o fato que, no seu ministério entre os filipenses, o apóstolo Paulo não transmitiu apenas teoria, como os primeiros verbos podem dar a entender. Ele também viveu o que proclamava, e os filipenses *viram* na vida do apóstolo como ele praticava o que ensinava. Seu exemplo de vida confirmava suas palavras (cf. 3.17) e não as contradizia!

Que também possamos viver essa integridade, essa harmonia entre o que falamos e o que praticamos, para que possamos dizer com Paulo: "Sejam meus imitadores, como também eu o sou de Cristo"! (1Co 11.1)

---

[1] μανθάνω (c/ radical μαθ no 2º aor.) — *aprender*; παρα-λαμβάνω (c/ radical λαβ no 2º aor.) — *receber*; ἀκούω (c/ característica σα do 1º aor.) — *ouvir*; ὁράω (c/ radical ἰδ no 2º aor.) — *ver*.

LIÇÃO 12

VERBOS
1º aoristo do indicativo
e do subjuntivo

12.1 Significado básico do 1º aoristo

Tudo o que foi explicado na lição anterior sobre o significado e usos do aoristo vale para o **1º aoristo**, que é apenas uma maneira diferente de conjugar um verbo no tempo aoristo.

12.2 Formação do 1º aoristo

1. 1º aoristo do indicativo, ativo e médio

O **1º aoristo do indicativo**, nas vozes ativa e média, apresenta o **aumento** ε na frente do radical e, após o radical, a **característica** σ seguida da **vogal temática** α [em lugar de ε/ο] e as desinências dos **tempos secundários**.

Observe o exemplo a seguir: o verbo λύω no 1º aoristo do indicativo, na 1ª pessoa plural, conjuga-se:

ἐ-λύ-σα-μεν (voz ativa) e ἐ-λυ-σά-μεθα (voz média).

Identificação	Aum.	Rad.	Características	Terminações (1ª 2ª 3ª sg. | 1ª 2ª 3ª pl.)	Ação
1º aor. Ind. A.	ε	R	σ [α]	-α -ας -ε(ν) | -αμεν -ατε -αν	•
1º aor. Ind. M.	ε	R	σ [α]	-άμην -ω -ατο | -άμεθα -ασθε -αντο	•

2. 1º aoristo do indicativo, voz passiva

Quando o **1º aoristo do indicativo** está na voz **passiva**, ele é conjugado com o **aumento** ε na frente do radical e, após o radical, a **característica da voz passiva** θη seguida das **terminações secundárias da voz ativa**, sem vogal temática.

Observe o exemplo a seguir: o verbo λύω no 1º aoristo do indicativo passivo, na 1ª pessoa plural conjuga-se:

ἐ-λύ-θη-μεν

Identificação	Aum.	Rad.	Características	Terminações (1.ª 2.ª 3.ª sg. | 1.ª 2.ª 3.ª pl.)	Ação
1º aor. Ind. P.	ε	R	θη	-ν -ς - | -μεν -τε -σαν	•

3. 1º aoristo do subjuntivo, ativo e médio

O **1º aoristo do subjuntivo**, nas vozes ativa e média, apresenta a **característica** σ, a **vogal temática alongada** (característica do subjuntivo), e as **terminações primárias**.

Observe o exemplo a seguir: o verbo λύω no 1º aoristo do subjuntivo na 1ª pessoa plural conjuga-se:

λύ-σ-ω-μεν (voz ativa), e λυ-σ-ώ-μεθα (voz média)

Esta conjugação, porém, não deve ser confundida com a do futuro do indicativo, pois no futuro do indicativo a vogal temática não é alongada.

Identificação	Aum.	Rad.	Características	Terminações (1ª 2ª 3ª sg. | 1ª 2ª 3ª pl.)	Ação
1.º aor. Subj. A.		R	σ [ω/η]	-ω -ης -η | -ωμεν -ητε -ωσι(ν)	•
1.º aor. Subj. M.		R	σ [ω/η]	-ωμαι -η -ηται | -ώμεθα -ησθε -ωνται	•

4. 1º aoristo do subjuntivo, voz passiva

Quando o 1º aoristo do subjuntivo está na voz passiva, após o radical recebe a característica θε, cuja vogal se contrai com a vogal temática alongada [ω/η], que por isso acaba recebendo um acento circunflexo, e as terminações primárias da voz ativa:

Observe o exemplo a seguir: o verbo λύω no 1º aoristo do subjuntivo passivo na 1ª pessoa plural, conjuga-se:

λυ-θῶ-μεν

Identificação	Aum.	Rad.	Características	Terminações (1ª 2ª 3ª sg. | 1ª 2ª 3ª pl.)	Ação
1º aor. Subj. P.		R	θ [ω/η]	-ῶ -ῇς -ῇ | -ῶμεν -ῆτε -ῶσι(ν)	•

5. Infinitivo do 1º aoristo

No **infinitivo**, o 1º aoristo aparece nas seguintes formas:

λῦ-σαι — *desatar* (voz ativa)
λύ-σασθαι — *desatar-se* ou *desatar para si* (voz média)
λυ-θῆναι — *ser desatado* (voz passiva)

Identificação	Aum.	Rad.	Características	Terminações	Ação
Inf. 1º aor. A. | M.		R	σ α	-ι | -σθαι	•
Inf. 1º aor. P.		R	θη	-ναι	•

6. Alterações devidas ao acréscimo de -σ[α] e de -θησ

Na lição 4 (§ 4.2.4 e 4.2.5), vimos as alterações na última letra do radical verbal quando são acrescentadas as características do futuro, σ e θησ. Alterações semelhantes acontecem quando as características σ[α] e θησ do 1º aoristo são acrescentadas ao radical.

Vocabulário (para memorizar!)

διακονέω	servir, atender, cuidar de; ministrar	(37)
δοκέω	pensar, supor, imaginar, considerar; parecer	(63)
ἐγγίζω	aproximar-se, chegar perto	(42)
ἐπερωτάω	perguntar	(56)
ἑτοιμάζω	preparar, deixar pronto	(40)
εὐλογέω	louvar; agradecer; bendizer, abençoar	(44)
θεωρέω	contemplar, ver	(58)
καλέω	chamar; convidar; convocar	(148)
κρατέω	apoderar-se de; segurar; agarrar	(47)
μισέω	odiar; detestar; aborrecer	(40)
οἰκοδομέω	edificar, construir, reconstruir	(40)
παρακαλέω	chamar; exortar; confortar, encorajar, animar	(109)
περιπατέω	andar (ao redor); viver; comportar-se	(95)
σταυρόω	crucificar	(46)
ὑπάγω	partir; ir	(79)
πίστις, -εως, ἡ	confiança, fé; fidelidade, lealdade; crença	(243)
ψυχή, -ῆς, ἡ	alma; vida	(103)
ἀγαπητός, -ή, -όν	amado	(61)
τυφλός, -ή, -όν	cego	(50)
εὐθέως / εὐθύς	adv.: imediatamente, logo, em seguida	(87)

Exercícios de revisão

Complete a tradução interlinear abaixo, seguindo as orientações dadas na lição 2.

Observe as partes sublinhadas: algumas destacam radicais do 2º aoristo, outras mostram verbos no 1º aoristo.

Mc 1.8-9

Ἐγὼ ἐβάπτισα ὑμᾶς ἐν ὕδατι,
___ _____ _____ ___ água,
αὐτὸς δὲ βαπτίσει ὑμᾶς ἐν Πνεύματι Ἁγίῳ.
____ ⇆__ _____ _____ __ Espírito ____.

Lição 12 | Verbos: 1º aoristo do indicativo e do subjuntivo

⁹ Καὶ ἐγένετο ἐν ἐκείναις ταῖς ἡμέραις,

__ _____ __ _____ __ _____, *que*

ἦλθεν Ἰησοῦς καὶ ἐβαπτίσθη ὑπὸ Ἰωάννου εἰς τὸν Ἰορδάνην.

_____ _____ ____ _____ __ _____ __ __ *Jordão.*

Mc 10.45

... ὁ υἱὸς τοῦ ἀνθρώπου οὐκ ἦλθεν διακονηθῆναι,

... ____ __ _____ __ _____ *para* _____,

ἀλλὰ διακονῆσαι, καὶ δοῦναι τὴν ψυχὴν αὐτοῦ λύτρον...

____ *para* _____ __ *dar* __ _____ ____ *em resgate...*

Mc 10.51-52

Τί θέλεις ποιήσω σοί; Ὁ δὲ τυφλὸς εἶπεν ...

__ _____ *que* _____ __? ⇆ __ _____ _____ ...

Ῥαββουνί, ἵνα ἀναβλέψω. ⁵² Καὶ ὁ Ἰησοῦς εἶπεν αὐτῷ,

Mestre, __ *veja novamente.* __ _____ ____ ____:

Ὕπαγε, ἡ πίστις σου σέσωκέν σε. Καὶ εὐθέως ἀνέβλεψεν

Vá, _____ __ *salvou você.* __ _____ *voltou a ver*

καὶ ἠκολούθει τῷ Ἰησοῦ ἐν τῇ ὁδῷ.

__ _____ __ _____ __ ____.

✤ Aplicando o texto à vida...

Quando as autoridades judaicas proibiram Pedro e João de falar de Jesus, eles responderam (At 4.20):

> Οὐ δυνάμεθα ἡμεῖς, ἃ εἴδομεν καὶ ἠκούσαμεν, μὴ λαλεῖν.
> **Nós** não podemos não falar das coisas que vimos e ouvimos.

Os verbos εἴδομεν e ἠκούσαμεν estão no 2º e no 1º aoristo respectivamente. Observe, além do aumento sublinhado em ambos, o radical ιδ do 2º aoristo de ὁράω, e a característica σα de ἀκούω. Ao longo de três anos, Pedro e João conviveram com

Jesus, presenciando o que fazia e ouvindo o que ensinava. Essa maneira de proclamar o evangelho do reino de Deus revolucionou a vida deles. Agora, cheios do Espírito Santo, foram transformados em testemunhas de Jesus (cf. At 1.8). Nada nem ninguém poderia apagar essa nova vida e esse fogo que ardia em seus corações. Ter um Senhor vivo e ressurreto (cf. At 1.3) era algo que não podiam guardar para si. Precisavam proclamá-lo aos quatro ventos!

Chama a atenção o uso do pronome pessoal ἡμεῖς. O verbo δυνάμεθα já deixa claro quem é o sujeito pela terminação da 1ª pessoa do plural. Não precisaria do acréscimo de um pronome pessoal para tal identificação. Aqui, porém, Pedro e João querem deixar bem claro que, mesmo que outros consigam guardar a fé para si, sem compartilhá-la com ninguém, *eles* (*nós* enfático) de forma alguma o conseguiriam! O mesmo Pedro, mais tarde, escreve em sua 1ª carta que somos

> ... propriedade exclusiva de Deus, para proclamar os feitos maravilhosos daquele que nos chamou das trevas para a sua maravilhosa luz (1Pe 2.9).

A boca fala daquilo que o coração está cheio. Que assim como o coração de Pedro e de João estava cheio do Espírito Santo que os impelia a falar das virtudes e da grandeza de Deus, também nosso coração esteja cheio da presença de Deus para que nossa boca também fale das maravilhas que o mesmo Deus opera ainda hoje!

LIÇÃO 13

SUBSTANTIVOS
3ª declinação • Usos do dativo e do acusativo

13.1 Introdução

A língua grega, como toda língua, é viva e dinâmica, por isso, não pode ser forçada a se encaixar em um conjunto de regras que gramáticos deduzem por observação. Não é de se estranhar então que muitas palavras não se ajustem a categorias criadas artificialmente.

Há substantivos que têm diversas irregularidades e não se adequam às regras da 1ª ou 2ª declinação. Todos esses substantivos foram ajuntados então num outro padrão de flexão chamado de **3ª declinação**. Como a maioria deles tem radicais terminados em consoante, essa declinação é chamada de "**declinação consonantal**".

13.2 Flexão dos substantivos da 3ª declinação

Para entender a flexão dos substantivos da 3ª declinação, é importante reconhecer o *tema* ou *radical* do substantivo. Para identificar esse radical, considera-se a forma do substantivo no genitivo singular (apresentada nos léxicos) e elimina-se a terminação ος.

Ex: **πνεῦμα**, -ατος, **τό** tem no genitivo singular a forma πνεύματος e portanto seu radical é πνευματ.

Ao radical do substantivo são acrescentadas as terminações da 3ª declinação, que aparecem resumidas no quadro a seguir:

3ª declinação	Singular		Plural	
	m. / f.	n.	m. / f.	n.
Nominativo	-ς ou –	– –	-ες ou -εις*	-α
Genitivo	-ος ou -εως*	-ος	-ων	-ων
Dativo	-ι	-ι	-σι(ν)	-σι(ν)
Acusativo	-α ou -ν	– –	-ας ou -εις*	-α
Vocativo	= Nom. ou –	– –	= Nom.	= Nom.

As terminações marcadas com um * ocorrem em radicais terminados em vogal ou ditongo.

13.3 Adjetivos da 3ª declinação

As terminações da 3ª declinação podem ser observadas também em adjetivos. No entanto, pode acontecer que adjetivos sigam a 3ª declinação no masculino e no neutro, mas usem as terminações da 1ª declinação para o feminino (como πᾶς, πᾶσα, πᾶν). Outros, ainda, podem usar as terminações das três declinações.

Ex.: Flexão do adjetivo **πᾶς, πᾶσα, πᾶν** (com radicais παντ- e πασα-).

	Singular			Plural		
	m.	f.	n.	m.	f.	n.
Nom.	πᾶς	πᾶσα	πᾶν	πάντες	πᾶσαι	πάντα
Gen.	παντός	πάσης	παντός	πάντων	πασῶν	πάντων
Dat.	παντί	πάσῃ	παντί	πᾶσι(ν)	πάσαις	πᾶσι(ν)
Ac.	πάντα	πᾶσαν	πᾶν	πάντας	πάσας	πάντα

Vocabulário (para memorizar!)

αἷμα, -ατος, τό	sangue	(97)
γυνή, -αικός, ἡ	mulher; esposa	(215)
ἐλπίς, -ίδος, ἡ	esperança	(53)
νύξ, νυκτός, ἡ	noite	(61)
πούς, ποδός, ὁ	pé	(93)
πῦρ, πυρός, τό	fogo	(73)
ῥῆμα, -ατος, τό	palavra (escrita ou falada); coisa	(68)
σάρξ, σαρκός, ἡ	lit.: carne, corpo; fig.: natureza humana; natureza pecaminosa	(147)
στόμα, -ατος, τό	boca	(78)
τέκνον, -ου, τό	criança; filho; descendente	(99)
φῶς, φωτός, τό	luz	(73)
χάρις, -ιτος, ἡ	graça	(156)
χείρ, χειρός, ἡ	mão	(178)
ἀνάστασις, -εως, ἡ	ressurreição	(42)
ἀρχιερεύς, -έως, ὁ	sumo sacerdote	(122)
βασιλεύς, -έως, ὁ	rei	(115)
γραμματεύς, -έως, ὁ	escriba	(64)
θλίψις, -εως, ἡ	tribulação, aperto; aflição, angústia	(45)
κρίσις, -εως, ἡ	juízo, julgamento; sentença; condenação; justiça	(47)
πόλις, -εως, ἡ	cidade	(164)
ἔθνος, -ους, τό	raça, povo, nação; pl.: gentios, pagãos, alguém que não conhece a Deus	(162)

13.4 Sintaxe dos casos

Na lição 6, já foram apresentados alguns dos usos dos casos nominativo, genitivo e vocativo. A seguir, serão apresentados os principais usos dos casos dativo e acusativo.

A. Dativo

A ideia principal do caso dativo é indicar *interesse pessoal* ou *referência*, em benefício de quem (ou de que) algo acontece ou é realizado. Palavras declinadas no caso dativo podem ser usadas das seguintes maneiras:

1. **Dativo de objeto indireto.** Um substantivo ou pronome no caso dativo pode indicar a pessoa para a qual algo é realizado. Responde à pergunta *a quem?* ou *para quem?*

   a. Pode aparecer como objeto único:

   Exs.:
   Ἐπεφάνη ἡ χάρις τοῦ Θεοῦ **πᾶσιν ἀνθρώποις**. (Tt 2.11)
   *Foi manifestada a graça de Deus **a todos os homens**.*

   Οὐδεὶς δύναται **δυσὶν κυρίοις** δουλεύειν· (Mt 6.24)
   *Ninguém é capaz de servir **a dois senhores**.*

   b. Pode aparecer junto com um objeto direto (que estará no acusativo):

   Ex.: ... ἐλάλει **αὐτοῖς** τὸν λόγον. (Mc 2.2)
   *... falava **para eles** a palavra.*

2. **Dativo de interesse pessoal.** Um uso mais específico do anterior é expressar interesse pessoal, seja para vantagem ou desvantagem. Responde à pergunta *no interesse de quem?*, i. e., *para vantagem* ou *desvantagem de quem?*

   Exs.:
   εὑρήσετε ἀνάπαυσιν **ταῖς ψυχαῖς** ὑμῶν. (Mt 11.29)
   *achareis descanso **para as vossas almas**.*

   ἃ ἡτοίμασας, **τίνι** ἔσται; (Lc 12.20)
   *o que preparaste, **para quem** será?*

3. **Dativo de posse** (ou "do possuidor"). A palavra no dativo indica *posse*.

   Ex.: ὄνομα **αὐτῷ** Ἰωάννης. (Jo 1.6)
   seu nome (era) João.

4. **Dativo de relação** ou **referência**. O dativo pode indicar *em relação a que* algo acontece.

   Ex.: ἀπεθάνομεν **τῇ ἁμαρτίᾳ**. (Rm 6.2)
   *morremos **para o pecado**. i.e., morremos **no que se refere ao pecado**.*

   Cf. tb. Mt 5.3, 8; At 18.3 etc.

5. **Dativo instrumental**. A palavra no dativo pode indicar o *meio*, o *"instrumento"*, com o qual uma ação é executada. Responde à pergunta *com quê?* ou *por meio de quê?*

   Exs.:
   ... ἐργαζόμενοι **ταῖς ἰδίαις χερσίν**. (1Co 4.12)
   ... *trabalhando **com as próprias mãos**.*

   Ἐγὼ βαπτίζω ὑμᾶς ἐν **ὕδατι**· αὐτὸς ὑμᾶς βαπτίσει ἐν **Πνεύματι Ἁγίῳ**. (Mt 3.11)
   *Eu vos batizo **com água**; ele vos batizará **com Espírito Santo**.*

6. **Dativo de causa**. A palavra no dativo pode indicar a *causa* ou o *motivo* pelo qual a ação do verbo acontece.

   Ex.: **τῇ ἀπιστίᾳ** ἐξεκλάσθησαν. (Rm 11.20)
   ***por causa da incredulidade** foram cortados.*

7. **Dativo de associação/companhia**. A palavra no dativo pode indicar *associação* ou *companhia*. Responde à pergunta *com quem?*

Exs.:
... συνεζωοποίησεν **τῷ Χριστῷ**. (Ef 2.5)
... nos deu vida **juntamente com Cristo**.

Ἀκολούθει **μοι**. (Mt 9.9)
Siga-me e Venha. ou: Vem **comigo**.

8. **Dativo de modo/maneira**. Responde à pergunta *como?, de que maneira?, em que circunstâncias?* a ação do verbo é realizada.

   Ex.: **παρρησίᾳ** τὸν λόγον ἐλάλει. (Mc 8.32). Cf. At 9.31; Gl 5.16.
   com ousadia / clareza *falava a palavra*, i.e., abertamente.

9. **Dativo de lugar**. A palavra no dativo, geralmente acompanhada da preposição ἐν, pode indicar um *local* ou *lugar*. *Onde? Responde a pergunta...?*

   Exs.: ... ἐν **τῇ Ἀσίᾳ**. (At 16.6)
   ... *na Ásia*.

   Quando o lugar é expresso em termos figurativos, a palavra no dativo indica uma **esfera de ação, domínio ou existência**, mais do que um local físico.

   ἡ σάρξ μου κατασκηνώσει ἐπ᾽ **ἐλπίδι·** (At 2.26)
   o meu corpo repousará **em esperança**.

10. **Dativo de tempo**. A palavra no dativo pode indicar um *momento* ou um *período*, respondendo à pergunta *quando?*

    Ex.: ... καὶ **τῇ τρίτῃ ἡμέρᾳ** ἐγερθῆναι. (Mt 16.21)
    ... *e* **ao terceiro dia** *ressuscitar*.

B. Acusativo

1. **Acusativo do objeto direto.** Uma palavra ou pronome no caso acusativo comumente funciona como *objeto direto* de uma forma verbal. Responde à pergunta *o quê?* ou *(a) quem?*

    Exs.:
    κατέκλασεν **τοὺς ἄρτους**. (Mc 6.41)
    partiu **os pães**.

    οὐδένα ἠδικήσαμεν. (2Co 7.2)
    a ninguém *injustiçamos*.

2. **Acusativo duplo.** Por vezes um verbo pode rejer dois objetos. Dependendo do contexto, do verbo conjugado e das palavras empregadas, um dos termos no acusativo se referirá a uma pessoa a quem a ação é realizada e o outro termo acusativo a uma "coisa" (seja algo abstrato ou concreto) que sofre a ação verbal.

    Ex.: **Γάλα ὑμᾶς** ἐπότισα. (1Co 3.2)
    Leite vos *dei de beber*. Ou: *Dei-***lhes** *de beber* **leite**.

    Nesse caso, o primeiro termo acusativo, γάλα, é a coisa afetada pela ação verbal e o segundo acusativo, o pronome pessoal ὑμᾶς, refere-se ao objeto da ação verbal.

3. **Acusativo cognato ou implícito.** É quando a palavra no acusativo está relacionada com o verbo, seja por sua raiz compartilhada ou semântica semelhante.

    Ex.: ... ἐφοβήθησαν **φόβον μέγαν**. (Mc 4.41)
    ... *temeram (com)* **grande temor**.

4. **Acusativo de extensão:** Palavras no acusativo podem expressar a ideia de *extensão*, seja num sentido *local* (cf. Lc 24.13; Jo 6.19), seja *temporal*. Responde à pergunta *até onde?* ou *(até) quando?*

Ex.: εἶδον τὰ ἔργα μου **τεσσαράκοντα ἔτη**. (Hb 3.9)
*viram as minhas obras **por quarenta anos**.*

5. **Acusativo adverbial,** qualificando a ação expressa pelo verbo:

Ex.: Τὸν ἄρτον ἡμῶν ... δίδου ἡμῖν **τὸ καθ' ἡμέραν**. (Lc 11.3)
*O pão nosso ... dá-nos **cada dia** ou: **diariamente**.*

✎ Exercício de revisão

Procure identificar os usos dos casos, e traduza de acordo.

Jo 1.6

Ἐγένετο ἄνθρωπος ἀπεσταλμένος παρὰ Θεοῦ,
_____ _____ *enviado* _____ _____

ὄνομα αὐτῷ Ἰωάννης. ⁷ Οὗτος ἦλθεν εἰς μαρτυρίαν,
_____ _____ _____ _____ *testemunho,*

ἵνα μαρτυρήσῃ περὶ τοῦ φωτός, ἵνα πάντες πιστεύσωσιν
_____ _____ _____ _____, _____ _____ _____

δι' αὐτοῦ. ⁸ Οὐκ ἦν ἐκεῖνος τὸ φῶς, ἀλλ' ἵνα μαρτυρήσῃ
_____ _____ _____ _____, _____ _____

περὶ τοῦ φωτός. ¹¹ Εἰς τὰ ἴδια ἦλθεν, καὶ οἱ ἴδιοι αὐτὸν
_____ _____. _____ *o que (era) seu* _____, ___ *os seus* _____

οὐ παρέλαβον. ¹² Ὅσοι δὲ ἔλαβον αὐτόν, ἔδωκεν αὐτοῖς
_____. ___⇆___ _____ _____, _____ _____

ἐξουσίαν τέκνα Θεοῦ γενέσθαι, τοῖς πιστεύουσιν
o privilégio de _____ _____ *se tornarem,* *aos que creem*

εἰς τὸ ὄνομα αὐτοῦ ¹³ οἳ οὐκ ἐξ αἱμάτων, οὐδὲ ἐκ θελήματος
_____ _____ *os que* _____ _____,

σαρκός, οὐδὲ ἐκ θελήματος ἀνδρός, ἀλλ᾽ ἐκ Θεοῦ ἐγεννήθησαν.
_____, ___ __ _____ _____, ___ __ ___ *foram gerados.*

Gl 5.16

Λέγω δέ, Πνεύματι περιπατεῖτε,
_____ ____, _____ *andem / vivam,*
καὶ ἐπιθυμίαν σαρκὸς οὐ μὴ τελέσητε.
__ _____ _____ *com certeza não satisfarão.*

✼ Aplicando o texto à vida...

Quando pensamos no sofrimento que Cristo suportou por nós, devemos ter a mesma atitude:

> viver não mais **satisfazendo os desejos humanos**, mas **fazendo a vontade de Deus** no tempo [de vida que resta]   (1Pe 4.2).

No original:

> ... <u>εἰς τὸ</u> μηκέτι **ἀνθρώπων ἐπιθυμίαις**, **ἀλλὰ θελήματι Θεοῦ** <u>βιῶσαι</u> χρόνον.

Antes de entrar no grande desafio desse texto, observemos dois detalhes:

1. Aparece aqui a expressão <u>εἰς τὸ</u> com o infinitivo aoristo <u>βιῶσαι</u>. Esse verbo, βιόω, só ocorre aqui no NT e significa *viver, passar a vida*. O infinitivo tem sentido final e **é traduzido** assim: *para viver*.
2. A palavra **χρόνον** é um acusativo de extensão temporal de χρόνος – *tempo*, que, pelo contexto, se refere ao tempo de vida que nos resta na carne, ou seja, neste mundo.

Como devemos viver no tempo que nos resta?! A resposta diz respeito a duas palavras-chave na passagem, ambas no caso dativo: **ἐπιθυμίαις** (de ἐπιθυμία) e **θελήματι** (de θέλημα). O desafio é descobrir qual o uso do dativo empregado aqui! Para isso, o que se faz normalmente é ver quais usos do dativo se encaixam no contexto. Os usos possíveis são:

1. **Dativo de interesse pessoal** (*para quem?, no interesse de quem?*): deixar de viver *no interesse dos / para [satisfazer] os desejos humanos*, e sim *no interesse da / para [fazer] a vontade de Deus...*
2. **Dativo de modo/maneira** (*como?*): deixar de viver *satisfazendo os desejos humanos*, e *seguindo/fazendo a vontade de Deus...*
3. **Dativo de esfera**: deixar de viver *na esfera [de domínio?] dos desejos humanos*, para viver *na esfera [de domínio?] da vontade de Deus...*

Qual das possíveis opções é a mais plausível? Para alguns intérpretes, é a primeira, enquanto para outros, a segunda. Isso deve nos alertar para o fato de que o texto bíblico original às vezes pode ser entendido e traduzido de mais de uma maneira, e, nesses casos, devemos ter o cuidado de não o limitar a um sentido apenas. Nunca devemos forçar o texto bíblico a se encaixar em alguma das categorias gramaticais inventadas por seres humanos.

O que fazer então com nosso texto? O ideal seria traduzi-lo de uma maneira que reproduza e permita entender ambas as opções. Foi o que se tentou fazer na tradução inicial.

Da mesma maneira que Cristo abriu mão de seus direitos e privilégios (Fp 2.5-11) e por amor a nós renunciou o direito de fazer a própria vontade, fazendo antes a vontade do Pai (Lc 22.42), vivamos também **não satisfazendo nossos próprios desejos humanos,** que muitas vezes são pecaminosos, **mas fazendo a vontade de Deus** no tempo de vida que nos resta.

LIÇÃO 14

PARTICÍPIO

Introdução · Particípio presente e futuro ·
Uso adverbial do particípio

14.1 Introdução

O **particípio** é um dos elementos gramaticais mais versáteis por causa da sua ampla riqueza de usos e significados, o que explica a grande frequência com que ocorre no Novo Testamento. O particípio pode funcionar como verbo, como advérbio, como adjetivo ou como substantivo. Por apresentar características tanto de verbo (tempo, voz) como de adjetivo (caso, gênero e número), é chamado de **adjetivo verbal**.

O particípio pode ser traduzido de várias formas, o que veremos nos exemplos dos seus diferentes usos (explicados na § 14.4).

14.2 Declinação do particípio

1. Particípio presente ativo

Na declinação do particípio presente ativo, depois do radical verbal aparece primeiro a vogal temática **o**, seguida das características **ντ** (no masculino e neutro) e **υσ** (no feminino), com algumas variações. As terminações seguem a 3ª declinação no masculino e neutro, e a 1ª declinação no feminino. O acento tende a permanecer na antepenúltima sílaba, sempre que possível.

Particípio presente ativo de λύω			
Singular	m.	f.	n.
Nom.	λύ-ων	λύ-ο-υσ-α	λῦ-ο-ν
Gen.	λύ-ο-ντ-ος	λυ-ο-ύσ-ης	λύ-ο-ντ-ος
Dat.	λύ-ο-ντ-ι	λυ-ο-ύσ-ῃ	λύ-ο-ντ-ι
Ac.	λύ-ο-ντ-α	λύ-ο-υσ-αν	λῦ-ο-ν
Plural	m.	f.	n.
Nom.	λύ-ο-ντ-ες	λύ-ο-υσ-αι	λύ-ο-ντ-α
Gen.	λυ-ό-ντ-ων	λυ-ο-υσ-ῶν	λυ-ό-ντ-ων
Dat.	λύ-ου-σι(ν)	λυ-ο-ύσ-αις	λύ-ου-σι(ν)
Ac.	λύ-ο-ντ-ας	λυ-ο-ύσ-ας	λύ-ο-ντ-α

2. Particípio presente médio e passivo

O particípio presente nas vozes média e passiva apresenta a vogal temática **o** e a característica **μεν**. As terminações para o masculino e neutro seguem a 2ª declinação, e as do feminino a 1ª.

Particípio presente médio e passivo de λύω			
Singular	m.	f.	n.
Nom.	λυ-ό-μεν-ος	λυ-ο-μέν-η	λυ-ό-μεν-ον
Gen.	λυ-ο-μέν-ου	λυ-ο-μέν-ης	λυ-ο-μέν-ου
Dat.	λυ-ο-μέν-ῳ	λυ-ο-μέν-ῃ	λυ-ο-μέν-ῳ
Ac.	λυ-ό-μεν-ον	λυ-ο-μέν-ην	λυ-ό-μεν-ον
Plural	m.	f.	n.
Nom.	λυ-ό-μεν-οι	λυ-ό-μεν-αι	λυ-ό-μεν-α
Gen.	λυ-ο-μέν-ων	λυ-ο-μέν-ων	λυ-ο-μέν-ων
Dat.	λυ-ο-μέν-οις	λυ-ο-μέν-αις	λυ-ο-μέν-οις
Ac.	λυ-ο-μέν-ους	λυ-ο-μέν-ας	λυ-ό-μεν-α

3. Particípio presente de εἰμί

A declinação do particípio presente de εἰμί é semelhante à de λύω na voz ativa, basta eliminar o radical e adaptar a acentuação:

Lição 14 | Particípio: Introd. • Part. pres. e fut. • Uso adv. do particípio   141

Particípio presente de εἰμί			
Singular	m.	f.	n.
Nom.	ὤν	οὖσα	ὄν
Gen.	ὄντος	οὔσης	ὄντος
Dat.	ὄντι	οὔσῃ	ὄντι
Ac.	ὄντα	οὖσαν	ὄν
Plural	m.	f.	n.
Nom.	ὄντες	οὖσαι	ὄντα
Gen.	ὄντων	οὐσῶν	ὄντων
Dat.	οὖσι(ν)	οὔσαις	οὖσι(ν)
Ac.	ὄντας	οὔσας	ὄντα

4. Declinação do particípio futuro

A declinação do futuro do particípio tem as mesmas características que a declinação do futuro de qualquer verbo. Tomando como base o particípio presente, depois do radical insere-se o σ nas vozes ativa e média, e o θησ na voz passiva.

Como exemplo, seguem as formas do particípio futuro no nominativo singular masculino para o verbo λύω:

	Part. presente	→	Part. futuro
Voz ativa	λύ-ων	+ σ →	λύ-σ-ων
Voz média	λυ-ό-μεν-ος	+ σ →	λυ-σ-ό-μεν-ος
Voz passiva	λυ-ό-μεν-ος	+ θησ →	λυ-θησ-ό-μεν-ος

↳ Resumindo...

A formação do particípio presente e futuro é resumida no quadro a seguir. As informações relacionadas com os diferentes gêneros gramaticais estão separadas por um |: masculino | feminino | neutro, tanto nos sinais característicos como nas terminações.

Identificação verbal	Aum.	Rad.	Sinais característicos	Terminações	Ação
Part. pres. A.		R	ο ντ | υσ | ντ	3ª | 1ª | 3ª declin.	—
Part. pres. M./P.		R	ο μεν	2ª | 1ª | 2ª declin.	—
Part. fut. A.		R	σ ο ντ | υσ | ντ	3ª | 1ª | 3ª declin.	:
Part. fut. M.		R	σ ο μεν	2ª | 1ª | 2ª declin.	:
Part. fut. P.		R	θη σ ο μεν	2ª | 1ª | 2ª declin.	:

14.3 Usos do particípio

O uso do particípio depende do contexto, principalmente do fato de vir acompanhado ou não de um artigo.

Sem artigo é usado como	**advérbio** (seu uso mais frequente), ou
	adjetivo predicativo
Com artigo é usado como	**adjetivo atributivo** ou
	adjetivo substantivado

14.4 Uso adverbial ou "circunstancial" do particípio

O uso mais característico do particípio é sem artigo, na função de adjunto adverbial: descreve as circunstâncias em que é realizada a ação do verbo principal da frase, ao qual o particípio está vinculado e subordinado.

Um particípio usado adverbialmente pode ser expresso em português por meio de: (1) um gerúndio, (2) uma oração coordenada, ou (3) uma oração subordinada circunstancial. Neste último caso, muitas vezes será preciso usar, na tradução, conjunções que não aparecem no texto grego, mas que são necessárias para expressar o sentido que o particípio tem no contexto original.

Apresentam-se a seguir os sentidos que um particípio pode ter. Nos textos que servem como exemplos, o **verbo principal** aparece **em negrito**, enquanto os <u>particípios</u> conectados e subordinados a ele estão <u>sublinhados</u>.

1. Sentido temporal

O particípio indica *o momento* em que acontece a ação do verbo principal. Responde à pergunta *quando?*, e para a sua tradução podem ser usadas expressões como: *quando, enquanto, depois de* etc.

> Ex.: Περιπατῶν παρὰ τὴν θάλασσαν εἶδεν δύο ἀδελφούς.
> <u>Andando</u> / <u>Enquanto andava</u> junto ao mar **viu** dois irmãos. (Mt 4.18)

2. Sentido modal

Indica *o modo / a maneira* em que acontece a ação do verbo principal. Responde à pergunta *de que maneira? como?*, e para a sua tradução servem expressões como: *ao* (+ inf.), *ao mesmo tempo que, enquanto (que), quando, por meio de* etc.

> Ex.: ἑαυτὸν ἐκένωσεν μορφὴν δούλου <u>λαβών</u>. (Fp 2.7)
> A si mesmo **se esvaziou** <u>ao tomar</u> / <u>tomando</u> forma de servo.

3. Sentido causal

Indica *a causa* ou *razão* da ação do verbo principal. Responde à pergunta *por quê?*, e para a sua tradução podem ser usadas expressões como: *porque, pois, por causa de, visto que, porquanto, já que, como* etc.

> Ex.: Οἱ πατριάρχαι <u>ζηλώσαντες</u> τὸν Ἰωσὴφ **ἀπέδοντο** εἰς Αἴγυπτον. (At 7.9)
> Os patriarcas, <u>por ter inveja</u> de José, **venderam-no** para o Egito.

4. Sentido condicional

Indica *em que caso* ou *condições* a ação do verbo principal se cumpre. Responde à pergunta *em que caso? em que condições?*, e para a sua tradução servem expressões como: *se (porventura), no caso de* (+ inf.), *caso* (+ subj.), *contanto que* (+ subj.), *a não ser que* (+ subj.), *a menos que* (+ subj.) etc.

Ex.: καιρῷ ἰδίῳ **θερίσομεν** μὴ ἐκλυόμενοι. (Gl 6.9)
no tempo próprio (= tempo certo) **colheremos** *se* não *desanimarmos*.

5. Sentido concessivo

Vale a ação do verbo principal *a despeito do* que o particípio indica. Responde à pergunta *apesar de que? com que restrição?*, e para a sua tradução podem ser usadas expressões como: *apesar de* (+ inf.), *se bem que, embora* (+ subj.), *ainda que* (+ subj.) etc.

Ex.: δι᾽ ὑμᾶς **ἐπτώχευσεν** πλούσιος ὤν. (2Co 8.9)
por vocês **se fez pobre** *embora fosse* rico / *sendo* rico / *apesar de ser* rico.

6. Sentido final

Indica o *propósito*, a *intenção* ou *o motivo* da ação do verbo principal. Responde à pergunta *para quê? com que propósito?*, e para a sua tradução servem expressões como: *para* (+ inf.), *a fim de* (+ inf.), *para que, a fim de que* etc.

Ex.: **ἀπέστειλεν** αὐτὸν εὐλογοῦντα ὑμᾶς. (At 3.26)
enviou-o *para abençoar* vocês / *a fim de abençoá*-los / *para que os abençoasse*.

7. Sentido resultante

Indica o *resultado, consequência* ou *efeito* da ação do verbo principal. Responde à pergunta *com que efeito?*, e para a sua tradução podem ser usadas expressões como: *com o resultado de, e assim, de modo que* etc.

Ex.: **ἐγένετο** νεφέλη ἐπισκιάζουσα αὐτοῖς. (Mc 9.7)
apareceu uma nuvem *que* os *envolveu* / *e* os *envolveu*.

8. Sentido imperativo

Um particípio independente, não ligado ou subordinado a outro verbo finito, pode funcionar como um verbo no imperativo.

Ex.: ... τῷ κυρίῳ <u>δουλεύοντες</u>. (Rm 12.11, e vários outros nos v. 9-13)
... **sirvam** ao Senhor! É como se dissesse: ... [estejam] <u>servindo</u>!

🗨 Vocabulário (para memorizar!)

αἰτέω	pedir, rogar, solicitar; demandar, requerer	(70)
γεννάω	gerar; dar à luz; voz passiva: nascer	(97)
γράφω	escrever, registrar, descrever, redigir	(191)
διδάσκω	ensinar, instruir	(97)
ἐρωτάω	perguntar; pedir, solicitar (a alguém)	(63)
ζάω	viver	(140)
ζητέω	procurar, buscar; examinar, indagar	(117)
θέλω	desejar; querer	(209)
κηρύσσω	proclamar, pregar, anunciar	(61)
οἶδα	saber; conhecer (< ὁράω; perf. c/ sentido de pres.)	(318)
πείθω	convencer, persuadir; voz passiva: obedecer	(52)
ὑπάρχω	começar; vir a existir, estar (presente); ser	(60)
χαίρω	alegrar-se, regozijar-se	(74)
ἰδού	partíc. dem. (de ἰδοῦ, imp. de εἶδον): olha!, olhai!, vê!, vede!; eis (que)	(200)
ἐπαγγελία, -ας, ἡ	promessa; anúncio, mensagem	(52)
εὐαγγέλιον, -ου, τό	boa notícia; evangelho	(76)
θάλασσα, -ης, ἡ	mar	(91)
καιρός, -οῦ, ὁ	tempo (certo); oportunidade	(86)
συναγωγή, -ῆς, ἡ	sinagoga; assembleia, reunião	(56)
ὥρα, -ας, ἡ	hora	(106)
ἴδιος, -ία, -ον	próprio, da própria pessoa, particular; como simples possessivo: seu	(114)

Exercícios de revisão

Procure familiarizar-se com as características principais da declinação de um particípio. Feito isso, memorize o vocabulário e tente traduzir os textos bíblicos abaixo.

Mt 9.35

Καὶ **περιῆγεν** ὁ Ἰησοῦς τὰς πόλεις πάσας καὶ τὰς κώμας,
___ *percorria* ___ ___ ___ ___ *os povoados,*
διδάσκων ἐν ταῖς συναγωγαῖς αὐτῶν καὶ κηρύσσων

___ ___ ___ ___ ___ ___ ___
τὸ εὐαγγέλιον τῆς βασιλείας καὶ θεραπεύων πᾶσαν νόσον
___ ___ ___ ___ ___ *enfermidade*
καὶ πᾶσαν μαλακίαν ἐν τῷ λαῷ.
___ ___ *fraqueza* ___ ___ .

Mt 28.18-20

Καὶ προσελθὼν ὁ Ἰησοῦς ἐλάλησεν αὐτοῖς λέγων·
___ *tendo se aproximado* ___ ___ ___ ___
Ἐδόθη μοι πᾶσα ἐξουσία ἐν οὐρανῷ καὶ ἐπὶ γῆς.
Foi dada ___ ___ ___ ___ ___ ___ ___ .
[19] Πορευθέντες **μαθητεύσατε** πάντα τὰ ἔθνη, βαπτίζοντες αὐτοὺς
___ *façam discípulos* ___ ___ , ___ ___
εἰς τὸ ὄνομα τοῦ πατρὸς καὶ τοῦ υἱοῦ καὶ τοῦ Ἁγίου Πνεύματος,
___ ___ ___ ___ ___ ___ ___ ___ ___ ,
[20] διδάσκοντες αὐτοὺς τηρεῖν πάντα ὅσα ἐνετειλάμην ὑμῖν·
___ ___ ___ ___ ___ *que mandei* ___
καὶ ἰδού, ἐγὼ μεθ᾽ ὑμῶν εἰμι πάσας τὰς ἡμέρας
___ ___, ___ ___ ___ ___ ___ ___
ἕως τῆς συντελείας τοῦ αἰῶνος. Ἀμήν.
___ *o fim* ___ ___ . ___ .

Como exercícios adicionais de tradução, sugere-se trabalhar com os seguintes textos: Colossenses 3.16-17; Efésios 5.17-21; Romanos 12.9-13. Para identificar palavras desconhecidas, consulte material auxiliar, como o apresentado na lição 24.

Aplicando o texto à vida...

Na carta do apóstolo Paulo aos romanos, há uma referência a Abraão (Rm 4.18-21):

*Abraão, quando já não havia esperança, creu esperando se tornar pai de muitas nações, segundo lhe havia sido dito: 'Assim será a sua descendência.' E, sem enfraquecer na fé, não levou em conta o seu próprio corpo já amortecido (pois já tinha cerca de cem anos), nem a esterilidade do ventre de Sara. Não duvidou, por incredulidade, da promessa de Deus, mas **foi fortalecido** na fé <u>dando glória a Deus</u>, estando plenamente convencido de que Deus era poderoso para cumprir o que havia prometido.*

É interessante ler como ele foi fortalecido em sua fé (v. 20):

... ἐνεδυναμώθη τῇ πίστει, <u>δούς</u> δόξαν τῷ Θεῷ...

O verbo principal ἐνεδυναμώθη está na 3ª pessoa singular no aoristo do indicativo passivo de ἐνδυναμόω. (O significado desse verbo já foi descrito na seção "Aplicando o texto à vida..." da lição 1.)

Abraão **foi fortalecido** na fé, e o texto bíblico relata as circunstâncias em que isso aconteceu por meio do particípio δούς (de δίδωμι): <u>δούς</u> δόξαν τῷ Θεῷ.

Como foi que a fé de Abraão foi fortalecida? Como esse particípio deve ser entendido? Considerando as várias nuanças que um particípio pode transmitir, temos aqui várias possibilidades:

Abraão **foi fortalecido** na sua fé...

- *quando* deu glória a Deus / *ao dar* glória a Deus / *enquanto dava* glória a Deus (temporal);
- *por meio de* dar glória a Deus (modal);
- *porque* dava glória a Deus / *porquanto* dava glória a Deus (causal).

Provavelmente todos esses sentidos são válidos nesse texto. Sigamos o exemplo de Abraão!

LIÇÃO 15

PARTICÍPIOS

Particípio aoristo • Uso adjetivo do particípio •
O genitivo absoluto • O particípio e
a questão do tempo

15.1 Declinação do particípio aoristo

No particípio aoristo aparecem os mesmos sinais característicos observados na conjugação do verbo no aoristo: ao particípio do 1º aoristo acrescenta-se o σα ao radical verbal, enquanto o particípio do 2º aoristo emprega o radical modificado já conhecido do 2º aoristo. O aumento ε, que é característica de tempo passado no modo indicativo, não ocorre no particípio.

1. Particípio 1º aoristo ativo

A declinação do particípio 1º aoristo ativo é semelhante à declinação do particípio presente ativo, com as mesmas características ντ no masculino e neutro, e no feminino o σ em vez do υσ. Nas terminações só há diferença no nominativo singular masculino, onde ων é alterado para ς. O acento tende a permanecer na antepenúltima sílaba, sempre que as regras de acentuação o permitirem.

Particípio 1º aoristo ativo de λύω				
Singular	m.	f.	n.
Nom.	λύ-σα-ς	λύ-σα-σα	λῦ-σα-ν
Gen.	λύ-σα-ντ-ος	λυ-σά-σης	λύ-σα-ντ-ος
Dat.	λύ-σα-ντ-ι	λυ-σά-ση	λύ-σα-ντ-ι
Ac.	λύ-σα-ντ-α	λύ-σα-σαν	λῦ-σα-ν
Plural	m.	f.	n.
Nom.	λύ-σα-ντ-ες	λύ-σα-σαι	λύ-σα-ντ-α
Gen.	λυ-σά-ντ-ων	λυ-σα-σῶν	λυ-σά-ντ-ων
Dat.	λύ-σα-σι(ν)	λυ-σά-σαις	λύ-σα-σι(ν)
Ac.	λύ-σα-ντ-ας	λυ-σά-σας	λύ-σα-ντ-α

2. Particípio 1º aoristo médio

Além da característica σα do 1º aoristo, na voz média aparece a característica μεν, como na voz média do particípio presente. As terminações para o masculino e o neutro seguem a 2ª declinação, e as do feminino, a 1ª.

Particípio 1º aoristo médio de λύω				
Singular	m.	f.	n.
Nom.	λυ-σά-μεν-ος	λυ-σά-μεν-η	λυ-σά-μεν-ον
Gen.	λυ-σα-μέν-ου	λυ-σά-μεν-ης	λυ-σα-μέν-ου
Dat.	λυ-σα-μέν-ῳ	λυ-σα-μέν-η	λυ-σα-μέν-ῳ
Ac.	λυ-σά-μεν-ον	λυ-σα-μέν-ην	λυ-σά-μεν-ον
Plural	m.	f.	n.
Nom.	λυ-σά-μεν-οι	λυ-σά-μεν-αι	λυ-σά-μεν-α
Gen.	λυ-σα-μέν-ων	λυ-σα-μέν-ων	λυ-σα-μέν-ων
Dat.	λυ-σα-μέν-οις	λυ-σα-μέν-αις	λυ-σα-μέν-οις
Ac.	λυ-σα-μέν-ους	λυ-σα-μέν-ας	λυ-σά-μεν-α

3. Particípio 1º aoristo passivo

No particípio 1º aoristo passivo, a característica θε da voz passiva aparece logo após o radical, seguida de ντ no masculino e no neutro, e de ισ no feminino.

Lição 15 | Particípios: Particípio aor. • Uso adjetivo do particípio... 151

Particípio 1º aoristo passivo de λύω				
Singular	m.	f.	n.
Nom.	λυ-θεί-ς	λυ-θε-ῖσ-α	λυ-θέ-ν
Gen.	λυ-θέ-ντ-ος	λυ-θε-ίσ-ης	λυ-θέ-ντ-ος
Dat.	λυ-θέ-ντ-ι	λυ-θε-ίσ-η	λυ-θέ-ντ-ι
Ac.	λυ-θέ-ντ-α	λυ-θε-ῖσ-αν	λυ-θέ-ν
Plural	m.	f.	n.
Nom.	λυ-θέ-ντ-ες	λυ-θε-ῖσ-αι	λυ-θέ-ντ-α
Gen.	λυ-θέ-ντ-ων	λυ-θε-ισ-ῶν	λυ-θέ-ντ-ων
Dat.	λυ-θεῖ-σι(ν)	λυ-θε-ίσ-αις	λυ-θεῖ-σι(ν)
Ac.	λυ-θέ-ντ-ας	λυ-θε-ίσ-ας	λυ-θέ-ντ-α

4. Particípio 2º aoristo ativo e médio

Usando o radical característico do 2º aoristo, a declinação do particípio 2º aoristo nas vozes ativa e média segue exatamente a declinação do particípio presente nas respectivas vozes (apresentadas na lição anterior), alterando apenas o radical.

5. Particípio 2º aoristo passivo

O particípio 2º aoristo passivo acrescenta ao radical do 2º aoristo a característica da voz passiva ε (em lugar de θη) e, enquanto o masculino e neutro adicionam o ντ, o feminino adiciona o ισ. As terminações são as mesmas do particípio 1º aoristo passivo.

✱ Resumindo...

Seguindo o mesmo padrão que na lição anterior, a declinação do particípio aoristo pode ser resumida assim:

Identificação verbal	Aum.	Rad.	Sinais característicos	Terminações	Ação
Part. 1º aor. A.		R	σ α ντ | σ | ντ	3ª | 1ª | 3ª declin.	•
Part. 1º aor. M.		R	σ α μεν	2ª | 1ª | 2ª declin.	•
Part. 1º aor. P.		R	θε ντ | ισ | ντ	3ª | 1ª | 3ª declin.	•
Part. 2.º aor. A.		Я	ο ντ | υσ | ντ	3ª | 1ª | 3ª declin.	•
Part. 2.º aor. M.		Я	ο μεν	2ª | 1ª | 2ª declin.	•
Part. 2.º aor. P.		Я	ε ντ | ισ | ντ	3ª | 1ª | 3ª declin.	•

15.2 Uso adjetivo do particípio

Além do uso adverbial do particípio, que é o mais frequente, o particípio também pode cumprir a função de **adjetivo**. Quando vier acompanhado de **artigo**, pode funcionar como **adjetivo atributivo** ou como **adjetivo substantivado**. *Sem* **artigo** pode funcionar como um **adjetivo predicativo**.

O que diferencia um particípio usado como adjetivo de um adjetivo comum é o fato de que o aspecto da ação verbal agora está presente. É um adjetivo com a força ou dinâmica de verbo.

O uso do particípio na função de adjetivo pode ser identificado da seguinte maneira:

	Uso adjetivo do particípio	
Com artigo, é	adj. atributivo	quando acompanha um substantivo ou pronome com o qual concorda em gênero, número e caso.
	adj. substantivado	quando não está em concordância com algum substantivo ou pronome.
Sem artigo, é	adj. predicativo	quando faz uma afirmação descritiva sobre o sujeito.

1. Adjetivo atributivo

O particípio com artigo aparece como um adjetivo em posição atributiva, e acompanha um substantivo ou pronome com o qual concorda em gênero, número e caso.

> Ex.: Δεῦτε, κληρονομήσατε τὴν ἡτοιμασμένην ὑμῖν βασιλείαν.
> *Venham, recebam como herança o **reino** preparado para vocês.* (Mt 25.34)

2. Adjetivo substantivado

Neste uso, o particípio aparece com artigo, mas não está em concordância com nenhum substantivo ou pronome.

Exs.:
> Ὁ πιστεύων εἰς τὸν υἱὸν ἔχει ζωὴν αἰώνιον. (Jo 3.36)
> *O crente / o que crê (continuamente) no Filho tem vida eterna.*

> Ὑμεῖς ἀκούσατε τὴν παραβολὴν τοῦ σπείροντος. (Mt 13.18)
> *Vocês ouviram a parábola do semeador.*

3. Adjetivo predicativo

Um particípio sem artigo, em concordância com um substantivo ou pronome, pode funcionar como um adjetivo predicativo, fazendo uma afirmação descritiva sobre o substantivo.

> Ex.: Ζῶν γὰρ ὁ λόγος τοῦ Θεοῦ, καὶ ἐνεργής... (Hb 4.12)
> *Pois viva é a palavra de Deus, e eficaz...*

15.3 O genitivo absoluto

Além dos usos já vistos, existe uma construção particular em que um particípio sem artigo e um substantivo ou pronome aparecem ligados, ambos no caso genitivo, sem ter uma relação sintática com o restante da oração. Essa construção é conhecida pelo nome de **genitivo absoluto**. Colocada com frequência no início da frase, serve para descrever a(s) circunstância(s) em torno da ação do verbo principal. (Cf. lição 6, § 06.3.B.10.)

Para a tradução ao português, o substantivo ou pronome funciona como o sujeito do particípio, que é traduzido por meio de um gerúndio ou uma oração subordinada circunstancial.

> Ex.: ἀνακάμψω πρὸς ὑμᾶς, **τοῦ Θεοῦ** θέλοντος... (At 18.21)
> *voltarei a vocês, se **Deus** quiser... ou: **Deus** querendo...*

> Ex.: ... ἔτι λαλοῦντος **αὐτοῦ**, ἐφώνησεν ἀλέκτωρ. (Lc 22.60)
> *... ainda falando **ele**, cantou um galo. ou: enquanto **ele** ainda falava...*

15.4 O particípio e a questão do tempo

O tempo gramatical do particípio não indica, em termos absolutos, *o momento em que acontece* a ação expressa por ele. Apenas em relação ao verbo principal da frase é que se pode deduzir *quando* acontece. Assim, um particípio expressa uma ação que pode ser *antecedente*, *simultânea* ou *subsequente* à ação do verbo principal.

1. Particípio presente

Um particípio presente comumente descreve uma ação durativa que é *simultânea* **à ação do verbo principal**. Com menos frequência expressa uma ação *anterior* ou *subsequente* **à ação do verbo principal**.

> Ex.: ... εἰσῆλθεν εἰς τὸ ἱερόν περιπατῶν καὶ ἁλλόμενος καὶ αἰνῶν τὸν Θεόν. (At 3.8)
> ... **entrou** no templo *andando* e *saltando* e *louvando* a Deus.

2. Particípio aoristo

Um particípio aoristo designa uma ação não durativa que normalmente é *anterior* **à ação do verbo principal**. Com menos frequência expressa uma ação *simultânea/contemporânea*. Nunca indica uma ação *subsequente* **à ação do verbo principal**.

> Ex.: Καὶ νηστεύσας ... ἐπείνασεν. (Mt 4.2)
> E depois de *jejuar* ... **teve fome**.

3. Particípio perfeito

O particípio perfeito, devido ao seu aspecto verbal particular (que será estudado na lição 17), serve para expressar uma ação completa ou um estado que é *coexistente/simultâneo* com que o verbo principal afirma. Eventualmente pode também ser *anterior*.

> Ex.: Οὗ εἰσιν δύο ἢ τρεῖς συνηγμένοι..., ἐκεῖ **εἰμὶ** ἐν μέσῳ αὐτῶν.
> Onde estiverem dois ou três *reunidos*..., ali **estou** no meio deles. (Mt 18.20)

4. Particípio futuro

O particípio futuro sempre designa uma ação ou estado que é *posterior / subsequente* à ação do verbo principal.

Ex.: ἐληλύθει[1] <u>προσκυνήσων</u> εἰς Ἱερουσαλήμ. (At 8.27)
ele **tinha ido** a Jerusalém para <u>adorar</u>.

Vocabulário (para memorizar!)

ἀνίστημι	levantar, ressuscitar; levantar-se	(108)
ἀποδίδωμι	entregar, pagar, retribuir, restituir; dar, produzir; recompensar; vender	(48)
ἵστημι	colocar (de pé); ficar ou apresentar-se (de pé); permanecer (firme)	(154)
παραδίδωμι	entregar, ceder, dar; encomendar, confiar, dedicar; expor; permitir	(119)
παρίστημι	colocar ao lado, apresentar, dedicar; estar presente	(41)
τίθημι	pôr, colocar	(100)
φημί	dizer, falar	(66)
δοξάζω [δοξαδ-]	honrar; glorificar; exaltar; adorar; louvar	(61)
φωνέω	emitir um som; clamar; chamar	(43)
δικαιοσύνη, -ης, ἡ	justiça, retidão, aquilo que é justo, aquilo que Deus quer, vida conforme à vontade de Deus	(92)
σωτηρία, -ας, ἡ	salvação, libertação, preservação	(46)
φόβος, -ου, ὁ	temor, medo; terror; reverência	(47)
δύο	num.: dois	(132)
τρεῖς, τρία	num.: três	(67)
ἑπτά	num.: sete	(88)
δώδεκα	num.: doze	(75)
δεύτερος, -α, -ον	segundo	(43)
τρίτος, -η, -ον	terceiro; adv.: pela terceira vez	(56)
ἐκεῖ	adv.: lá, ali, naquele lugar; para lá	(105)
ἔτι	adv.: ainda; além	(93)
οὐδέ (οὐδ')	conj. neg.: nem, e não; também não	(144)

---

[1] Verbo **ἔρχομαι** no tempo mais-que-perfeito, 3ª pess. sg. (cf. lição 17).

✐ Exercícios de revisão

Traduza os textos selecionados abaixo. Procure entender e traduzir o uso dos particípios sublinhados. Para reconhecer palavras desconhecidas, siga as dicas dadas na lição anterior.

Lc 22.60

Εἶπεν ὁ Πέτρος, Ἄνθρωπε, οὐκ οἶδα ὃ λέγεις.
_____ _____, _____, ___ sei _____ _____.
Καὶ παραχρῆμα, ἔτι <u>λαλοῦντος αὐτοῦ</u>, ἐφώνησεν ἀλέκτωρ.
___ *imediatamente,* _____ _____ _____ _____, _____ _____.

2Co 5.15

ὑπὲρ πάντων ἀπέθανεν ἵνα <u>οἱ ζῶντες</u> ... ζῶσιν ...
___ _____ _____ _____ _____ _____ *vivam*
τῷ² ὑπὲρ αὐτῶν <u>ἀποθανόντι</u> καὶ <u>ἐγερθέντι</u>.
____ ___ _____ _____ ___ _____.

Rm 1.16

Οὐ γὰρ ἐπαισχύνομαι τὸ εὐαγγέλιον τοῦ Χριστοῦ·
___ ↄ ___ *me envergonho do* _____ _____;
δύναμις γὰρ Θεοῦ ἐστιν εἰς σωτηρίαν παντὶ <u>τῷ πιστεύοντι</u>.
_____ ↄ ___ ___ ___ _____ ____ _____.

At 9.26

πάντες ἐφοβοῦντο αὐτόν, μὴ <u>πιστεύοντες</u> ὅτι ἐστὶν μαθητής.
_____ *temiam* _____, ___ _____ ___ _____ _____.

2Tm 2.19

Ἔγνω Κύριος <u>τοὺς ὄντας</u> αὐτοῦ.
Conhece _____ _____ _____.

---

²Observe que entre o artigo e o particípio às vezes aparecem colocadas outras palavras ou locuções.

1Jo 5.12

<u>Ὁ ἔχων</u>   τὸν υἱὸν   ἔχει   τὴν ζωήν·   <u>ὁ</u>   μὴ <u>ἔχων</u>

τὸν υἱὸν   τοῦ Θεοῦ   τὴν ζωὴν   οὐκ   ἔχει.

1Jo 2.17

<u>ὁ ποιῶν</u>   τὸ θέλημα   τοῦ Θεοῦ   μένει   εἰς τὸν αἰῶνα.

✝ Aplicando o texto à vida...

Com frequência, ouvimos e citamos a seguinte palavra:

> *Sabemos que todas as coisas cooperam para o bem daqueles que amam a Deus...*

No original está escrito:

Οἴδαμεν ὅτι <u>τοῖς ἀγαπῶσιν</u> τὸν Θεὸν πάντα συνεργεῖ εἰς ἀγαθόν, <u>τοῖς</u> κατὰ πρόθεσιν κλητοῖς <u>οὖσιν</u>.   (Rm 8.28)

O verbo inicial, οἴδαμεν, está no tempo perfeito,[3] que pelo aspecto da ação expressa: "temos chegado à conclusão e por isso agora sabemos e podemos confiar que...".

E segue uma grande verdade, que não necessariamente vale para todos, mas que com certeza vale **τοῖς ἀγαπῶσιν**[4] **τὸν Θεόν**, *para os que vivem amando a Deus*! E a verdade que Deus inspirou o apóstolo Paulo a escrever é que **πάντα**, *todas as coisas, tudo o que acontece, tudo o que experimentam,* **coopera**[5] para o *bem*,

---

[3] O tempo perfeito será estudado na lição 17.
[4] Particípio presente ativo de ἀγαπάω, no dativo plural, substantivado.
[5] Presente do indicativo ativo, 3.ª pessoa singular de συν-εργέω, *cooperar*.

para o *bom propósito* que Deus tem para eles, para esses que chamou (τοῖς κλητοῖς οὖσιν; lit., *os que são chamados*)[6].

Qual é esse propósito? Deus os chamou para que **se tornem cada vez mais parecidos com seu Filho Jesus**, como fica claro já no versículo seguinte (e em Gl 4.19). Para isso, o soberano Deus todo-poderoso opera *em tudo* e pode fazer que *tudo* contribua para esse propósito. Por isso também pode nos pedir que demos graças *em tudo* (1Ts 5.18) e ***por tudo*** (Ef 5.20), porque podemos confiar que debaixo de sua administração ***tudo* coopera** para esse bom propósito.

Quão bom é saber que não estamos abandonados à sorte, ao azar, nem às circunstâncias e aos poderes deste mundo, mas estamos debaixo do cuidado amoroso de nosso bom Deus! Nenhum detalhe lhe escapa, nenhuma oportunidade ele deixa de aproveitar para fazer todas as coisas cooperar para nosso bem, para nos tornar cada vez mais parecidos com seu Filho!

---

[6]Particípio presente ativo de εἰμί, no dativo plural, substantivado.

LIÇÃO 16

PRONOMES
Interrogativos, indefinidos, reflexivos e recíprocos

16.1 Os pronomes

Como já foi aprendido na lição 9, o **pronome** é uma palavra usada para substituir ou fazer referência a outra, chamada **antecedente**, evitando assim a repetição. O pronome geralmente concorda com seu antecedente em *gênero* e *número*, mas não necessariamente em *caso*.

16.2 O pronome interrogativo

1. Declinação do pronome interrogativo

No texto bíblico, o pronome interrogativo τίς, τί – *quem? quê? qual?* ocorre nas seguintes formas, sempre com o acento agudo na primeira sílaba:

	Singular		Plural	
	m. / f.	n.	m. / f.	n.
Nom.	τίς	τί	τίνες	τίνα
Gen.	τίνος	τίνος	τίνων	τίνων
Dat.	τίνι	τίνι	τίσι(ν)	τίσι(ν)
Ac.	τίνα	τί	τίνας	τίνα

2. Usos do pronome interrogativo

a. Os pronomes interrogativos τίς, τί, assim como a partícula interrogativa πῶς — *como?*, são usados em perguntas diretas e indiretas.

Exs.:
Τίς εἶ; ... **Τί** λέγεις περὶ σεαυτοῦ; (Jo 1.22)
Quem *é você? ...* ***Que*** *diz acerca de si mesmo?*

πῶς δὲ νῦν βλέπει, οὐκ οἴδαμεν· ἢ **τίς** ἤνοιξεν αὐτοῦ τοὺς ὀφθαλμούς, ἡμεῖς οὐκ οἴδαμεν· (Jo 9.21)
Mas ***como*** *ele agora vê, não sabemos; ou* ***quem*** *abriu seus olhos, nós não sabemos.*

b. Um pronome interrogativo pode substituir um pronome relativo, e vice-versa:

Ex.: ... οὐ **τί** ἐγὼ θέλω, ἀλλὰ **τί** σύ. (Mc 14.36)
... não ***o que*** *eu quero, mas* ***o que*** *tu [queres].*

c. Um pronome interrogativo pode ser usado como advérbio, com o significado de *por que* ou *quão!*:

Exs.:
... **τί** μεριμνᾶτε; (Mt 6.28)
... ***por que*** *se preocupam?*

τί στενὴ ἡ πύλη... (Mt 7.14)
quão *estreita é a porta...*

16.3 O pronome indefinido

1. Declinação do pronome indefinido

O pronome indefinido τις, τι é declinado da mesma forma que o pronome interrogativo, diferenciando-se deste apenas no uso do acento, que aparece na última sílaba e é enclítico:[1]

	Singular		Plural	
	m. / f.	n.	m. / f.	n.
Nom.	τις	τι	τινές	τινά
Gen.	τινός	τινός	τινῶν	τινῶν
Dat.	τινί	τινί	τισί(ν)	τισί(ν)
Ac.	τινά	τι	τινάς	τινά

2. Usos do pronome indefinido

O pronome indefinido pode funcionar como substantivo (exemplos 1 e 2), ou como adjetivo (exemplo 3).

Exs.:
Πᾶς οἶκος κατασκευάζεται ὑπό **τινος**. (Hb 3.4)
*Toda casa é edificada por **alguém**.*

Ἐὰν ὁ ἀδελφός σου ἔχει **τι** κατὰ σοῦ... (Mt 5.23)
*Se o seu irmão tem **algo** contra você...*

Εἴ **τις** παράκλησις ἐν Χριστῷ, εἴ **τι** παραμύθιον ἀγάπης...
*Se **alguma** exortação em Cristo, se **alguma** consolação de amor...* (Fp 2.1)

16.4 O pronome reflexivo

Os pronomes pessoais reflexivos da 1ª, 2ª e 3ª pessoa são, respectivamente, ἐμαυτοῦ, -ῆς - *de mim mesmo*, σεαυτοῦ, -ῆς - *de ti mesmo*, e ἑαυτοῦ, -ῆς - *de si mesmo*.

---

[1] Veja a lição 1, § 1.2.2.

1. Declinação do pronome reflexivo

Os pronomes pessoais reflexivos são declinados somente nos casos genitivo, dativo e acusativo. Para a 1ª e 2ª pessoa existem formas para masculino e feminino, enquanto para a 3ª pessoa existem formas para os três gêneros. No plural, o pronome reflexivo da 1ª e 2ª pessoa normalmente usa as formas da 3ª pessoa plural.

	Pron. reflex. 1ª pessoa (sg.)		Pron. reflex. 2ª pessoa (sg.)	
	m.	f.	m.	f.
Gen.	ἐμ-αυτοῦ	ἐμ-αυτῆς	σε-αυτοῦ	σε-αυτῆς
Dat.	ἐμ-αυτῷ	ἐμ-αυτῇ	σε-αυτῷ	σε-αυτῇ
Ac.	ἐμ-αυτόν	ἐμ-αυτήν	σε-αυτόν	σε-αυτήν

	Pron. reflex. 3ª pessoa (sg.)			Pron. reflex. 3ª pessoa (pl.)		
	m.	f.	n.	m.	f.	n.
Gen.	ἑ-αυτοῦ	ἑ-αυτῆς	ἑ-αυτοῦ	ἑ-αυτῶν	ἑ-αυτῶν	ἑ-αυτῶν
Dat.	ἑ-αυτῷ	ἑ-αυτῇ	ἑ-αυτῷ	ἑ-αυτοῖς	ἑ-αυταῖς	ἑ-αυτοῖς
Ac.	ἑ-αυτόν	ἑ-αυτήν	ἑ-αυτό	ἑ-αυτούς	ἑ-αυτάς	ἑ-αυτά

2. Usos do pronome reflexivo

a. Com frequência o pronome reflexivo refere-se ao sujeito da oração.

Exs.:
Ἐγὼ μαρτυρῶ περὶ ἐμαυτοῦ. (Jo 5.31)
*Eu dou testemunho a respeito **de mim mesmo**.*

ὀφείλουσιν οἱ ἄνδρες ἀγαπᾶν τὰς **ἑαυτῶν** γυναῖκας ὡς τὰ **ἑαυτῶν** σώματα. Ὁ ἀγαπῶν τὴν **ἑαυτοῦ** γυναῖκα, **ἑαυτὸν** ἀγαπᾷ. (Ef 5.28)
*Os maridos devem amar às **suas próprias** esposas como aos **seus próprios** corpos. Quem ama a **sua** esposa, **a si mesmo** ama.*

b. Para o plural da 1ª e 2ª pessoa usam-se as formas do pronome reflexivo da 3ª pessoa plural.

Exs.:
Οὐ ἑαυτοὺς κηρύσσομεν... (2Co 4.5)
*Não nos proclamamos **a nós mesmos**...*

Προσέχετε ἑαυτοῖς. (Lc 17.3)
*Tenham cuidado **de vocês (mesmos)**.*

Os pronomes reflexivos são traduzidos para o português pelo pronome oblíquo, de acordo com o significado do caso em que aparecem em grego.

16.5 O pronome recíproco

O pronome recíproco só ocorre no plural, nos casos genitivo, dativo e acusativo: ἀλλήλων – *uns dos outros*, ἀλλήλοις – *uns para os outros*, e ἀλλήλους – *uns aos outros* (ou *entre si*).

Ex.: Ἐντολὴν καινὴν δίδωμι ὑμῖν, ἵνα ἀγαπᾶτε ἀλλήλους. (Jo 13.34)
*Um mandamento novo lhes dou, que amem **uns aos outros**.*

🕮 Vocabulário (para memorizar!)

ἀλλήλοις	pron. recíproco, dat: *uns aos / para os outros*	(13)
ἀλλήλους	pron. recíproco, ac.: *uns aos outros; mutuamente*	(66)
ἀλλήλων	pron. recíproco, gen.: *uns dos outros*	(20)
ἐμαυτοῦ, -ῆς	pron. reflex. da 1ª pess., gen.: *de mim mesmo*	(37)
σεαυτοῦ, -ῆς	pron. reflex. da 2ª pess., gen.: *de ti mesmo*	(43)
ἑαυτοῦ, -ῆς	pron. reflex. da 3ª pess., gen.: *de si mesmo*	(321)
Pronomes já estudados em lições anteriores:		
ἐγώ § 02	pron. pess. da 1ª pess. sg.: *eu*	(1.802)
σύ § 02	pron. pess. da 2ª pess. sg.: *tu [você]*	(1.066)
αὐτός, -ή, -ό § 02	pron. pess. da 3ª pess. sg.: *ele / ela*	(5.601)

ἡμεῖς § 02	pron. pess. da 1ª pess. pl.: *nós* (864)
ὑμεῖς § 02	pron. pess. da 2ª pess. pl.: *vós [vocês]* (1.840)
αὐτοί, -αί, -ά § 02	pron. pess. da 3ª pess. pl.: *eles / elas*
ὅς, ἥ, ὅ § 03	pron. rel.: *que, o que, o qual / a qual, quem* (1.365)
ὅστις, ἥτις, ὅ τι § 09	pron. rel.: *quem quer que, qualquer que; que; com frequência equivale a* ὅς, ἥ, ὅ (148)
ἐμός, ἐμή, ἐμόν § 09	pron. / adj. poss. da 1ª pess.: *meu, minha* (76)
σός, σή, σόν § 09	pron. / adj. poss. da 2ª pess.: *teu, tua [seu, sua]* (27)
τίς, τί § 02	pron. interrog.: *quem? quê? qual? por quê? que tipo de?* (555)
τις, τι § 02	pron. indef., enclítico: *alguém, um (certo); algum, alguma coisa, algo; qualquer um;* pl.: *alguns* (526)
οὗτος, αὕτη, τοῦτο § 02	adj. e pron. dem.: *este / esta / isto; esse / essa* (1.391)
ἐκεῖνος, -η, -ο § 04	adj. e pron. dem.: *aquele / aquela / aquilo* (265)
ὅσος, -η, -ον § 07	pron. correlativo: *quanto; o que; tão grande quanto (ou: que); tanto quanto* (110)
πῶς	partíc. interrog.: *como? de que maneira?* (103)
διώκω	*perseguir, seguir; ir atrás de* (45)

✎ Exercícios de revisão

Memorize o vocabulário e familiarize-se com a declinação dos pronomes apresentados nesta lição.

Trabalhe com os textos indicados abaixo traduzindo os versículos da maneira que conseguir. Caso precise de ajuda para identificar palavras desconhecidas, consulte as ferramentas auxiliares apresentadas na lição 24.

Lc 14.11

Πᾶς   ὁ ὑψῶν[2]   ἑαυτὸν   ταπεινωθήσεται[3],
_____   *o que se exalta*   _____   *será humilhado,*

---

[2] Part. pres. at. de ὑψόω – *elevar, levantar;* fig. *exaltar-se, ser soberbo, arrogante.*
[3] Fut. ind. pass. 3ª sg. de ταπεινόω – *rebaixar;* fig. *humilhar, tornar humilde; humilhar-se.*

Lição 16 | Pronomes: Interrogativos, indef., reflex. e recíprocos

καὶ ὁ ταπεινῶν <u>ἑαυτὸν</u> ὑψωθήσεται.
___ *o que se humilha* _____ *será exaltado.*

2Co 4.5

Οὐ γὰρ <u>ἑαυτοὺς</u> κηρύσσομεν, ἀλλὰ Χριστὸν
___ ⇆ _____ _____ _____, _____ _____

Ἰησοῦν Κύριον· <u>ἑαυτοὺς</u> δὲ δούλους ὑμῶν διὰ Ἰησοῦν.
_____ _____; _____ ⇆ ____ _____ _____ ____ _____.

At 9.4

(Σαῦλος) ἤκουσεν φωνὴν λέγουσαν αὐτῷ, Σαούλ, Σαούλ,
_____ _____ _____ _____ _____, _____, _____,

<u>τί</u> με διώκεις;
____ __ _____?

Lc 16.3

Εἶπεν δὲ ἐν <u>ἑαυτῷ</u> ὁ οἰκονόμος, <u>Τί</u> ποιήσω;
_____ ⇆ ___ _____ *o administrador,* ___ _____?

Mt 19.19

ἀγαπήσεις τὸν πλησίον σου ὡς <u>σεαυτόν</u>.
_____ *o próximo* _____ _____ _____.

Mt 12.29

Πῶς δύναταί <u>τις</u> εἰσελθεῖν εἰς τὴν οἰκίαν τοῦ ἰσχυροῦ;
____ _____ _____ _____ ___ _____ *do forte?*

✎ Aplicando o texto à vida...

No Evangelho de João (9.1-34), está relatado um acontecimento em que Jesus cura um cego de nascença. Nessa narrativa, a partícula interrogativa **πῶς** – *como?* aparece seis vezes.

Ao contrário do que se pensava na época, e também nos tempos de hoje, o Senhor Jesus deixa claro que nem toda doença é consequência de um pecado específico. Pode ser, mas, nesse caso relatado em João, não era. Situações específicas podem ser permitidas por Deus para propósitos específicos.

Uma deficiência, seja física ou mental, representa um desafio enorme, tanto para o afetado quanto para seus familiares. Mas o Senhor Jesus mostra aqui uma nova perspectiva: a doença é uma oportunidade "para que as obras de Deus se manifestem" na vida de quem sofre (v. 3).[4]

Como Deus consegue operar na vida de quem sofre para transformar sofrimento em bênção? *Como* Deus consegue operar a cura? *Como* Deus consegue dar paciência e força renovadas para quem precisa delas? *Como...? Como...?*

Em situações como essa, muitas perguntas são levantadas. Nesses momentos, nossas orações por socorro e intervenção divina nem sempre são respondidas – não da maneira que desejamos, nem no tempo que esperamos. Nem sempre encontramos as respostas que desejamos...

Mas uma coisa é certa: Deus não fica indiferente à situação que vivemos. Jesus mostrou isso claramente ao dar atenção a esse cego. Deus pode "manifestar suas obras" também nas situações mais difíceis – **e o faz!**

Louvado seja Deus por seu grande amor e poder!

---

[4]Jesus disse algo parecido em relação à doença do seu amigo Lázaro em João 11.4.

LIÇÃO 17

VERBOS
Perfeito e mais-que-perfeito

A. O tempo perfeito

17.1 Significado básico do perfeito

O tempo **perfeito** no grego combina a ação pontual com a durativa: algo aconteceu no passado (pontual), resultando num estado (durativo) que é real no presente. Graficamente pode ser representado da seguinte maneira: •——. O foco geralmente está nos resultados atuais, mas também pode estar na ação do passado que teve como consequência o estado atual.

Ambas as ênfases podem ser observadas no seguinte exemplo:

Ex.: Ἀπεκρίθη ὁ Πιλᾶτος· Ὃ γέγραφα, γέγραφα. (Jo 19.22)
Respondeu Pilatos: "O que escrevi, escrevi."

Ou seja: *"O que tenho escrito* (ação pontual do passado), *escrito está* (estado atual) *e vai ficar como está"*.

17.2 Formação e flexão do perfeito do indicativo e infinitivo

Na formação do perfeito, os elementos característicos são: a reduplicação da consoante inicial do verbo com a vogal ε, antes do radical e, depois deste, na voz ativa, o κ(α), seguido das terminações primárias para as respectivas vozes. A flexão do verbo λύω mostra isso:

1. Flexão do perfeito, voz ativa

Pess.	N°	Perfeito do indicativo ativo	
1ª	Singular	λέ-λυ-κα	tenho desatado
2ª	Singular	λέ-λυ-κα-ς	tens desatado
3ª	Singular	λέ-λυ-κε(ν)	tem desatado
1ª	Plural	λε-λύ-κα-μεν	temos desatado
2ª	Plural	λε-λύ-κα-τε	tendes desatado
3ª	Plural	λε-λύ-κα-σι(ν) / λέ-λυ-κα-ν	têm desatado
		Infinitivo do perfeito, voz ativa	
		λε-λυ-κέναι	ter desatado

2. Flexão do perfeito, voz média (M.) e passiva (P.)

Pess.	N°	Perfeito do indicativo médio e passivo de λύω — *desato*	
1ª	Singular	λέ-λυ-μαι	M.: *tenho me desatado* ou *desatado para mim* P.: *tenho sido desatado/a*
2ª	Singular	λέ-λυ-σαι	M.: *tens te desatado* ou *desatado para ti* P.: *tens sido desatado/a*
3ª	Singular	λέ-λυ-ται	M.: *tem se desatado* ou *desatado para si* P.: *tem sido desatado/a*
1ª	Plural	λε-λύ-μεθα	M.: *temos nos desatado* ou *desatado para nós* P.: *temos sido desatados/as*
2ª	Plural	λέ-λυ-σθε	M.: *tendes vos desatado* ou *desatado para vós* P.: *tendes sido desatados/as*
3ª	Plural	λέ-λυ-νται	M.: *têm se desatado* ou *desatado para si* P.: *têm sido desatados/as*
		Infinitivo do perfeito, voz média/passiva	
		λε-λύ-σθαι	M.: *ter se desatado* ou *desatado para si* P.: *ter sido desatado/a*

Observação: Na voz média e passiva há a reduplicação, mas sem o acréscimo do κ(α). É preciso reconhecer que nem todos os verbos seguem estas regras, e que há inúmeras exceções. Somente consultando um dicionário é possível conhecer corretamente as formas irregulares.

Lição 17 | Verbos: Perfeito e mais-que-perfeito

Seguem alguns detalhes sobre a formação do perfeito:

1. Reduplicação

A reduplicação pode acontecer de diversas maneiras:

a. Quando o radical começa com uma consoante única, não aspirada, essa consoante simplesmente é duplicada, seguida do ε: π̱ιστεύω > π̱ε-πίστευ-κα.

b. Quando a consoante inicial é aspirada: θ, φ, χ, na reduplicação recorre-se à consoante não aspirada que lhe corresponde: τ, π, κ, respectivamente: φιλέω > π̱ε-φίλη-κα.

c. Quando o radical começa com uma consoante muda (π, β, φ, κ, γ, χ, τ, δ, θ) seguida de uma consoante líquida (λ, μ, ν, ρ), reduplica-se apenas a primeira letra: γ̱ράφω > γ̱έ-γραφα.

d. Quando o radical começa com ρ, este é duplicado e a vogal ε é colocada na sua frente: ῥίπτω (- *lançar*) > ἔρ̱ρ̱-ιφα.

e. Quando o radical verbal começa com várias consoantes ou com uma consoante dupla, no lugar da reduplicação aparece apenas a vogal ε: ἀπο-σ̱τ̱έλλω > ἀπ-ἐ̱-σταλ-κα.

f. Quando o verbo começa com uma vogal ou ditongo, ocorre a reduplicação vocálica, em que o ε da reduplicação se contrai com a vogal inicial do verbo: ἐ̱λπίζω > ἤλπι-κα ; α̱ἰ̱τέω > ἤτη-κα.

2. Terminações

a. Quando o radical verbal termina em vogal longa, acrescenta-se diretamente a característica κα ao radical reduplicado: λύ̱ω > λέ-λυ-κα.

b. Quando o radical termina em vogal breve (α, ε, o), esta é alongada antes do κα (como acontece antes do σ do futuro e do aoristo, e antes do θη da voz passiva): γεννά̱ω > γε-γέννη-κα.

c. Quando o radical termina em consoante líquida (λ, μ, ν, ρ, o), κα é inserido depois do radical "reduplicado": αἴρω > ἦρ-κα.

d. Quando o radical termina em consoante dental: δ, θ, τ, esta se perde antes do κα: ἐλπίζω (rad. ελπιδ) > ἤλπι-κα.

3. O 2º perfeito

Existem verbos que não usam o κ, mas simplesmente acrescentam a vogal α ao radical reduplicado.

Ex.: γράφω > γέ-γραφ-α.

Formam o chamado "2º perfeito", que expressa o mesmo aspecto da ação do perfeito (às vezes chamado então de "1º perfeito"). A situação lembra o que acontece no 1º e 2º aoristo.

17.3 Tradução do perfeito

O tempo perfeito da língua grega pode ser traduzido para o português mediante o pretérito perfeito composto (ex.: *eu tenho desatado*), pelo pretérito perfeito (*eu desatei*), ou também pelo presente (*eu desato*), dependendo do foco e da ênfase no contexto original.

17.4 O particípio perfeito

O particípio perfeito apresenta, além da reduplicação, as seguintes características:

1. Particípio perfeito ativo

Na voz ativa, depois do radical reduplicado é acrescentado o sinal característico κοτ e as terminações da 3ª declinação para o masc. e neutro, e κυι para o fem. com as terminações da 1ª declinação.

A título de exemplo, seguem as formas do particípio perfeito para os casos nominativo e genitivo singular:

| Particípio perfeito ativo de λύω ||||
Singular	m.	f.	n.
Nom.	λε-λυ-κώς	λε-λυ-κυῖ-α	λε-λυ-κός
Gen.	λε-λυ-κότ-ος	λε-λυ-κυί-ας	λε-λυ-κότ-ος

Para o particípio perfeito, no caso nominativo, a tradução mais comum é *tendo desatado*.

2. Particípio perfeito médio/passivo

As vozes média e passiva acrescentam apenas o **μεν** ao radical reduplicado, para todos os gêneros, assim como as terminações que adjetivos da 1ª e 2ª declinação costumam apresentar (cf. § 07.2).

Novamente, a título de exemplo, seguem as formas do particípio perfeito para os casos nominativo e genitivo singular:

| Particípio perfeito médio e passivo de λύω ||||
Singular	m.	f.	n.
Nom.	λε-λυ-μέν-ος	λε-λυ-μέν-η	λε-λυ-μέν-ον
Gen.	λε-λυ-μέν-ου	λε-λυ-μέν-ης	λε-λυ-μέν-ου

3. O aspecto da ação do particípio perfeito

O aspecto da ação que um particípio perfeito expressa é o mesmo que o do verbo no perfeito: indica principalmente o *estado atual* que resulta de uma *ação concluída* no passado.

Se o foco está no *estado atual*, a ação do particípio será *simultânea* à ação do verbo ao qual está subordinado.

Ex.: Ὁ Ἰησοῦς **κεκοπιακὼς ἐκαθέζετο**. (Jo 4.6)
Cansado, Jesus **sentou-se**.

Se a atenção está na *ação concluída* que teve como consequência o estado resultante, a ação expressa pelo particípio será *antecedente* à do verbo principal.

Ex.: **ἐμνήσθη** ὁ Πέτρος τοῦ ῥήματος τοῦ Ἰησοῦ **εἰρηκότος**.
Lembrou-se Pedro da palavra que Jesus **havia dito**. (Mt 26.75)

↳ Resumindo...

Indicando o radical reduplicado com sua vogal ε por meio de "RεR", temos o seguinte resumo (no estilo da lição 14):

Identificação verbal	Rad.	Caract. (m.|f.|n.)	Terminações 1ª 2ª 3ª sg. | 1ª 2ª 3ª pl.	Ação
Perf. Ind. A.	RεR	κ(α)	-α -ας -ε(ν) | -αμεν -ατε -ασι(ν)/αν	•—
Perf. Ind. M./P.	RεR		-μαι -σαι -ται | -μεθα -σθε -νται	•—
Inf. Perf. A.	RεR	κ	-έναι	•—
Inf. Perf. M./P.	RεR		-σθαι	•—
Part. Perf. A.	RεR	κ οτ | υι | οτ	3ª | 1ª | 3ª declin.	•—
Part. Perf. M./P.	RεR		μεν	2ª | 1ª | 2ª declin.	•—

B. O tempo mais-que-perfeito

17.5 Significado básico do mais-que-perfeito

O **mais-que-perfeito** só ocorre no modo indicativo, e é como se fosse um perfeito transferido para o passado: expressa um acontecimento ou ação acabada no passado (pontual), que teve como consequência um estado que continuou por algum tempo e depois cessou. Em outras palavras: uma ação acabada no passado teve repercussões por algum tempo, mas depois cessaram, e agora não existem mais. Graficamente, pode ser representado assim: •—|. O aspecto da ação do mais-que-perfeito é como se fosse uma combinação do aspecto da ação do aoristo e do imperfeito.

17.6 Formação do mais-que-perfeito

O mais-que-perfeito apresenta, antes do radical verbal, uma *reduplicação*, como o perfeito, que (raras vezes) também pode ser precedida por um aumento ε. Depois do radical vêm, na voz **ativa**, a característica κ e o ditongo ει como vogal temática seguida das terminações secundárias da voz ativa. Nas vozes **média e passiva,** não apresenta nem o κ nem o ditongo ει; apenas acrescenta ao radical as terminações secundárias da voz média e passiva (cf. §10.2).

A título de exemplo, ilustra-se a formação do mais-que-perfeito para a 1ª pessoa singular, comparada com o perfeito:

πιστεύω: 1º perf.: πε-πίστευ-κα   1º mqpf.: (ἐ)-πε-πίστευ-κειν
γίνομαι: 2º perf.: γέ-γον-α   2º mqpf.: (ἐ)-γε-γόν-ειν

Exs.:
... σκοτία ἤδη **ἐγεγόνει**, καὶ οὐκ **ἐληλύθει** ὁ Ἰησοῦς. (Jo 6.17)
... *a escuridão já **tinha chegado**, e não **tinha ido** Jesus [até eles].*

... παρέθεντο αὐτοὺς τῷ Κυρίῳ εἰς ὃν **πεπιστεύκεισαν**.
... *os encomendaram ao Senhor, em quem **haviam crido**.* (At 14.23)

Resumindo...

Identificação	Aum.	Rad.	Caract.	Terminações 1ª 2ª 3ª sg. | 1ª 2ª 3ª pl.	Ação
MqPf. Ind. A.	(ε)	ReR	κ(ει)	-ειν -εις -ει | -ειμεν -ειτε -εισαν	•—|
MqPf. Ind. M./P.	(ε)	ReR		-μην -σο -το | -μεθα -σθε -ντο	•—|

Vocabulário (para memorizar!)

ἀνοίγω	abrir	(77)
ἀποκτείνω	matar	(74)
ἀπολύω	soltar, libertar; deixar ir	(67)
ἄρχω	governar; voz média: começar	(86)
ἐλπίζω	esperar, esperar por, aguardar com confiança	(31)
θεάομαι	contemplar, olhar, observar, ver, perceber (com os olhos)	(22)
κάθημαι	sentar, estar sentado; assentar-se; viver, habitar	(91)
καθίζω	sentar, fazer sentar; assentar-se; permanecer	(46)

μετανοέω	*arrepender-se (com um sentimento de pesar); mudar de pensamento / atitude / comportamento*	(34)
συνάγω	*reunir; ajuntar*	(59)
φέρω	*levar, carregar; conduzir; trazer*	(66)
φιλέω	*amar, ter afeição por; gostar (de); beijar*	(25)
ἀπόστολος, -ου, ὁ	*apóstolo; enviado, mensageiro*	(80)
ἀρχή, -ῆς, ἡ	*começo, início, origem, princípio*	(55)
δαιμόνιον, -ου, τό	*demônio*	(63)
εἰρήνη, -ης, ἡ	*paz, bem-estar, tranquilidade, harmonia, concórdia; sem ansiedade ou preocupações*	(92)
ἐντολή, -ῆς, ἡ	*mandamento, ordem*	(67)
θρόνος, -ου, ὁ	*trono*	(62)
ἱερόν, -οῦ, τό	*templo, santuário*	(71)
μαρτυρία, -ας, ἡ	*testemunho, depoimento; reputação*	(37)
δεῖ	verbo impessoal: *é necessário, deve-se*	(101)

✍ Exercícios de revisão

Procure traduzir os textos indicados abaixo. Faça isso em dois passos: (1) identifique o tempo, modo, voz e pessoa dos verbos, e (2) procure visualizar o *aspecto da ação* desses verbos, para perceber a riqueza e profundidade do texto original. Caso precise de ajuda para identificar palavras desconhecidas, consulte ferramentas auxiliares apresentadas na lição 24.

Mc 1.15

πεπλήρωται ὁ καιρός, ἤγγικεν[1] ἡ βασιλεία τοῦ Θεοῦ.

_____ _____, _____ _____ _____.

1Jo 1.1

Ὃ ἦν ἀπ᾽ ἀρχῆς, ὃ ἀκηκόαμεν, ὃ ἑωράκαμεν[2]

__ __ __ _____, __ _____, __ _____

---

[1] Perfeito do verbo ἐγγίζω.
[2] Perfeito do verbo ὁράω.

τοῖς ὀφθαλμοῖς ἡμῶν, ὃ ἐθεασάμεθα, καὶ αἱ χεῖρες ἡμῶν
_____ _____, _____, ___ _____ _____

ἐψηλάφησαν περὶ τοῦ λόγου τῆς ζωῆς... ³ἀπαγγέλλομεν ὑμῖν.
apalparam _____ _____ _____ ... _____ ____.

1Jo 5.10

ὁ πιστεύων εἰς τὸν υἱὸν τοῦ Θεοῦ ἔχει τὴν μαρτυρίαν
_____ ___ ____ _____ ___ _____ _____ ____ _____

ἐν ἑαυτῷ, ὁ μὴ πιστεύων τῷ Θεῷ ψεύστην <u>πεποίηκεν</u> αὐτόν,
_____, __ __ _____ __ ___ *mentiroso* _____ _____

ὅτι οὐ <u>πεπίστευκεν</u> εἰς τὴν μαρτυρίαν ἣν <u>μεμαρτύρηκεν</u>
___ __ _____ ___ ____ _____ __ _____

ὁ Θεὸς περὶ τοῦ υἱοῦ αὐτοῦ.
_____ _____ _____ _____.

Jo 16.27

Ὁ πατὴρ φιλεῖ ὑμᾶς, ὅτι ὑμεῖς ἐμὲ <u>πεφιλήκατε</u>,
_____ _____ _____, ___ _____ ___ _____,

καὶ <u>πεπιστεύκατε</u> ὅτι ἐγὼ παρὰ τοῦ Θεοῦ ἐξῆλθον.
___ _____ ___ ____ _____ _____ _____ _____.

✤ Aplicando o texto à vida...

Consideremos a seguinte afirmação:

> Ἡ ἀγάπη τοῦ Θεοῦ **ἐκκέχυται** ἐν ταῖς καρδίαις ἡμῶν διὰ Πνεύματος Ἁγίου τοῦ δοθέντος ἡμῖν. (Rm 5.5)
> *O amor de Deus **está derramado** em nossos corações pelo Espírito Santo, que nos foi dado.*

Quando o Espírito Santo nos foi dado, e isso vale para todas as pessoas que nasceram de novo (cf. Jo 3.5-8; At 2.17-18, 33; Tt 3.4-6), aconteceu algo muito precioso: junto com ele, foi derramado em nosso coração o amor de Deus. Isso é expresso pelo verbo ἐκχέω no tempo perfeito, que traz a conotação de que algo aconteceu em algum momento do passado com consequências até o presente.

O verbo ἐκχέω significa *derramar, dar em abundância*. Quando o Espírito Santo nos foi dado, junto com ele o amor de Deus foi derramado abundantemente em nosso coração. E isso não se limitou a um momento especial no passado – desde aquele momento esse amor *continua ali*, no nosso coração, *até agora*!

A expressão ἡ ἀγάπη τοῦ Θεοῦ, *o amor de Deus*, merece atenção. A que se refere? Τοῦ Θεοῦ ocorre aqui no caso genitivo, e o genitivo é usado para uma variedade de funções.

- Será um *genitivo de descrição*, falando de maneira geral do *amor divino*, esse amor com que Deus ama a todos os seres humanos? (cf. Jo 3.16)
- Será um *genitivo ablativo*, para indicar que o amor procede de Deus, a fonte do amor?
- Será um *genitivo objetivo*, expressando que Deus é o objeto de nosso amor, referindo-se então ao nosso *amor a Deus*?
- Ou será um *genitivo subjetivo*, pensando em Deus como sujeito que nos ama?

Parece que há aqui uma ambiguidade intencional, em que várias conotações do genitivo são possíveis, e o *genitivo subjetivo* e o *genitivo objetivo* se complementam, algo que gramáticos têm chamado de *genitivo plenário*. Como entender isso? Considerando o contexto, principalmente o versículo 8 (assim como 8.38,39), a situação seria esta: quando ainda éramos pecadores e percebemos *o amor com que Deus nos amou* ao entregar seu Filho Jesus para morrer em nosso lugar, nosso coração experimentou *o amor de Deus* em toda a plenitude. Em resposta, surgiu em nosso coração um *amor por Deus* que não tínhamos antes.

Resumindo: em decorrência do derramamento do amor de Deus em nosso coração, seu amor continua ali. Ele nos ajuda não só a amar a Deus, mas também está lá aguardando que o deixemos fluir para os outros (Jo 7.38s), mesmo nossos inimigos, algo que em nossa força nunca teríamos condições de fazer.

Deixemos esse amor transbordar e fluir!

LIÇÃO 18

VERBOS

Modo imperativo, modo optativo •
Usos do modo imperativo e do optativo

A. O modo imperativo

18.1 Significado e usos do modo imperativo

O modo imperativo serve para expressar a *vontade* de quem fala ou escreve, sem esclarecer se aquilo que é expresso se tornará realidade ou não. Essa vontade, apelando a outra, nem sempre implica em mandamentos ou proibições; os usos que seguem mostram suas diferentes conotações:

1. **Ordem ou mandato:**

   Ex.: **Ἀγαπᾶτε** τοὺς ἐχθροὺς ὑμῶν..., καλῶς **ποιεῖτε** τοῖς μισοῦσιν ὑμᾶς... (Mt 5.44)
   Amem os seus inimigos..., façam bem aos que os odeiam...

2. **Proibição**, quando precedido do advérbio de negação **μή** (ou um cognato como μηδέ, μηκέτι etc.):

   Ex.: **Μὴ ἀγαπᾶτε** τὸν κόσμον, **μηδὲ** τὰ ἐν τῷ κόσμῳ.
   Não amem o mundo, nem as (coisas) no mundo. (1Jo 2.15)

3. **Pedido, súplica, solicitação** ou **apelo**:

   Ex.: ... εἶπον οἱ ἀπόστολοι τῷ Κυρίῳ, **Πρόσθες** ἡμῖν πίστιν.
   ... *disseram os apóstolos ao Senhor:* ***Aumenta****-nos [a] fé.*
   (Lc 17.5)

   Veja também os pedidos no "Pai nosso", em Mt 6.9-13.

4. **Exortação,** tanto no sentido de *admoestação* ou *advertência* (cf. 1Jo 3.7), como no sentido de *encorajamento, estímulo, consolo* ou *conforto* (cf. Mc 5.34), ou também como *saudação* (Lc 1.28):

   Exs.:
   Τεκνία, μηδεὶς **πλανάτω** ὑμᾶς· (1Jo 3.7)
   Filhinhos, ninguém os ***engane****...*

   Θύγατερ, ἡ πίστις σου σέσωκέν σε· **ὕπαγε** εἰς εἰρήνην, καὶ **ἴσθι** ὑγιὴς ἀπὸ τῆς μάστιγός σου. (cf. Mc 5.34)
   Filha, a sua fé a curou; ***vá*** *em paz, e* ***seja*** *curada de sua doença.*

   Χαῖρε, κεχαριτωμένη· ὁ Κύριος μετὰ σοῦ. (Lc 1.28)
   Alegre-se*, agraciada; o Senhor está com você.*

5. **Permissão** ou **concessão**:

   Ex.: Εἰ δὲ ὁ ἄπιστος χωρίζεται, **χωριζέσθω**. (1Co 7.15)
   Mas se o incrédulo [quiser] se separar, [que] ***se separe****.*

18.2 O aspecto da ação no modo imperativo

O verbo no modo imperativo não indica *quando* uma ação deve ou não deve acontecer; a escolha do tempo verbal (presente, aoristo e raramente o perfeito) depende exclusivamente do *aspecto* que o escritor deseja expressar. Assim:

1. O **presente do imperativo** ordena que uma ação durativa ou reiterada *continue* (cf. Mc 5.36c; Rm 6.11; Ef 5.1).

   Ex.: **Γίνεσθε** μιμηταὶ τοῦ Θεοῦ. (Ef 5.1)
   Sejam [i.e. ***continuem a ser***] *imitadores de Deus.*

2. O **presente do imperativo com advérbio de negação μή** *proíbe que* uma ação em andamento *continue; ela deve cessar* (cf. Lc 7.13; Mt 19.6; Rm 6.12; Mt 6.25), ou *nem deve começar* (cf. Mc 13.11).

   Exs.:
   ... ὁ Κύριος εἶπεν αὐτῇ· **μὴ κλαῖε**. (Lc 7.13)
   ... *o Senhor lhe disse:* **não chore**. [i.e.: **não continue chorando**. ou: **pare de chorar**].

   ... **μὴ προμεριμνᾶτε** τί λαλήσητε. (Mc 13.11)
   ... **não se preocupem de antemão** *com o que irão falar.*

3. O **aoristo do imperativo** ordena ou pede que a ação expressa pelo verbo *aconteça* (cf. 2Tm 4.2; 1Pe 3.11; e em orações, cf. Mt 6.9-13). Caso o contexto indique que o aoristo é "ingressivo", a ação expressa pelo verbo deve *começar* (cf. At 16.31).

   Exs.:
   Κήρυξον τὸν λόγον. (2Tm 4.2)
   Pregue *a Palavra.*

   Πίστευσον ἐπὶ τὸν Κύριον Ἰησοῦν Χριστόν. (At 16.31)
   Creia [ou: ***comece a crer***] *no Senhor Jesus Cristo.*

4. O **aoristo do imperativo com advérbio de negação μή** *proíbe que* a ação expressa pelo verbo *aconteça* ou *que comece;* mas

esse uso é raro, e geralmente é substituído pelo aoristo do subjuntivo com advérbio de negação.

Ex.: ὃς ἔσται ἐπὶ τοῦ δώματος ... **μὴ καταβάτω**... (Lc 17.31)
*quem estiver no telhado ... **não desça**...*

5. A **ideia do imperativo** pode ser expressa também de outras maneiras:

- Pelo futuro do indicativo, principalmente quando se trata de citar ordens ou proibições do AT (cf. Mt 5.48; 16.22; 19.18-19).
- O subjuntivo com advérbio de negação μή também é usado para expressar proibições (cf. Mt 6.31, 34; At 16.28; 1Tm 5.1).
- Uma ordem também pode ser expressa mediante uma oração introduzida por ἵνα com o subjuntivo (cf. Ef 5.33).
- Por meio de um particípio (cf. Rm 12.9-13, 16-19; Ef 4.2-3; 1Pe 2.12, 18; 3.1).
- Por meio de um infinitivo (cf. 2Tm 2.14; 1Pe 2.11).
- A 1.ª pessoa do plural do subjuntivo com frequência também expressa uma exortação (cf. Jo 19.24; § 3.1).

18.3 Formação do modo imperativo

O imperativo em grego é usado para a 2.ª e a 3.ª pessoas. Para traduzir o imperativo da 3.ª pessoa usam-se formas do subjuntivo.

O imperativo expressa algo que é esperado que aconteça no futuro. Por isso, não há aumento no imperativo, pois o aumento é sinal de tempo passado.

1. O **presente do imperativo** usa o mesmo radical que o modo indicativo, tanto na voz ativa, quanto na média e passiva.

Lição 18 | Verbos: Modo imper. • Modo opt. • Usos do modo imper.

Presente do imperativo ativo de ἔχω				
Pess.	Singular		Plural	
2ª	ἔχ-ε	tem tu	ἔχ-ε-τε	tende vós
3ª	ἐχ-έ-τω	tenha ele / ela	ἐχ-έ-τωσαν	tenham eles / elas
Presente do imperativo médio e passivo de λύω				
2ª	λῦ-ου [< ε-σο > ε-ο > ου]		λύ-ε-σθε	
3ª	λυ-έ-σθω		λυ-έ-σθωσαν	

2. No **1º aoristo do imperativo** aparece a característica σα depois do radical, tanto na voz ativa como na média. A voz passiva tem a característica θη.

1º aoristo do imperativo ativo de λύω				
Pess.	Singular		Plural	
2ª	λῦ-σ-ον	solta	λύ-σα-τε	soltai
3ª	λυ-σά-τω	solte	λυ-σά-τωσαν	soltem
1º aoristo do imperativo médio de λύω				
2ª	λῦ-σαι	solta-te ou solta para ti	λύ-σα-σθε	soltai-vos ou soltai para vós
3ª	λυ-σά-σθω	solte-se ou ...	λυ-σά-σθωσαν	soltem-se ou ...
1º aoristo do imperativo passivo de λύω				
2ª	λύ-θη-τι	sê solto	λύ-θη-τε	sede soltos
3ª	λυ-θή-τω	seja solto	λυ-θή-τωσαν	sejam soltos

3. No **2º aoristo do imperativo**, o radical é o radical modificado do 2º aoristo. As terminações são as mesmas que as do presente, tanto na voz ativa como na voz média; só diferem na voz passiva.

2º aoristo do imperativo ativo de βάλλω				
Pess.	Singular		Plural	
2ª	βάλ-ε	joga	βάλ-ε-τε	jogai
3ª	βαλ-έ-τω	jogue	βαλ-έ-τωσαν	joguem

2º aoristo do imperativo médio de βάλλω			
2ª	βαλ-οῦ *joga-te*	βάλ-ε-σθε	*jogai-vos*
3ª	βαλ-έ-σθω *jogue-se*	βαλ-έ-σθωσαν	*joguem-se*
2º aoristo do imperativo passivo de γράφω			
2ª	γράφ-η-θι *sê registrado*	γράφ-η-τε	*sede registrados*
3ª	γραφ-ή-τω *seja registrado*	γραφ-ή-τωσαν	*sejam registrados*

4. O verbo εἰμί tem a seguinte forma no presente do imperativo:

Presente do imperativo de εἰμί			
Pess.	Singular		Plural	
2ª	ἴσ-θι	*sê*	ἔσ-τε	*sede*
3ª	ἔσ-τω	*seja*	ἔσ-τωσαν	*sejam*

Observações: A segunda pessoa do plural tem a mesma forma no indicativo e no imperativo. Como saber de que modo se trata? É o contexto que pode ajudar a descobrir o modo. Se, por exemplo, aparece um advérbio de negação com o verbo, se for οὐ indica que é indicativo, se for μή é imperativo. Mesmo assim, nem sempre será fácil decidir de que modo se trata, e intérpretes e versões bíblicas às vezes chegam a conclusões diferentes, como pode ser notado nos textos de João 5.39; 14.1; Romanos 13.6; 1Coríntios 6.4; Hebreus 12.17; 1Pedro 1.6; 2.5.

Resumindo...

Identificação verbal	Rad.	Caract.	Terminações (2ª 3ª sg. | 2ª 3ª pl.)				Ação
Pres. Imp. A.	R	ε	—	-τω	-τε	-τωσαν	—
Pres. Imp. M./P.	R	ε	-ου	-σθω	-σθε	-σθωσαν	—
1º aor. Imp. A.	R	σα	-σον	-τω	-τε	-τωσαν	●
1º aor. Imp. M.	R	σα	-σαι	-σθω	-σθε	-σθωσαν	●
1º aor. Imp. P.	R	θη	-τι	-τω	-τε	-τωσαν	●
2º aor. Imp. A.	Я	ε	—	-τω	-τε	-τωσαν	●
2º aor. Imp. M.	Я	ε	-ου	-σθω	-σθε	-σθωσαν	●
2º aor. Imp. P.	Я	η	-θι	-τω	-τε	-τωσαν	●

B. O modo optativo

18.4 Significado e usos do modo optativo

O modo optativo ocorre raras vezes no NT. Ele tem algumas semelhanças com o subjuntivo, mas a probabilidade de que a ação que o optativo expressa se torne realidade é mais remota do que no subjuntivo. O modo optativo serve para expressar:

1. Um **desejo** ou **voto** que poderia se cumprir:

   Ex.: ἔλεος ὑμῖν καὶ εἰρήνη καὶ ἀγάπη **πληθυνθείη**. (Jd 1.2)
   *Misericórdia e paz e amor lhes **sejam multiplicados**.*

   Das 67 vezes que o optativo ocorre no NT, 16 vezes aparece na expressão μὴ γένοιτο – que isso não aconteça! ou: de modo nenhum!, expressando uma forte repulsa (cf. Lc 20.16; Rm 3.4).

2. Uma mera **possibilidade**:

   Ex.: **Εὐξαίμην** ἂν τῷ Θεῷ... (At 26.29)
   Oraria a Deus...

3. **Perguntas indiretas**:

   Ex.: ... τὸ τίς ἄρα **εἴη** ἐξ αὐτῶν ὁ τοῦτο μέλλων πράσσειν.
   *... quem então **seria** dentre eles o que iria fazer isto.* (Lc 22.23)

18.5 Formação do modo optativo

O optativo é usado no NT somente com os tempos presente e aoristo. Nos exemplos acima já dá para reconhecer as características distintivas do optativo, que são:

1. No **presente** e **2º aoristo do optativo**: depois dos radicais desses tempos e da vogal temática **o**, é acrescentada a vogal ι,

seguida de terminações secundárias. Resulta assim a característica οι, como em γένοιτο (Lc 20.16).
2. No **1º aoristo do optativo**: nas vozes ativa e média, depois do radical verbal com σα, é acrescentada a vogal ι, resultando em σαι, seguida de terminações secundárias (cf. At 26.29). A voz passiva do 1º aoristo é formada pela característica θε + ιη, resultando em θειη, como em πληθυνθείη (Jd 1.2).
3. O **presente do optativo de** εἰμί ocorre no NT só na 3ª pessoa do singular, na forma εἴη.

Resumindo...

Identificação verbal	Rad.	Caract.	Terminações (1ª 2ª 3ª sg. | 1ª 2ª 3ª pl.)	Ação
Pres. Opt. A.	R	οι	-μι -ς — | -μεν -τε -εν	—
Pres. Opt. M./P.	R	οι	-μην -ο -το | -μεθα -σθε -ντο	—
1º aor. Opt. A.	R	σ αι	-μι -ς — | -μεν -τε -εν	•
1º aor. Opt. M.	R	σ αι	-μην -ο -το | -μεθα -σθε -ντο	•
1º aor. Opt. P.	R	θε ιη	-ν -ς — | -μεν -τε -σαν	•
2º aor. Opt. A.	Я	οι	-μι -ς — | -μεν -τε -εν	•
2º aor. Opt. M.	Я	οι	-μην -ο -το | -μεθα -σθε -ντο	•

Vocabulário (para memorizar!)

δέω	atar, amarrar; prender; proibir	(43)
εὐχαριστέω	dar graças, agradecer; ser agradecido	(38)
κατοικέω	habitar, morar	(44)
προσκυνέω	adorar; prostrar-se; reverenciar	(60)
θαυμάζω	maravilhar-se, espantar-se; admirar, ficar admirado	(43)
κλαίω	chorar	(40)
λογίζομαι	calcular; avaliar; considerar; pensar	(41)
γραφή, -ῆς, ἡ	escrito, Escritura	(51)
διδάσκαλος, -ου, ὁ	mestre, professor, instrutor	(59)
κεφαλή, -ῆς, ἡ	cabeça	(75)
ὄρος, -ους, τό	monte, montanha	(63)

Lição 18 | Verbos: Modo imper. • Modo opt. • Usos do modo imper.

πλοῖον, -ου, τὸ	barco	(68)
πρόσωπον, -ου, τό	rosto, semblante, face; aparência; fig.: presença	(76)
σάββατον, -ου, τό	sábado; repouso, descanso; semana	(68)
σημεῖον, -ου, τό	sinal; sinal milagroso, milagre com mensagem	(77)
πρεσβύτερος, -α, -ον	mais velho; velho; ancião	(66)
δεξιός, -ά, -όν	direito; destro	(54)
πάλιν	para trás; outra vez, de novo; mais, ainda; por outro lado	(141)
πάντοτε	adv. temp.: sempre	(41)
σήμερον	adv.: hoje	(41)
χωρίς	adv.: à parte, separadamente; como prep. c/ gen.: sem, à parte de; fora (de)	(41)

✎ Exercícios de revisão

Familiarize-se com as características dos modos imperativo e optativo e memorize o vocabulário.

Se ao traduzir os textos abaixo perceber que tem dificuldades para reconhecer algumas palavras, revise os vocabulários estudados anteriormente. Para reconhecer formas verbais, veja se o conteúdo desta lição oferece a solução.

1Ts 5.16-18

¹⁶ Πάντοτε   χαίρετε·   ¹⁷ ἀδιαλείπτως   προσεύχεσθε·
_____ _____;   sem cessar   _____;
¹⁸ ἐν παντὶ εὐχαριστεῖτε· τοῦτο γὰρ   θέλημα Θεοῦ
___ _____ _____; ___ ⇆ ___ [é] _____ _____
ἐν Χριστῷ Ἰησοῦ εἰς ὑμᾶς.
___ _____ _____ ___ ____.

1Ts 5.23s.

Αὐτὸς ὁ Θεὸς τῆς εἰρήνης ἁγιάσαι¹ ὑμᾶς ὁλοτελεῖς·
_____ _____ ___ _____ santifique ____ completamente;

---

¹Aoristo do optativo ativo de ἁγιάζω — santificar, consagrar, purificar.

καὶ ὁλόκληρον ὑμῶν τὸ πνεῦμα καὶ ἡ ψυχὴ καὶ τὸ σῶμα
__ *íntegro* _____ _____ _____ _____

ἀμέμπτως ἐν τῇ παρουσίᾳ τοῦ Κυρίου ἡμῶν Ἰησοῦ Χριστοῦ
irrepreensíveis __ *a chegada* _____ _____ _____ _____

<u>τηρηθείη</u>². ²⁴Πιστὸς ὁ καλῶν³ ὑμᾶς, ὃς καὶ ποιήσει.
_____. _____ _____ _____, _____ _____.

1Pe 3.11

<u>ἐκκλινάτω</u>⁴ ἀπὸ κακοῦ, καὶ <u>ποιησάτω</u> ἀγαθόν·
Afaste-se ___ _____, ___ _____ _____;

<u>ζητησάτω</u> εἰρήνην, καὶ <u>διωξάτω</u>⁵ αὐτήν.
_____ _____, ___ _____ _____.

Hb 1.5

Τίνι γὰρ εἶπέν ποτε τῶν ἀγγέλων, Υἱός μου εἶ σύ,
___ ⇆ ___ ___ *jamais* _____, ___ ___ ___ ___

ἐγὼ σήμερον γεγέννηκά⁶ σε; Καὶ πάλιν, Ἐγὼ ἔσομαι
___ _____ _____ ? ___ _____, ___ _____

αὐτῷ εἰς πατέρα, καὶ αὐτὸς ἔσται μοι εἰς υἱόν;
_____ *por* _____, __ ____ ____ ____ *por* ___?

✝ Aplicando o texto à vida...

Na carta aos Filipenses, Deus inspirou o apóstolo Paulo a escrever (Fp 4.6):

"Μηδὲν μεριμνᾶτε..."

---

²Presente do optativo passivo de τηρέω.
³Particípio presente ativo de καλέω.
⁴Aoristo do imperativo ativo de ἐκκλίνω – *afastar-se, manter-se afastado, ficar longe de.*
⁵Aoristo do imperativo ativo de διώκω.
⁶Perfeito do indicativo ativo de γεννάω.

Temos aqui, em primeiro lugar, uma palavra que pode expressar um "puxão de orelhas", mas também transmitir conforto. A maioria de nós conhece circunstâncias que nos deixam preocupados e ansiosos. Diante disso, Deus diz: "**Μηδὲν μεριμνᾶτε.**". O verbo μεριμνάω nesse contexto significa *preocupar-se (com), estar preocupado (com), andar ansioso, inquieto*. É empregado aqui no tempo presente do modo imperativo e vem acompanhado da negação μηδὲν. Μηδὲν é uma pequena palavra composta por μή + δέ + ἕν = *não + mas / e + uma* (única coisa), significando *nem uma única coisa, nada*, ou: *de forma alguma, em nenhuma circunstância*. O imperativo no tempo presente junto com a negação expressam: *não continuem ficando ansiosos por coisa alguma! / parem de se preocupar com qualquer coisa que seja!*

No contexto anterior, foi expresso que Deus deseja nossa alegria (v. 4), e deseja que vivamos cientes de que ele está próximo de nós (v. 5). A ansiedade, então, não nos deveria tirar a paz.[7] A ordem de não ficarmos ansiosos não é dada para que fiquemos abalados – parece mais uma tentativa de nos trazer conforto.

Então, se não devemos ficar ansiosos com as dificuldades que passamos e com os desafios que enfrentamos, o que devemos fazer?

O primeiro passo para sair da ansiedade é reconhecer que nossa inquietação nos leva a viver de uma maneira que não corresponde à vontade de Deus. Como todo agir contrário à vontade de Deus é pecado, precisamos confessar essa falta. E como é bom saber que, "se reconhecemos e confessamos os nossos pecados, Deus é fiel e justo para nos perdoar os pecados e nos purificar de toda injustiça". (1Jo 1.9)

A alternativa: Que bom que Deus não nos diz apenas o que não devemos fazer, mas, com muito amor, querendo nos confortar, oferece também a solução: "... *apresentem a Deus a causa da*

---

[7]Nesse espírito temos também as palavras em Is 42.3, Jr 33.3 e em Mt 6.24-34.

sua ansiedade em toda oração e súplica com ação de graças". Não há nada que não possamos expor em oração perante Deus, um Deus que nos entende, nos ama e deseja nossa paz. Nesses momentos de oração, o mais importante é que haja também **ação de graças**. Só agradecendo pelo amor e o poder ilimitado de Deus[8] para resolver também aquilo que nos causa aflição, é que vamos experimentar o resultado esperado.

Esse **resultado** é assegurado logo a seguir no versículo 7: *"... e a paz[9] de Deus, que excede todo entendimento, guardará o coração e a mente de vocês em Cristo Jesus"*. Não dá para entender nem explicar essa paz, mas é possível experimentá-la. Graças ao bom Deus!

---

[8] Cf. Gn 18.14; Jó 42.2; Jr 32.26-27; Mt 19.26; Mc 10.27; Lc 1.37; 18.27.
[9] Lembre os significados de εἰρήνη no vocabulário da lição 17.

LIÇÃO 19

VERBOS
O infinitivo

19.1 Introdução ao infinitivo

O **infinitivo** tem características de verbo e de substantivo. Não é apenas um verbo nem apenas um substantivo, mas as duas coisas ao mesmo tempo. Como **verbo** expressa o *aspecto da ação* por meio do tempo gramatical, tem *voz*, pode ter um *objeto* e pode ser qualificado por *advérbios*. Como **substantivo** pode levar *artigo*, assumir a função de *sujeito* ou *objeto*, ser usado com *preposições* e ser qualificado por *adjetivos*; apenas não é declinado. Por causa disso tudo, o infinitivo é chamado de **substantivo verbal**.

Nas conjugações de verbos mostradas até agora, sempre foram apresentados os infinitivos de cada tempo verbal aprendido. Segue uma recapitulação dos mesmos para poder reconhecê-los mais facilmente nos exemplos mostrados abaixo:

Recapitulando...

Identificação verbal	Radical	Características e terminações		Ação
Inf. **Pres.** A.	R		-ειν	—
Inf. **Pres.** M./P.	R		-εσθαι	—
Inf. **Fut.** A.	R	-σ-	-ειν	:
Inf. **Fut.** M.	R	-σ-	-εσθαι	:
Inf. **Fut.** P.	R	-θήσ-	-εσθαι	:
Inf. **1º aor.** A.	R	-σα-	-ι	•

Identificação verbal			Radical	Características e terminações		Ação
Inf.	1º aor.	M.	R	-σα-	-σθαι	•
Inf.	1º aor.	P.	R	-θη-	-ναι	•
Inf.	2º aor.	A.	Я		-εῖν	•
Inf.	2º aor.	M.	Я		-έσθαι	•
Inf.	2º aor.	P.	Я	-ῆ-	-ναι	•
Inf.	Perf.	A.	ReR	-κ-	-έναι	•—
Inf.	Perf.	M./p.	ReR		-σθαι	•—

19.2 Usos do infinitivo

Ao analisar os diversos usos do infinitivo, é importante observar se o infinitivo ocorre *com* ou *sem artigo*. Também é necessário ver se é precedido de algum *verbo que precise de um complemento*, de algum *verbo impessoal*, ou de uma *preposição*. A negação usada com o infinitivo sempre é **μή** ou um cognato.

Com frequência um infinitivo aparece em união com uma expressão no acusativo. Isso acontece quando o sujeito do infinitivo não é mencionado na oração principal, ou quando difere do sujeito do verbo principal. Nesse caso, a expressão no acusativo funciona como se fosse o sujeito do verbo que está no infinitivo. Essa construção é conhecida como "**acusativo com infinitivo**" ou "**a.c.i.**".

> Ex.: Θεός οὐκ ἐάσει **ὑμᾶς πειρασθῆναι** ὑπὲρ ὃ δύνασθε. (1Co 10.13)
> *Deus não permitirá que **vocês sejam tentados** além do que podem (suportar).*

19.3 Usos do infinitivo sem artigo

1. O infinitivo expressando propósito

O infinitivo (ou a.c.i.) é usado para indicar *propósito, objetivo* ou *fim* com verbos que expressam movimento: *ir, vir, subir, descer*, ou *enviar, dar* etc. Para expressar esta ideia na tradução, pode ser necessário inserir *para, para que* ou *a fim de que*.

Exs.:

> ... ἀνέβη εἰς τὸ ὄρος **προσεύ<u>ξασθαι</u>**. (Lc 9.28)
> *[Jesus] ... subiu ao monte **para orar**.*

Um caso particular deste uso é o *infinitivo imperativo*, em que falta o sujeito do infinitivo, que precisa, então, ser deduzido do contexto.

> Χαίρ<u>ειν</u> μετὰ χαιρόντων καὶ κλαί<u>ειν</u> μετὰ κλαιόντων.
> ***Alegrem-se** com os que se alegram e **chorem** com os que choram.* (Rm 12.15)

2. O infinitivo expressando resultado

O infinitivo (ou a.c.i.) pode expressar um *resultado* ou *consequência*, seja real, possível ou apenas desejado. Nesse uso, antes do infinitivo geralmente aparece ὥστε – *de modo que, a ponto de, e.*

> Ex.: ἐθεράπευσεν αὐτόν, **ὥστε** <u>τὸν τυφλὸν καὶ κωφὸν</u> καὶ **λαλ<u>εῖν</u>** καὶ **βλέπ<u>ειν</u>**. (Mt 12.22)
> *curou-o, **de modo que** <u>o cego e mudo</u> tanto **falava** quanto **via**.*
>
> ou:
>
> *curou-o, e <u>o cego e mudo</u> [pôde / passou a / começou a] **falar** e **ver**.*

> **Observação:** Às vezes não fica tão claro se o infinitivo quer expressar um propósito ou um resultado, motivo pelo qual é importante considerar o contexto literário atentamente.

3. O infinitivo complementar

a. O infinitivo (ou a.c.i.) pode ser usado como **objeto**, complementando uma variedade de verbos gregos traduzidos, por exemplo, como: *querer, desejar, pedir, exortar, ordenar, permitir, poder, ser, dever, afirmar, pensar, esperar, ouvir, ver, temer,* assim como de diversos outros. Na tradução, pode ser necessário inserir um *quê*.

Ex.: ... χωρὶς ἐμοῦ οὐ **δύνασθε ποιεῖν** οὐδέν.   (Jo 15.5)
   ... *separados de mim vocês não **podem fazer** nada.*

Ex.: **Βούλομαι προσεύχεσθαι** <u>τοὺς ἄνδρας</u> ἐν παντὶ τόπῳ.
   Desejo que <u>*os homens*</u> ***orem*** *em todo lugar.*   (1Tm 2.8)

b. Um caso particular do uso complementar, que ocorre com muita frequência, é quando o infinitivo (ou a.c.i.) aparece com **verbos impessoais**[1] como:

δεῖ – *é necessário, é preciso, deve-se;*
ἔξεστιν – *é lícito, é permitido, é correto;*
συμφέρει – *convém, é proveitoso, vantajoso, oportuno;*
δυνατόν ἐστιν – *é possível;*
ἀδύνατον ἐστιν – *é impossível;*
καλόν ἐστιν – *é bom, é agradável, é desejável, é proveitoso;*
ἐξουσίαν ἔχειν – *ter poder, ter autoridade,* e alguns outros.

Ex.: Ἢ οὐκ **ἔξεστίν** μοι **ποιῆσαι** ὃ θέλω...;   (Mt 20.15)
   *Ou não me **é lícito fazer** o que quero...?*

c. Ocasionalmente um infinitivo (ou a.c.i.) depende da partícula **πρίν** ou **πρὶν ἢ** – *antes; antes de, antes que.*

Ex.: **πρὶν** <u>ἀλέκτορα</u> **φωνῆσαι** δὶς...   (Mc 14.72)
   antes que <u>*o galo*</u> *cante duas vezes...* ou: *antes de* <u>*o galo*</u> *cantar...*

4. O infinitivo explicativo

O infinitivo (ou a.c.i.) pode ser usado como aposto de um substantivo ou pronome demonstrativo para *explicar* ou *esclarecer* algo. É o uso *epexegético*, i.e., explicativo. Na tradução pode ser apropriado inserir um *a saber*.

---

[1]Verbos impessoais aparecem na 3ª pessoa do singular, mas com sujeito indeterminado.

Ex.: **Τοῦτο** γάρ ἐστιν θέλημα τοῦ Θεοῦ, ὁ ἁγιασμὸς ὑμῶν, ἀπέχεσθαι ὑμᾶς ἀπὸ τῆς πορνείας. (1Ts 4.3)
Esta é a vontade de Deus, a santificação de vocês, a saber, que <u>vocês</u> *se abstenham* da imoralidade sexual. ou: que *se mantenham afastados...*

19.4 Usos do infinitivo com artigo

1. Infinitivo com artigo e sem preposição

Com artigo, o infinitivo é substantivado, e dessa forma exibe suas características de substantivo. Como o infinitivo não é declinado, não tem terminações de caso; apenas o artigo que o acompanha é declinado. Esse artigo sempre será de gênero neutro.

O infinitivo com artigo pode ser usado como sujeito ou como objeto, como mostram os seguintes exemplos:

Exs.:
τὸ θέλειν παράκειταί μοι. (Rm 7.18)
o querer está presente em mim.

Θεὸς ἐστιν ὁ ἐνεργῶν ἐν ὑμῖν καὶ **τὸ θέλειν** καὶ **τὸ ἐνεργεῖν**.
Deus é quem opera em vocês tanto **o querer** *quanto* **o realizar**. (Fp 2.13)

2. Infinitivo com o artigo τοῦ

Diversos são os usos do infinitivo com o artigo **τοῦ**, no genitivo. Geralmente indica um propósito, mas também pode indicar resultado, ou ser explicativo. Será necessário prestar atenção ao contexto para entender corretamente seu uso em cada ocorrência.

Ex.:
μέλλει γὰρ Ἡρῴδης ζητεῖν τὸ παιδίον **τοῦ ἀπολέσαι αὐτό**.
Herodes vai procurar o menino **para matá-lo**. (Mt 2.13)

3. Infinitivo com artigo e preposição

Quando uma preposição precede um infinitivo com artigo, o infinitivo (ou a.c.i.) assume uma função adverbial. Na tradução, em alguns casos será apropriado usar um infinitivo também.

	Preposição	Indica	Tradução
a.	διὰ τό + inf.	razão, causa	*porque; por causa de* + inf., *por* + inf., ...
b.	εἰς τό + inf.	propósito ou resultado	*para* + inf., *para que, a fim de (que); de modo que, portanto*, ...
c.	ἐν τῷ + inf.	tempo simultâneo	*enquanto, quando, à medida que, ao* + inf., ...
d.	μετὰ τό + inf.	tempo antecedente	*depois de* + inf., *depois que, após* + inf., ...
e.	πρὸ τοῦ + inf.	tempo subsequente	*antes de, antes de* + inf., ...
f.	πρὸς τό + inf.	propósito ou resultado	*para* + inf., *para que, a fim de (que); assim que, de modo que*, ...

Exemplos:

a. ... διὰ τό μὴ ἔχειν ῥίζαν ἐξηράνθη. (Mc 4.6; ou Lc 2.4)
... ***porque*** não **tinha** raiz, secou-se. ou: ***por*** não **ter** raiz...

b. ... ἀπήγαγον αὐτὸν εἰς τὸ σταυρῶσαι. (Mt 27.31; ou Lc 5.17)
... o levaram ***para crucificá***-lo.

... εἰς τὸ εἶναι αὐτοὺς ἀναπολογήτους. (Rm 1.20)
... ***de modo que são*** indesculpáveis. ou: ***portanto são*** indesculpáveis.

c. ἐν τῷ σπείρειν αὐτὸν... (Mt 13.4)
enquanto ele ***semeava*** [algumas caíram no caminho]. ou: ***ao semear***...

d. Μετὰ τὸ παραδοθῆναι τὸν Ἰωάννην... (Mc 1.14)
Depois de João ***ter sido preso***... ou: ***Depois que*** João ***foi preso***...

e. ... πρὸ τοῦ ὑμᾶς αἰτῆσαι αὐτόν. (Mt 6.8)
[O Pai de vocês sabe o que precisam] ***antes de*** vocês lhe ***pedirem***.

f. ... πρὸς τὸ δύνασθαι ὑμᾶς στῆναι. (Ef 6.11; ou Mt 6.1)
[Vistam-se com toda a armadura de Deus] ***para poderem ficar firmes***.

Lição 19 | Verbos: O infinitivo

🔖 Vocabulário (para memorizar!)

ἐνεργέω	*operar, realizar, dar a capacidade para fazer*	(21)
ἐπιγινώσκω	*conhecer (bem); entender; reconhecer*	(44)
ἐργάζομαι	*trabalhar; operar; fazer; praticar, realizar*	(41)
εὐαγγελίζω	*anunciar boas novas; evangelizar*	(54)
πειράζω	*testar, examinar, pôr à prova; tentar*	(38)
σπείρω	*semear*	(52)
γενεά, -ᾶς, ἡ	*geração; era*	(43)
ἱμάτιον, -ου, τό	*roupa; veste*	(60)
λίθος, -ου, ὁ	*pedra*	(59)
παιδίον, -ου, τό	*criança*	(52)
παραβολή, -ῆς, ἡ	*parábola; ilustração*	(50)
σπέρμα, -ατος, τό	*semente; descendência*	(43)
χαρά, -ᾶς, ἡ	*alegria, gozo*	(59)
χρόνος, -ου, ὁ	*tempo*	(54)
ἄξιος, -ία, -ον	*digno; merecedor*	(41)
λοιπός, -ή, -όν	*restante; outro;* adv.: *daqui para frente; finalmente*	(55)
μακάριος, -α, -ον	*bem-aventurado, abençoado, feliz*	(50)
μέσος, -η, -ον	*(que está) no meio; do meio*	(58)
δυνατός, -ή, -όν	*capaz, forte, poderoso; habilidoso;* δυνατόν ἐστιν – *é possível*	(32)
ἔξεστι(ν)	verbo impessoal: *é lícito, é legítimo, é correto, é permitido; é possível*	(32)
ὥστε	conj.: *por isso, portanto; de modo que; a fim de que, para*	(83)

✎ Exercícios de revisão

Depois de ter se familiarizado com os diversos usos do infinitivo e memorizado o vocabulário, traduza os textos abaixo. Identifique completamente as formas verbais e procure demonstrar na tradução o aspecto da ação de cada verbo.

Mt 5.17

Μὴ νομίσητε ὅτι ἦλθον καταλῦ<u>σαι</u> τὸν νόμον ἢ
_____ _____ _____ _____ _____ _____ _____

τοὺς προφήτας· οὐκ ἦλθον καταλῦ<u>σαι</u> ἀλλὰ πληρῶ<u>σαι</u>.
_____ ; __ _____ _____ _____ _____ .

Lc 19.10

Ἦλθεν ὁ υἱὸς τοῦ ἀνθρώπου ζητῆ<u>σαι</u> καὶ σῶ<u>σαι</u> τὸ ἀπολωλός[2].
_____ _____ _____ _____ __ _____ *o perdido*.

Mc 10.26

Τίς δύναται σω<u>θῆναι</u>;
___ _____ _____ ?

Mc 3.14-15

Καὶ ἐποίησεν[3] δώδεκα, ἵνα ὦσιν μετ' αὐτοῦ,
__ _____ *doze,* _____ _____ __ ____ ,

καὶ ἵνα ἀποστέλλῃ αὐτοὺς κηρύσσ<u>ειν</u>, καὶ ἔχ<u>ειν</u> ἐξουσίαν
__ ___ _____ _____ _____, __ ____ _____

θεραπεύ<u>ειν</u> τὰς νόσους, καὶ ἐκβάλλ<u>ειν</u> τὰ δαιμόνια.
_____ *as enfermidades* __ _____ _____ .

Lc 14.27

... ὅστις οὐ βαστάζει τὸν σταυρὸν αὐτοῦ καὶ ἔρχεται
_____ __ *carrega* *a cruz* ____ __ ____

ὀπίσω μου, οὐ δύναται <u>εἶναί</u> μου μαθητής.
_____ ____ , __ _____ ____ ___ _____ .

---

[2] Part. perf. at. de ἀπόλλυμι.
[3] O verbo ποιέω tem aqui o significado *designar, escolher, constituir*.

At 19.21

Μετὰ τὸ   γενέ<u>σθαι</u>⁴   με   ἐκεῖ,

_____   _____ _____ _____

δεῖ   με   καὶ   Ῥώμην   ἰδ<u>εῖν</u>.

_____ _____ _____ _____ _____.

> ### 🕊 Aplicando o texto à vida...

Depois de cuidadosa investigação, Lucas relata o começo do ministério de Jesus. Mostra como Jesus proclamava o evangelho do reino de Deus com palavras e ações, deixando as pessoas maravilhadas com o que viam, ouviam e experimentavam. Ao ser procurado para permanecer mais tempo com elas, Jesus responde:

> "Καὶ ταῖς ἑτέραις πόλεσιν εὐαγγελίσασθαί με δεῖ τὴν βασιλείαν τοῦ Θεοῦ· ὅτι εἰς τοῦτο ἀπέσταλμαι." (Lc 4.43).
> *Também nas outras cidades é necessário que eu anuncie a boa nova do Reino de Deus, porque para isso fui enviado.*

Observemos alguns detalhes gramaticais: o verbo impessoal δεῖ aparece aqui junto a um a.c.i., εὐαγγελίσασθαί με: *é preciso que eu evangelize.*

Mais importante que os detalhes gramaticais, porém, é o conteúdo dessa declaração. Para Jesus, evangelizar não significava outra coisa senão anunciar as boas-novas de que o reino de Deus tinha se aproximado, e que já tinha chegado tão perto que podia ser experimentado onde o poder do Espírito Santo se manifestava trazendo salvação, paz e vida abundante.[5] Proclamar o evangelho do reino de Deus era o foco em torno do qual girava todo o ministério de Jesus. Ele sabia que *essa* era sua missão – *para isso* tinha sido enviado.

---

[4] O verbo γίνομαι tem aqui o significado *estar*.
[5] Veja, p. ex.: Mt 4.17, 23-25; 12.22-28; At 1.3.

Depois de sua ressurreição, o Senhor Jesus disse a seus discípulos: *"Assim como o Pai me enviou, eu também envio vocês"* (Jo 20.21; 17.18). Nossa missão então, como seguidores de Jesus, é a mesma de Jesus: buscar o Reino de Deus em primeiro lugar e anunciar essa boa-nova com palavras e ações, como Jesus fazia.[6]

O que isso significa na prática? Viver na dependência total do Pai celestial e, guiados por ele e no poder do Espírito Santo, amar as pessoas da maneira que Jesus o fazia, e chamá-las a se subordinar ao comando de Deus, para que experimentem sua salvação no mais amplo sentido da palavra, sua paz, vida plena e alegria.

---

[6] Veja, p. ex.: Mt 6.33; 10.5-10; Lc 9.1-6; 10.1-11; Jo 5.19-21; 14.9-14.

LIÇÃO 20

VERBOS
Verbos contraídos · Conjugação em -μι

A. Verbos contraídos

20.1 Introdução aos verbos contraídos

Verbos como ἀγαπάω, ποιέω e πληρόω, que têm radicais terminados em vogal breve **-α**, **-ε**, ou **-ο** são chamados de *verbos contraídos*. Isso porque **nos tempos presente e imperfeito** a vogal final breve do radical se contrai com a vogal temática ou desinência, formando um ditongo ou uma vogal longa.[1]

A tabela a seguir mostra os tipos de contração que podem ocorrer:

Radical terminado em:	Vogal temática ou desinência:							
	+ε	+η	+ει	+η	+ο	+ω	+οι	+ου
α	α	α	ᾳ	ᾳ	ω	ω	ῳ	ω
ε	ει	η	ει	η	ου	ω	οι	ου
ο	ου	ω	οι	οι	ου	ω	οι	ου

---

[1] Habitualmente, verbos gregos são apresentados nos dicionários na 1ª pessoa do singular do presente do indicativo ativo. Os verbos contraídos, no entanto, costumam ser apresentados na sua forma não contraída, mesmo que nunca ocorram dessa forma.

Se uma das sílabas participantes da contração for acentuada, o ditongo ou a vogal resultante também levará acento. Este acento será *circunflexo* sempre que as regras de acentuação permitirem.

20.2 Flexão dos verbos contraídos

Seguem as flexões dos verbos ἀγαπάω, ποιέω e πληρόω nos tempos, vozes e modos em que ocorrem as contrações.

1. Presente do indicativo

			Presente do indicativo ativo		
1ª	Singular	-ω	ἀγαπῶ	ποιῶ	πληρῶ
2ª		-εις	ἀγαπᾷς	ποιεῖς	πληροῖς
3ª		-ει	ἀγαπᾷ	ποιεῖ	πληροῖ
1ª	Plural	-ομεν	ἀγαπῶμεν	ποιοῦμεν	πληροῦμεν
2ª		-ετε	ἀγαπᾶτε	ποιεῖτε	πληροῦτε
3ª		-ουσι(ν)	ἀγαπῶσι(ν)	ποιοῦσι(ν)	πληροῦσι(ν)
			Presente do indicativo médio/passivo		
1ª	Singular	-ομαι	ἀγαπῶμαι	ποιοῦμαι	πληροῦμαι
2ª		-ῃ	ἀγαπᾷ	ποιῇ	πληροῖ
3ª		-εται	ἀγαπᾶται	ποιεῖται	πληροῦται
1ª	Plural	-όμεθα	ἀγαπώμεθα	ποιούμεθα	πληρούμεθα
2ª		-εσθε	ἀγαπᾶσθε	ποιεῖσθε	πληροῦσθε
3ª		-ονται	ἀγαπῶνται	ποιοῦνται	πληροῦνται

2. Presente do subjuntivo

			Presente do subjuntivo ativo		
1ª	Singular	-ω	ἀγαπῶ	ποιῶ	πληρῶ
2ª		-ῃς	ἀγαπᾷς	ποιῃς	πληροῖς
3ª		-ῃ	ἀγαπᾷ	ποιῃ	πληροῖ
1ª	Plural	-ωμεν	ἀγαπῶμεν	ποιῶμεν	πληρῶμεν
2ª		-ητε	ἀγαπᾶτε	ποιῆτε	πληρῶτε
3ª		-ωσι(ν)	ἀγαπῶσι(ν)	ποιῶσι(ν)	πληρῶσι(ν)

Presente do subjuntivo médio/passivo

1ª Singular	-ωμαι	ἀγαπῶμαι	ποιῶμαι	πληρῶμαι
2ª Singular	-ῃ	ἀγαπᾷ	ποιῇ	πληροῖ
3ª Singular	-ηται	ἀγαπᾶται	ποιῆται	πληρῶται
1ª Plural	-ώμεθα	ἀγαπώμεθα	ποιώμεθα	πληρώμεθα
2ª Plural	-ησθε	ἀγαπᾶσθε	ποιῆσθε	πληρῶσθε
3ª Plural	-ωνται	ἀγαπῶνται	ποιῶνται	πληρῶνται

Observa-se que as formas no presente do indicativo ativo e no presente do subjuntivo ativo são iguais. O contexto literário sugerirá qual modo verbal foi empregado pelo autor.

3. Imperfeito do indicativo

	Imperfeito do indicativo ativo			
1ª Singular	ἐ- -ον	ἠγάπων	ἐποίουν	ἐπλήρουν
2ª Singular	ἐ- -ες	ἠγάπας	ἐποίεις	ἐπλήρους
3ª Singular	ἐ- -ε	ἠγάπα	ἐποίει	ἐπλήρου
1ª Plural	ἐ- -ομεν	ἠγαπῶμεν	ἐποιοῦμεν	ἐπληροῦμεν
2ª Plural	ἐ- -ετε	ἠγαπᾶτε	ἐποιεῖτε	ἐπληροῦτε
3ª Plural	ἐ- -ον	ἠγάπων	ἐποίουν	ἐπλήρουν
	Imperfeito do indicativo médio/passivo			
1ª Singular	ἐ- -ομην	ἠγαπώμην	ἐποιούμην	ἐπληρούμην
2ª Singular	ἐ- -ου	ἠγαπῶ	ἐποιοῦ	ἐπληροῦ
3ª Singular	ἐ- -ετο	ἠγαπᾶτο	ἐποιεῖτο	ἐπληροῦτο
1ª Plural	ἐ- -όμεθα	ἠγαπώμεθα	ἐποιούμεθα	ἐπληρούμεθα
2ª Plural	ἐ- -εσθε	ἠγαπᾶσθε	ἐποιεῖσθε	ἐπληροῦσθε
3ª Plural	ἐ- -οντο	ἠγαπῶντο	ἐποιοῦντο	ἐπληροῦντο

4. Presente do imperativo

	Presente do imperativo ativo			
2ª Singular	-ε	ἀγάπα	ποίει	πλήρου
3ª Singular	-ετω	ἀγαπάτω	ποιείτω	πληρούτω
2ª Plural	-ετε	ἀγαπᾶτε	ποιεῖτε	πληροῦτε
3ª Plural	-ετωσαν	ἀγαπάτωσαν	ποιείτωσαν	πληρούτωσαν

Presente do imperativo médio/passivo

2ª	Singular	-ου	ἀγαπῶ	ποιοῦ	πληροῦ
3ª	Singular	-έσθω	ἀγαπάσθω	ποιείσθω	πληρούσθω
2ª	Plural	-εσθε	ἀγαπᾶσθε	ποιεῖσθε	πληροῦσθε
3ª	Plural	-εσθωσαν	ἀγαπάσθωσαν	ποιείσθωσαν	πληρούσθωσαν

5. Infinitivo presente

Infinitivo presente ativo			
-ειν	ἀγαπᾶν	ποιεῖν	πληροῦν
Infinitivo presente médio/passivo			
-εσθαι	ἀγαπᾶσθαι	ποιεῖσθαι	πληροῦσθαι

6. Particípio presente

A título de exemplo seguem as formas do particípio presente nos casos nominativo e genitivo.

		Particípio presente ativo			
Nom.	m.	-ων	ἀγαπῶν	ποιῶν	πληρῶν
Nom.	f.	-ουσα	ἀγαπῶσα	ποιοῦσα	πληροῦσα
Nom.	n.	-ον	ἀγαπῶν	ποιοῦν	πληροῦν
Gen.	m.	-οντος	ἀγαπῶντος	ποιοῦντος	πληροῦντος
Gen.	f.	-ούσης	ἀγαπώσης	ποιούσης	πληρούσης
Gen.	n.	-οντος	ἀγαπῶντος	ποιοῦντος	πληροῦντος
		Particípio presente médio/passivo			
Nom.	m.	-όμενος	ἀγαπώμενος	ποιούμενος	πληρούμενος
Nom.	f.	-ομένη	ἀγαπωμένη	ποιουμένη	πληρουμένη
Nom.	n.	-όμενον	ἀγαπώμενον	ποούμενον	πληρούμενον
Gen.	m.	-ομένου	ἀγαπωμένου	ποιουμένου	πληρουμένου
Gen.	f.	-ομένης	ἀγαπωμένης	ποιουμένης	πληρουμένης
Gen.	n.	-ομένου	ἀγαπωμένου	ποιουμένου	πληρουμένου

20.3 Os verbos contraídos em outros tempos e modos

Como vimos, os verbos com radical terminado em vogal breve (**-α, -ε,** ou **-o**) se comportam de forma distinta dos demais para formar outros tempos e modos: não apresentam contrações e em várias ocasiões alongam a vogal breve: antes do σ do futuro (cf. § 4.2.4) e do 1º aoristo (cf. § 12.2.6), antes do θη da voz passiva (cf. § 4.2.5; 12.2.6), e antes do κα do perfeito e mais-que-perfeito (cf. § 17.2.4.b).

B. A conjugação em -μι

20.4 Introdução à conjugação em -μι

Até agora foram estudados verbos que na 1.ª pessoa singular do presente do indicativo ativo terminam em -ω; eles pertencem à "Conjugação em -ω". No grego *koinê* existiam também verbos como εἰμί, que na 1.ª pessoa singular do presente do indicativo ativo terminam em **-μι**. Diz-se que pertencem à "Conjugação em -μι".

Os verbos da conjugação em -μι são poucos, mas ocorrem com frequência, na maioria das vezes em composição com algum prefixo.

20.5 Características dos verbos em -μι

Os verbos da conjugação em -μι diferenciam-se dos da conjugação em -ω apenas nos tempos presente, imperfeito e 2º aoristo. Nos demais tempos comportam-se de forma semelhante aos verbos da conjugação em -ω. Eles têm uma raiz breve, geralmente reduplicada junto com a vogal ι. Em geral, não possuem vogal temática antes das terminações.

20.6 Classificação dos verbos em -μι

1. Verbos com radical terminado em vogal

A este grupo pertencem os verbos conhecidos como "os quatro grandes": τίθημι, ἵημι,[2] δίδωμι, e ἵστημι.[3] Os radicais desses verbos aparecem reduplicados no tempo presente e imperfeito:

	Radical	Radical reduplicado
τίθημι	θη- / θε-	τιθη- / τιθε-
ἵημι	ἡ- / ἑ-	ἱη- / ἱε
δίδωμι	δω- / δο-	διδω- / διδο-
ἵστημι	στη- / στα-	ἱστη- / ἱστα- (< σιστη- / σιστα-)

Os verbos εἰμί e φημί também pertencem a este grupo.

2. Verbos com radical terminado em consoante

Existem também verbos em **-νυμι,** que intercalam a sílaba **νυ** entre o radical e a desinência. Nos tempos presente e imperfeito do indicativo seguem a conjugação em **-μι,** enquanto no subjuntivo e em outras formas seguem a conjugação em **-ω**.

	Radical	Radical ampliado
δείκνυμι	δεικ-	δεικνυ-

20.7 Flexão dos verbos em -μι

A maioria dos verbos que pertencem à conjugação em -μι é irregular, quase irreconhecível, de maneira que pouca utilidade tem oferecer um paradigma de sua flexão. Para identificá-los será necessário consultar um léxico, uma chave linguística, ou aplicativos disponíveis para computador e smartphones (veja sugestões

---

[2] O verbo ἵημι só ocorre com prefixos no NT.
[3] O verbo ἵστημι não ocorre no 2º aoristo, mas emprega o 1º aoristo, e nesse tempo é flexionado como outros verbos regulares da conjugação em -ω.

Lição 20 | Verbos: Verbos contraídos • Conjugação em -μι

na lição 24). Segue uma tentativa de resgatar o básico, ao estilo de resumos anteriores:

Tentativa de um resumo

Identificação	Aum.	Rad.	Caract.	Terminações (1ª 2ª 3ª sg. | 1ª 2ª 3ª pl.)		Ação
Pres. Ind. A.		RtR		-μι -ς -σι(ν)	| -μεν -τε -ασι(ν)	—
Pres. Ind. M./P.		RtR		-μαι -σαι -ται	| -μεθα -σθε -νται	—
Impf. Ind. A.	ε	RtR		-ν -ς —	| -μεν -τε -σαν	—|
Impf. Ind. M./P.	ε	RtR		-μην -σο -το	| -μεθα -σθε -ντο	—|
Pres. Subj. A.		RtR	[ω/η]	— -ς —	| -μεν -τε -σι(ν)	—
Pres. Subj. M./P.		RtR	[ω/η]	-μαι -[ῳ/ῃ] -ται	| -μεθα -σθε -νται	—
Pres. Imp. A.		RtR		— -τω	| -τε -τωσαν	—
Pres. Imp. M./P.		RtR		-σο -σθω	| -σθε -σθωσαν	—
Pres. Opt. A.		RtR	ιη	-ν -ς —	| -μεν -τε -εν	—
Pres. Opt. M./P.		RtR	ι	-μην -ο -το	| -μεθα -σθε -ντο	—
Inf. Pres. A.|M./P.		RtR		-ναι | -σθαι		—
Part. Pres. A.		RtR	ντ|υσ|ντ	3ª | 1ª | 3ª declin.		
Part. Pres. M./P.		RtR	μεν	2ª | 1ª | 2ª declin.		—

Vocabulário (para memorizar!)

Incluem-se aqui verbos terminados em -μι já estudados em lições anteriores.

δίδωμι § 02	dar, outorgar, conceder, constituir, oferecer; causar; entregar, confiar; colocar; realizar; designar etc. (415)
ἀποδίδωμι § 15	entregar, pagar, retribuir, restituir; dar, produzir; recompensar; vender (48)
παραδίδωμι § 15	entregar, ceder, dar; encomendar, confiar, dedicar; expor; permitir (119)
ἵστημι § 15	colocar (de pé); ficar ou apresentar-se (de pé); permanecer (firme) (154)
ἀνίστημι § 15	levantar, ressuscitar; levantar-se (108)
παρίστημι § 15	colocar ao lado, apresentar, dedicar; estar presente (41)
τίθημι § 15	pôr, colocar (100)

ἀφίημι § 09	despedir, mandar embora; deixar; permitir; abandonar; perdoar	(146)
συνίημι	entender, compreender; perceber; ter juízo	(26)
ἀπόλλυμι § 11	destruir; perecer	(91)
δείκνυμι	mostrar, demostrar, exibir; explicar	(33)
εἰμί § 02	ser, estar, existir; acontecer; haver	(2.461)
φημί § 15	dizer, falar	(66)
ἀπαγγέλλω	relatar; anunciar, proclamar	(45)
κράζω	gritar	(56)
τόπος, -ου, ὁ	lugar	(94)
ἕκαστος, -η, -ον	cada (um); todo	(82)
ἐνώπιον	como prep. c/ gen.: perante, diante de; na presença de	(94)
κἀγώ	(< καὶ + ἐγώ) e eu; também eu	(84)
καθώς	adv.: comp.: como, assim como, da mesma maneira como; causal: visto que, uma vez que; de tempo: quando	(182)
ὅπου	partíc.: onde, onde quer que	(84)

✎ Exercícios de revisão

Familiarize-se com a morfologia dos verbos contraídos e com as características básicas da conjugação em -μι. Ao traduzir os textos a seguir, identifique completamente as formas verbais e tente entender os aspectos da ação que comunicam. Caso precise, use ferramentas auxiliares como as recomendadas na lição 24.

Jo 1.17

ὁ νόμος   διὰ   Μωσέως   ἐδόθη[4],

_____   _____   _____   _____

ἡ χάρις καὶ ἡ ἀλήθεια διὰ   Ἰησοῦ   Χριστοῦ   ἐγένετο.

_____ _____ _____ _____ _____ _____ _____

---

[4]Verbo δίδωμι no aor. ind. pass. 3ª sing.

Jo 10.11

Ἐγώ εἰμι ὁ ποιμὴν ὁ καλός· ὁ ποιμὴν ὁ καλὸς

___ ___ ___ ___ ; ___ ___

τὴν ψυχὴν αὐτοῦ τίθησιν ὑπὲρ τῶν προβάτων.

___ ___ ___ ___ ___ .

1Jo 2.6

ὁ λέγων ἐν αὐτῷ μένειν ὀφείλει καθὼς ἐκεῖνος

___ ___ ___ ___ ___ ___ ___

περιεπάτησεν καὶ αὐτὸς οὕτως περιπατεῖν.

___ ___ ___ ___ ___ .

1Jo 3.13

Μὴ θαυμάζετε, ἀδελφοί μου, εἰ μισεῖ ὑμᾶς ὁ κόσμος.

___ ___ , ___ ___ , ___ ___ ___ .

Mt 28.18

Καὶ προσελθὼν ὁ Ἰησοῦς ἐλάλησεν αὐτοῖς λέγων,

___ ___ ___ ___ ___ ,

Ἐδόθη μοι πᾶσα ἐξουσία ἐν οὐρανῷ καὶ ἐπὶ γῆς.

___ ___ ___ ___ ___ ___ ___ ___ .

Jo 3.5

Ἀπεκρίθη Ἰησοῦς, Ἀμὴν ἀμὴν λέγω σοι, ἐὰν μή τις

___ ___ , ___ ___ , ___

γεννηθῇ ἐξ ὕδατος καὶ πνεύματος, οὐ δύναται εἰσελθεῖν

___ ___ ___ ___ , ___ ___ ___

εἰς τὴν βασιλείαν τοῦ Θεοῦ.

___ ___ ___ .

> **Aplicando o texto à vida...**

Como podemos saber se nascemos para uma nova vida, a vida espiritual? Um dos critérios é o testemunho que o próprio Espírito Santo dá juntamente ao nosso espírito de que somos filhos de Deus (Rm 8.16). Outro critério, igualmente importante, nos foi dado pelo discípulo e apóstolo João em 1João 3.14,18:

> ¹⁴ ἡμεῖς οἴδαμεν ὅτι μεταβεβήκαμεν⁵ ἐκ τοῦ θανάτου εἰς τὴν ζωήν, ὅτι ἀγαπῶμεν τοὺς ἀδελφούς. Ὁ μὴ ἀγαπῶν τὸν ἀδελφόν, μένει ἐν τῷ θανάτῳ. ¹⁸ Τεκνία μου, μὴ ἀγαπῶμεν λόγῳ μηδὲ τῇ γλώσσῃ, ἀλλ᾽ ἐν ἔργῳ καὶ ἀληθείᾳ.
> *Nós sabemos que já passamos da morte para a vida porque amamos os irmãos. Quem não ama o irmão permanece na morte. Filhos meus, não amemos de palavra, nem da boca para fora, mas em ação e de verdade.*

Alguns detalhes nesses versículos chamam a atenção:

1. O verbo **οἴδαμεν,** *sabemos,* no tempo perfeito, expressa que algo aconteceu no passado, e, no presente, a evidência disso está no que João afirma depois: o amor aos irmãos. Interessante também é perceber que o verbo οἴδαμεν é construído sobre a raiz ιδ, dando a ideia de *saber por ter visto, ter consciência por ter percebido.* O que isso significa em nosso texto? Depois do novo nascimento, novas maneiras de amar têm sido observadas na própria vida e isso permite chegar à conclusão de que realmente aconteceu uma transformação radical. Quem passou por essa experiência pode dizer com o apóstolo João: ἡμεῖς οἴδαμεν, *nós sabemos,* com um *nós* enfático.

---

⁵Verbo μεταβαίνω — *passar (de uma condição a outra),* perf. ind. at. 1ª pl.

2. O verbo ἀγαπάω – *amar com consideração, afeição e benevolência*, de forma desinteressada e visando ao bem do outro, aparece aqui em três formas:

- Na primeira ocasião, ἀγαπῶμεν ocorre no presente do indicativo ativo, 1ª pessoa plural. O aspecto da ação do tempo presente indica que o amor demonstrado aos irmãos não é apenas esporádico, mas frequente, constante, contínuo. É isso que nos permite concluir que temos passado da morte para a vida.
- Diferente é a situação de ὁ μὴ ἀγαπῶν, particípio presente substantivado, com o advérbio de negação μή, que designa aquele que não ama de forma constante, habitual. Esse ainda está na morte, sem conhecer a nova vida em Cristo.
- No versículo 18, ἀγαπῶμεν aparece agora na 1ª pessoa plural do presente do modo subjuntivo,[6] uma maneira comum de expressar uma exortação: *façamos isto*, e por estar no tempo presente: *façamos isso continuamente, em todas as oportunidades que se nos apresentem*. Essa maneira de amar não só da boca para fora, fingindo amor, mas com amor sincero, verdadeiro (Rm 12.9s.), demonstrado em ações concretas (Gl 5.6), tornará evidente que somos discípulos de Jesus (Jo 13.12-16,34,35).[7]

Se não somente percebermos que estamos levando uma vida transformada, que manifesta o fruto do Espírito, mas outros também o notarem, não precisaremos dizer que somos cristãos – outros dirão isso sobre nós.

---

[6]Como foi observado acima (§ 20.2.2), o contexto deve determinar se o verbo está no modo indicativo ou no subjuntivo. Aqui, no v. 18, temos antes do verbo o advérbio de negação μή, que não é usado no modo indicativo, mostrando então que o verbo aqui empregado está no subjuntivo.

[7]Cf. 1Jo 4.7-8.

LIÇÃO 21

USOS DO ARTIGO • NUMERAIS

A. O artigo

21.1 Introdução

O **artigo** foi introduzido na lição 5, onde foi indicada a sua função principal. Foi mencionado que ele sempre concorda com o substantivo que modifica em *gênero*, *caso* e *número*, e foi apresentada a sua flexão. Antes de continuar nessa lição, confira novamente os conceitos apresentados em § 5.2 para refrescar a memória.

O artigo grego tem origem em um antigo pronome demonstrativo e sempre reteve um pouco da sua antiga força demonstrativa, i.e., o artigo *aponta, designa, separa, distingue*.

21.2 Usos do artigo

Existem diferenças significativas entre o uso do artigo no grego e no português. No grego, a presença ou ausência do artigo merece atenção, pois é o elemento crucial para entender o significado de várias passagens no Novo Testamento. Em geral, quando o artigo está presente, a sua função é de *tornar definido, identificar* ou *particularizar* um substantivo e sublinhar sua identidade individual. Quando o artigo não aparece, sobressai mais a *essência, natureza* ou *qualidade* do substantivo.

> **Observação:** O uso do artigo não é a única maneira de tornar uma palavra definida. Ela também pode estar definida por outros elementos, como, por exemplo, quando a palavra

> é objeto de uma preposição: Ἐν ἀρχῇ – *no princípio* (Jo 1.1), ou quando vem acompanhada de um genitivo que a modifica: Δικαιοσύνη Θεοῦ – *A justiça de Deus* (Rm 1.17).

1. Presença do artigo para identificar / distinguir

Como já foi observado, o artigo é usado para *identificar* ou *distinguir* indivíduos, objetos etc., seja de maneira individual (ex.: Jo 3.10 e Jo 20.1) ou coletiva (ex.: Rm 3.1 e Mt 23.2).

Exs.:
Ἀπεκρίθη Ἰησοῦς, Σὺ εἶ **ὁ διδάσκαλος** τοῦ Ἰσραήλ... (Jo 3.10)
*Respondeu Jesus: Tu és **o mestre** de Israel...* [mestre bem conhecido]

Μαρία ἡ Μαγδαληνὴ ἔρχεται ... εἰς **τὸ μνημεῖον**... (Jo 20.1)
*Maria Magdalena foi ao **túmulo**...* [um lugar específico]

Τί οὖν τὸ περισσὸν **τοῦ Ἰουδαίου**...; (Rm 3.1)
*Qual é, então, a vantagem **do judeu**...?* [i.e., de ser judeu]

Nesse último exemplo (Rm 3.1) o artigo é usado num sentido *genérico*, identificando uma classe.

Ἐπὶ τῆς Μωσέως καθέδρας ἐκάθισαν **οἱ γραμματεῖς** καὶ **οἱ Φαρισαῖοι.** (Mt 23.2)
*Na cadeira de Moisés assentaram-se **os escribas** e **os fariseus**.*

As palavras θεός e κύριος geralmente aparecem sem artigo. Mas quando se trata especificamente do Deus e Senhor de Israel, o artigo normalmente é usado.

ὁ Θεὸς ἀγάπη ἐστίν. (1Jo 4.8)
***Deus** é amor.*

2. Ausência do artigo para generalizar

Quando uma palavra ocorre sem artigo definido, destaca-se a *natureza*, a *essência*, a *qualidade* daquilo de que se fala.

> Exs.:
> Ἕλληνας εἰσήγαγεν εἰς τὸ ἱερόν... (At 21.28)
> *[Este homem] introduziu **gregos** <u>no templo</u>...*

Gregos, sem art., refere-se aqui a não judeus, proibidos de entrar no lugar sagrado, <u>o templo</u>, aqui mencionado c/ art., por ser bem conhecido.

> οἱ μαθηταὶ αὐτοῦ ἐθαύμασαν ὅτι μετὰ **γυναικὸς** ἐλάλει.
> *Os seus discípulos se admiravam de que falasse com **uma mulher**.* (Jo 4.27)

Naquela cultura um homem não parava para conversar com uma mulher.

3. Uso do artigo para "substantivar"

O artigo usado diante de um adjetivo, um infinitivo, um particípio, um advérbio, ou um numeral, transforma estes em substantivos, semelhante ao que acontece no português. Para cada um desses casos segue um exemplo:

> Exs.:
> Μακάριοι **οἱ πτωχοί**...   (Lc 6.20) [art. + adjetivo]
> *Bem-aventurados **os pobres**...*
>
> **τὸ θέλειν** (...), **τὸ** δὲ **κατεργάζεσθαι**... (Rm 7.18) [art. + infinitivo]
> ***O querer** (...), mas **o realizar**...*
>
> **οἱ ἀκούοντες** τοὺς λόγους τῆς προφητείας. (Ap 1.3)
> ***os que ouvem** as palavras da profecia.* ou: ***os ouvintes**...* [art. + particípio]
>
> ... **τῷ πλησίον**   (Rm 15.2) [art. + advérbio]
> *... ao próximo*

... οἱ δώδεκα σὺν αὐτῷ.   (Lc 8.1) [art. + numeral]
... *os doze* com ele.

ψυγήσεται ἡ ἀγάπη τῶν πολλῶν.   (Mt 24.12) [art. + adjetivo]
esfriará o amor **de muitos**. [i.e., *da maioria*]

4. Uso do artigo com substantivos abstratos

Na frente de substantivos abstratos, o artigo com frequência é omitido (ex.: 1Pe 4.8). Quando é usado, é com a intenção de definir mais cuidadosamente o substantivo (ex.: Ef 2.8).

Exs.:
... **ἀγάπη** καλύψει πλῆθος ἁμαρτιῶν. (1Pe 4.8)
... ***o amor*** cobrirá uma multidão de pecados.

τῇ χάριτί ἐστε σεσῳσμένοι διὰ τῆς πίστεως. (Ef 2.8)
pela graça vocês são salvos *por meio* da fé.

Quando o substantivo abstrato depende de uma preposição, o artigo poderá estar ausente.[1] É o que se observa numa leitura variante deste último exemplo, onde em alguns manuscritos o copista omitiu o artigo: ἐστε σεσῳσμένοι διὰ πίστεως. Nas traduções ao português, no entanto, todas as versões entenderam que a fé é definida, como se tivesse o artigo.

5. Uso do artigo com nomes próprios

A princípio, nomes próprios não precisam de artigo pois já são definidos por si sós. O artigo pode ser usado quando uma pessoa já foi mencionada no contexto ou quando é muito conhecida. O artigo então manifesta sua força demonstrativa original.

Nomes próprios que não são declináveis às vezes usam um artigo declinado para identificar o caso.

---
[1] Observe a nota em § 21.2

Ex.: Πατέρα ἔχομεν τὸν Ἀβραάμ· ... ἐγεῖραι τέκνα τῷ Ἀβραάμ.
Temos por pai a Abraão; ... [Deus pode] suscitar filhos a Abraão. (Mt 3.9)

O nome Ἰησοῦς normalmente aparece nos evangelhos com artigo, mas nas cartas e no Apocalipse sem. Isso vale também para Χριστός.

Nomes geográficos, de países, regiões e rios, muitas vezes aparecem com artigo; nomes de cidades nem sempre. Por exemplo, Mateus 3.5:

ἡ Ἰουδαία (*Judeia*), τοῦ Ἰορδάνου (*do Jordão*), Ἱεροσόλυμα (*Jerusalém*).

6. Uso do artigo como pronome

Um artigo pode ser usado como um pronome, seja como pronome pessoal, demonstrativo, relativo ou possessivo.

Exs.:
Ὁ δὲ εἶπεν αὐτοῖς...
*Mas **ele** (ou **este**) lhes disse...*   (Mt 12.3) [pron. pessoal]

Οἱ δὲ εἶπον πρὸς αὐτόν ...
*E **eles** lhe disseram...*   (Lc 5.33) [pron. pessoal]

Ὁ ἀσπασμὸς **τῇ** ἐμῇ χειρί...   (Cl 4.18) [pron. demonstrativo]
*A saudação **que** é da minha mão (i.e., de próprio punho).*

Πάτερ ἡμῶν **ὁ** ἐν τοῖς οὐρανοῖς...
*Pai nosso **que** estás nos céus...*   (Mt 6.9) [pron. relativo]

Οἱ ἄνδρες, ἀγαπᾶτε **τὰς** γυναῖκας ἑαυτῶν.   (Ef 5.25)
*Maridos, amem **as suas** próprias mulheres.*   [pron. possessivo]

Quase todos os manuscritos antigos confirmam este uso do artigo aqui acrescentando o pronome reflexivo com sentido possessivo: ἑαυτῶν – *suas próprias* este último uso.

7. Usos especiais do Artigo

a. O artigo desacompanhado de substantivo

O artigo pode vir desacompanhado de substantivo quando este já foi mencionado no contexto:

> Ex.: τὰ ἔργα αὐτοῦ πονηρὰ ἦν, τὰ δὲ τοῦ ἀδελφοῦ αὐτοῦ δίκαια.
> *as suas obras eram más, e **as** do seu irmão (eram) justas.* (1Jo 3.12)

Pode acontecer também que um artigo apareça sozinho, sem estar relacionado a algum substantivo específico. Nesse caso o substantivo omitido deve ser deduzido do contexto. Quando o artigo for *masculino*, pode se referir a um *homem*, quando é *feminino*, a *dia* ou *hora*, e quando é *neutro*, a *coisas*.

> Ex.: Μὴ ἀγαπᾶτε τὸν κόσμον, μηδὲ τὰ ἐν τῷ κόσμῳ. (1Jo 2.15)
> *Não amem o mundo nem **as** coisas [ou: **o**] **que** há no mundo.*

b. O artigo numa sequência de nomes

Numa sequência de nomes (substantivos, adjetivos, particípios), a maneira em que o artigo é usado tem importância.

(1) Quando o artigo aparece na frente de cada um dos nomes, estes devem ser considerados separadamente.

> Ex.: πρόσεχε τῇ ἀναγνώσει, τῇ παρακλήσει, τῇ διδασκαλίᾳ.
> *dedique-se **à** leitura, **à** exortação e **ao** ensino.* (1Tm 4.13)

(2) Quando a partícula καί conectar dois nomes (i.e. substantivos, adjetivos ou particípios) no mesmo caso, de descrição pessoal, e um artigo preceder apenas o primeiro nome ou particípio, o último sempre estará relacionado ao primeiro, ou seja, eles formam um conjunto, há uma união entre os dois.[2]

---

[2] Este enunciado é conhecido como "regra de Granville-Sharp".

Exs.:

Τυχικὸς ὁ ἀγαπητὸς **ἀδελφὸς καὶ** πιστὸς **διάκονος** ἐν Κυρίῳ. (Ef 6.21)
*Tíquico, o amado **irmão e servo** fiel no Senhor.*

Ὁ **καταλύων** τὸν ναὸν καὶ ἐν τρισὶν ἡμέραις **οἰκοδομῶν**... (Mt 27.40)
*O **que destrói** o templo e em três dias **o edifica**...*

Ὑμεῖς δὲ **τὸν ἅγιον καὶ δίκαιον** ἠρνήσασθε (At 3.14)
*Vocês negaram **o santo e justo**...*

(3) Observe uma combinação das possibilidades mencionadas acima no seguinte exemplo:

Ex.: Καὶ αὐτὸς ἔδωκεν τοὺς μὲν ἀποστόλους, τοὺς δὲ προφήτας, τοὺς δὲ εὐαγγελιστάς, **τοὺς** δὲ **ποιμένας καὶ διδασκάλους**. (Ef 4.11)
*E ele concedeu uns para apóstolos, outros para profetas, outros para evangelistas e outros para **pastores e mestres**.*

São mencionados aqui quatro grupos de pessoas: o dos apóstolos, o dos profetas, o dos evangelistas e um quarto grupo composto por **pastores e mestres**. Neste último grupo estão combinados os ministérios de pastoreio e ensino.

B. Numerais

21.3 Introdução aos numerais

Números antigamente eram representados por letras. Além das 24 letras do alfabeto grego do período *koinê*, mais três letras eram usadas como símbolos numéricos: o stigma, ς, para o número 6, o qoppa, ϟ, para o 90, e o sampi, ϡ, para o 900. Um acento na última *letra-numeral* servia para diferenciá-las das letras normais.

O número 666, p. ex., em alguns manuscritos antigos aparece ainda como χξς, mas nas edições modernas do NT já aparece escrito por extenso: ἑξακόσιοι ἑξήκοντα ἕξ. (Ap 13.18)

Numerais podem ser:

- **cardinais**, indicando uma quantidade (*um, dois* etc.), ou
- **ordinais**, indicando certa ordem (*primeiro, segundo* etc.).

Podem ter a função de:

- **substantivos**: οἱ δώδεκα – *os doze* (Lc 8.1; 9.12),
- **adjetivos**: χίλια ἔτη – *mil anos* (2Pe 3.8), e
- **advérbios**: ἑπτάκις – *sete vezes* (Mt 18.21s).

21.4 Os numerais em grego

No quadro que segue são apresentados os numerais de 1 a 12, as dezenas, assim como alguns outros números que ocorrem no NT, como exemplos.

Número		Cardinal	Ordinal	Advérbio
α′	1	εἷς, μία, ἕν	πρῶτος, -η, -ον	ἅπαξ
β′	2	δύο	δεύτερος, -έρα, -ον	δίς
γ′	3	τρεῖς, τρία	τρίτος, -η, -ον	τρίς
δ′	4	τέσσαρες, τέσσαρα	τέτρατος, -η, -ον	τετράκις
ε′	5	πέντε	πέμπτος, -η, -ον	πεντάκις
ς′	6	ἕξ	ἕκτος, -η, -ον	ἑξάκις
ζ′	7	ἑπτά	ἕβδομος, -η, -ον	ἑπτάκις
η′	8	ὀκτώ	ὄγδοος, -η, -ον	ὀκτάκις
θ′	9	ἐννέα	ἔνατος, -η, -ον	ἐνάκις
ι′	10	δέκα	δέκατος, -η, -ον	δεκάκις
ια′	11	ἕνδεκα	ἑνδέκατος, -η, -ον	ἑνδεκάκις
ιβ′	12	δώδεκα	δωδέκατος, -η, -ον	etc.
κ′	20	εἴκοσι	εἰκοστός	εἰκοσάκις
λ′	30	τριάκοντα	τριακοστός	τριακοντάκις

Número		Cardinal	Ordinal	Advérbio
μ′	40	τεσσεράκοντα	etc.	etc.
ν′	50	πεντήκοντα		
ξ′	60	ἑξήκοντα		
ο′	70	ἑβδομήκοντα		ἑβδομηκοντάκις
π′	80	ὀγδοήκοντα		
ϙ′	90	ἐνενήκοντα		
ϙθ′	99	ἐνενήκοντα ἐννέα (Mt 18.12)		
ρ′	100	ἑκατόν (Mt 18.12)		
ρνγ′	153	ἑκατὸν πεντήκοντα τρεῖς (Jo 21.11)		
σ′	200	διακόσιοι, -αι, -α		
σος′	276	διακόσιοι ἑβδομήκοντα ἕξ (At 27.37)		
χ′	600	ἑξακόσιοι, -αι, -α		
χξς′	666	ἑξακόσιοι ἑξήκοντα ἕξ (Ap 13.18)		
ϡ′	900	ἐνακόσιοι, -αι, -α		
,α	1.000	χίλιοι, -αι, -α (2Pe 3.8; Ap 20.2)		
,β	2.000	δισχίλιοι, -αι, -α (Mc 5.13)		
,ε	5.000	πεντακισχίλιοι, -αι, -α (Lc 9.14) ou χιλιάδες πέντε (At 4.4)		
,ζ	7.000	χιλιάδες ἑπτά (Ap 11.13)		
,ι	10.000	μύριοι, -αι, -α ou δέκα χιλιάδες (1Co 14.19)		
,ιβ	12.000	δώδεκα χιλιάδες (Ap 7.5)		
,κ	20.000	εἴκοσι χιλιάδες		

21.5 Flexão dos numerais

Os primeiros quatro números cardinais têm as terminações regulares de adjetivos da 1ª e 2ª declinações, e concordam com os substantivos que os acompanham. Observe o seguinte quadro:

	εἷς, μία, ἕν			δύο	τρεῖς, τρία		τέσσαρες, τέσσαρα	
Caso	m.	f.	n.	m. f. n.	m. / f.	n.	m. / f.	n.
Nom.	εἷς	μία	ἕν	δύο	τρεῖς	τρία	τέσσαρες	τέσσαρα
Gen.	ἑνός	μιᾶς	ἑνός	δύο	τριῶν	τριῶν	τεσσάρων	τεσσάρων
Dat.	ἑνί	μιᾷ	ἑνί	δυσί(ν)	τρισί(ν)	τρισί(ν)	τέσσαρσι(ν)	τέσσαρσι(ν)
Ac.	ἕνα	μίαν	ἕν	δύο	τρεῖς	τρία	τέσσαρες	τέσσαρα

Como εἷς, μία, ἕν flexionam-se também οὐδείς, οὐδεμία, οὐδέν e μηδείς, μηδεμία, μηδέν que são, respectivamente, as união de οὐ + δέ + (εἷς, μία, ἕν) e de μή + δέ + (εἷς, μία, ἕν).

Afora isso, a partir do número 200, todos os números cardinais e ordinais são flexionados como adjetivos da 1.ª e 2.ª declinações.

Leitura adicional

Nesta lição, foram feitas algumas observações sobre "manuscritos", "escribas" e "leituras variantes". O significado desses termos será esclarecido na lição 23, que contém informações detalhadas sobre a origem e transmissão do texto original do Novo Testamento.

Vocabulário (para memorizar!)

Incluem-se aqui alguns numerais já estudados em lições anteriores.

εἷς, μία, ἕν § 11	num.: *um(a)*	(346)
δύο § 15	num.: *dois*	(132)
τρεῖς, τρία § 15	num.: *três*	(67)
τέσσαρες, τέσσαρα	num.: *quatro*	(31)
πέντε	num.: *cinco*	(36)
ἑπτά § 15	num.: *sete*	(88)
δώδεκα § 15	num.: *doze*	(75)
πρῶτος, -η, -ον § 09	*primeiro*	(156)
δεύτερος, -α, -ον § 15	*segundo*	(43)
τρίτος, -η, -ον § 15	*terceiro;* adv.: *pela terceira vez*	(56)
ἄρα	partíc.: *pois, portanto; então*	(49)
ἐπιστρέφω	*voltar-se para, virar-se em direção a; voltar, retornar; converter-se*	(36)
ἔρημος, -ον	*deserto, desolado, solitário;* subst. fem. *deserto; região desabitada*	(48)
ἔτος, -ους, τό	*ano*	(49)
κοινωνία, -ας, ἡ	*comunhão, relacionamento próximo; contribuição, compartilhamento, participação*	(19)

μνημεῖον, -ου, τό	túmulo, tumba	(40)
ναός, -οῦ, ὁ	lit. e fig.: templo	(45)
ὅταν	(= ὅτε + ἄν) partíc. temp.: sempre que; quando	(123)
ὅτε	partíc. temp.: quando; enquanto	(103)
οὐαί	interj.: ai!	(47)
τέλος, -ους, τό	fim; propósito final; resultado	(40)

✎ Exercícios de revisão

Ao traduzir os textos a seguir, identifique as formas verbais e tente entender o aspecto de cada ação. Caso precise de ajuda para identificar palavras desconhecidas, consulte ferramentas auxiliares apresentadas na lição 24.

Mc 9.31

Ἐδίδασκεν τοὺς μαθητὰς αὐτοῦ, καὶ ἔλεγεν αὐτοῖς ὅτι
_____ _____ ____, __ _____ _____ :

Ὁ υἱὸς τοῦ ἀνθρώπου παραδίδοται εἰς χεῖρας ἀνθρώπων,
_____ _____ _____ _____ _____ _____ ,

καὶ ἀποκτενοῦσιν[3] αὐτόν· καὶ (...) τῇ τρίτῃ ἡμέρᾳ ἀναστήσεται[4].
__ _____ ____ ; __ (...) _____ _____ _____ .

1Jo 4.19

Ἡμεῖς ἀγαπῶμεν αὐτόν ὅτι αὐτὸς πρῶτος ἠγάπησεν ἡμᾶς.
___ ___ ___ ___ ___ ___ ___ ___ .

Ef 4.4-6

Ἓν σῶμα καὶ ἓν πνεῦμα, καθὼς καὶ ἐκλήθητε[5]
___ ___ ___ ___ ___ ___ ___ ___ .

---

[3]Verbo ἀποκτείνω no fut. ind. at. 3ª pl.
[4]Verbo ἀνίστημι no fut. ind. méd. 3ª sg.
[5]Verbo καλέω no aor. ind. pass. 2ª pl.

ἐν μιᾷ ἐλπίδι⁶ τῆς κλήσεως ὑμῶν· εἷς Κύριος, μία πίστις,
___ ___ ___ *da vocação* ___; ___, ___,

ἓν βάπτισμα, εἷς Θεὸς καὶ πατὴρ πάντων...
___ *batismo,* ___ ___ ___ ___ ___...

1Co 12.28

Καὶ οὓς ἔθετο⁷ ὁ Θεὸς ἐν τῇ ἐκκλησίᾳ πρῶτον
___ ___ ___ ___ ___

ἀποστόλους, δεύτερον προφήτας, τρίτον διδασκάλους...
___, ___, ___, ___, ___...

1Co 13.13

Νυνὶ δὲ μένει πίστις, ἐλπίς, ἀγάπη, τὰ τρία ταῦτα·
___ ↔ ___ ___, ___, ___, ___;

μείζων δὲ τούτων ἡ ἀγάπη.
___ ↔ ___ ___.

🕊 Aplicando o texto à vida...

Encontramos na carta de Tiago um texto em que a aplicação da regra de Granville-Sharp nos ajuda a compreender uma lição importante (Tg 1.25):

> Ὁ δὲ παρακύψας εἰς νόμον τέλειον τὸν τῆς ἐλευθερίας καὶ παραμείνας, οὗτος οὐκ ἀκροατὴς ἐπιλησμονῆς γενόμενος ἀλλὰ ποιητὴς ἔργου, οὗτος μακάριος ἐν τῇ ποιήσει αὐτοῦ ἔσται.
>
> Mas *aquele que observa atentamente* a lei perfeita, que dá liberdade, *e* nela *persevera,* quem não é ouvinte negligente que logo se esquece, mas operoso praticante [do que ela diz], esse será bem-aventurado no que fizer.

---

⁶Dat. f. sing. de ἐλπίς.
⁷Verbo τίθημι no aor. ind. méd. 3ª sg.

Temos nessa passagem dois particípios substantivados unidos por um καί, com um artigo na frente do primeiro. Pela regra, isso significa que os dois particípios estão relacionados e comunicam algo que deve ser considerado em conjunto. Vejamos o que dizem.

Ὁ παρακύψας[8] descreve a pessoa que *examina, que observa atentamente* a Palavra de Deus, lei completa e perfeita que contém tudo o que o ser humano precisa para conhecer Deus e sua vontade. Nela encontra orientações para uma vida de orações respondidas, na qual Deus é glorificado (Jo 15.7). Essas orientações tornam cada um de nós "útil para toda boa obra" (2Tm 3.16,17).

Mas, se o estudo atento da Palavra de Deus é um exercício mental, que fica apenas na teoria, de nada serve. É necessário algo mais, um complemento, e isso é expresso pelo segundo particípio – [ὁ] παραμείνας[9]. É preciso *permanecer* na Palavra, e o contexto deixa claro que a maneira de permanecer e não esquecer o que foi descoberto é *praticando* o que foi entendido (Tg 1.22-25; 2.14-26; tb. Mt 28.20a: ... ensinando *a guardar*, i.e., *fazer, obedecer*).

O estudo atento da Palavra de Deus não é exercício simples. É um esforço que requer disciplina (e mais ainda se for estudada no texto original). Mas há uma recompensa preciosa para quem investir tempo e empenho nesse estudo e em sua aplicação prática: *será bem-aventurado no que fizer*. Uma vida que se orienta pela vontade de Deus revelada em sua Palavra, pondo em prática o que nela encontra, conta com o favor e a bênção de Deus. Vale a pena!

---

[8]Part. aor. at., substantivado, de παρακύπτω – *examinar, observar atentamente*.
[9]Part. aor. at., substantivado, de παραμένω – *permanecer*.

LIÇÃO 22

ORAÇÕES CONDICIONAIS · ADVÉRBIOS, CONJUNÇÕES E PARTÍCULAS

A. Orações condicionais

22.1 Introdução às orações condicionais

Muitas das promessas e afirmações encontradas na Bíblia dependem do cumprimento de alguma condição. Essas condições geralmente são introduzidas pelas conjunções εἰ ou ἐάν (= εἰ + ἄν), *se*. Isso significa que o conteúdo expresso na oração principal se tornará realidade *se* a condição indicada na ***oração condicional*** subordinada, se cumprir: *se... então...* Assim, a oração condicional tem a função de responder à pergunta: *Em que caso* ou *em que condições se cumpre o que a oração principal declara?*

Ex.:
Ἐάν τις ἀγαπᾷ με, τὸν λόγον μου τηρήσει. (Jo 14.23)
*Se alguém me **ama**, **guardará** a minha palavra.*

A oração que expressa e propõe a condição costuma ser chamada de **prótase**, e a oração principal, que declara o que acontecerá se a condição se cumprir, é chamada de **apódose**.

22.2 Classificação das orações condicionais

As orações condicionais são classificadas de acordo com o tipo de condição que impõem:

1. Condição real ou realizável

Introduzida pela conjunção εἰ + um verbo em qualquer tempo do modo indicativo, esta condição é considerada realizável, não definindo se de fato é real ou não, ou seja, se a condição já está concretizada ou não. Caso a condição se cumpra, a afirmação expressa na oração principal *necessariamente* se cumprirá também.

> Exs.:
> εἰ κατὰ σάρκα **ζῆτε**[1], μέλλετε **ἀποθνῄσκειν**· εἰ δὲ Πνεύματι τὰς πράξεις τοῦ σώματος **θανατοῦτε, ζήσεσθε**. (Rm 8.13)
> *se vocês **viverem** segundo a carne, **vão morrer**; mas **se** pelo Espírito **fizerem morrer** as obras do corpo,*[2] ***viverão***.
>
> εἰ ἐν Πνεύματι Θεοῦ ἐγὼ **ἐκβάλλω** τὰ δαιμόνια, ἄρα **ἔφθασεν** ἐφ᾽ ὑμᾶς ἡ βασιλεία τοῦ Θεοῦ. (Mt 12.28)
> *se pelo Espírito de Deus eu **expulso** os demônios, então **chegou** a vocês o Reino de Deus.*

Na oração que expressa a condição, o verbo, na maioria das vezes, ocorre no tempo presente, mas pode ser também no perfeito (cf. Jo 11.12), no aoristo (cf. Jo 13.14) ou no futuro (cf. Mt 26.33).

2. Condição irreal ou contrária aos fatos

Esta oração condicional é introduzida por εἰ + um verbo num tempo que usa aumento temporal (i.e., imperfeito, aoristo ou mais-que-perfeito). Este tipo de oração expressa uma condição contrária aos fatos, contrária a uma possível concretização, contrária à realidade. Na afirmação da oração principal a partícula ἄν expressa que a afirmação é tão irreal quanto a condição, que também é expressa por meio de verbos num tempo que usa aumento.

---

[1] Verbo ζάω no presente do indicativo ativo 2ª pl.
[2] Aqui τὰς πράξεις τοῦ σώματος, *as obras do corpo* referem-se às *práticas pecaminosas* características da velha natureza humana.

Exs.:
Εἰ τυφλοὶ **ἦτε**, οὐκ **ἂν εἴχετε** ἁμαρτίαν. (Jo 9.41)
*Se vocês **fosem** cegos [o que não são], não **teriam** pecado [mas agora têm].*

Εἰ ἔγνωσαν [σοφίαν Θεοῦ], οὐκ ἂν τὸν Κύριον τῆς δόξης ἐσταύρωσαν. (1Co 2.8)
*Se **tivessem conhecido** [a sabedoria de Deus], não **teriam crucificado** o Senhor da glória.*

3. Condição futura provável ou eventual

Este tipo de oração condicional é introduzida por ἐάν, geralmente com um verbo no modo subjuntivo. Expressa algo que *provavelmente ocorrerá*. A condição é apresentada como não realizada, mas é provável e é de se esperar que, dadas as circunstâncias, de fato se cumpra no futuro. Sempre que a condição se cumprir, a afirmação também se cumprirá, o que significa que se a condição não for cumprida, a afirmação também não se cumprirá.

Exs.:
Ἐὰν μόνον ἅψωμαι τοῦ ἱματίου αὐτοῦ, **σωθήσομαι**. (Mt 9.21)
*Se eu somente **tocar** o seu manto, **ficarei curada**.*

Ἐὰν ἔχω πᾶσαν τὴν πίστιν, ἀγάπην δὲ μὴ ἔχω, οὐθέν **εἰμι**.
*Se eu **tiver** toda a fé, mas não **tiver** amor, nada **sou** [ou serei].*
(1Co 13.2)

Ἐὰν ὁμολογῶμεν τὰς ἁμαρτίας ἡμῶν, πιστός ἐστιν καὶ δίκαιος ἵνα ἀφῇ ἡμῖν τὰς ἁμαρτίας, καὶ **καθαρίσῃ** ἡμᾶς ἀπὸ πάσης ἀδικίας.
*Se **confessarmos** os nossos pecados, Ele é fiel e justo para nos **perdoar** os pecados e nos **purificar** de toda injustiça.* (1Jo 1.9)

Já que Deus é fiel e justo, o que não é questionável, podemos confiar que se cumprirá o que é afirmado na oração principal: ele nos **perdoará** e nos **purificará**, *caso* confessemos os nossos pecados, o que é de esperar que aconteça com frequência...

4. Condição futura possível, pouco provável

Condições introduzidas por εἰ + um verbo no modo optativo expressam uma mera possibilidade, sem esclarecer a sua relação com a realidade. A afirmação na oração principal geralmente terá um verbo no optativo e a partícula ἄν.

Não existe no Novo Testamento uma forma completa da combinação de condição e afirmação dessa classe. Segue um exemplo de prótase (condição) sem apódose, e outro de apódose (afirmação) sem prótase.

Exs.:
Εἰ **πάσχοιτε** διὰ δικαιοσύνην, μακάριοι. (1Pe 3.14)
*Ainda que venham a **sofrer** por causa da justiça, [vocês serão] bem-aventurados.*

Nesse exemplo, a apódose não está completa.

Τινες ἔλεγον, Τί **ἂν θέλοι** ὁ σπερμολόγος οὗτος λέγειν;
*Alguns diziam: O que **está querendo** dizer este tagarela? (At 17.18)*

Nesse exemplo, a prótase implícita fica por conta da imaginação do leitor.

Observação: É possível achar combinações de orações condicionais de classes diferentes, em que a prótase pertence a uma das classes, e a apódose a outra.

Lição 22 | Orações condicionais • Advérbios, conjunções e partículas

🔖 Resumindo...

Classe	CONDIÇÃO	AFIRMAÇÃO	TRADUÇÃO
CONDIÇÃO REAL ou REALIZÁVEL	εἰ + Indicativo Εἰ Πνεύματι τὰς πράξεις τοῦ σώματος θανατοῦτε,	qualquer tempo e modo ... ζήσεσθε.	*Se pelo Espírito fizerem morrer as obras do corpo, viverão.* (Rm 8.13)
CONDIÇÃO IRREAL, CONTRÁRIA AOS FATOS	εἰ + tempo passado no Indic. *a. No presente:* Εἰ τυφλοὶ ἦτε ... *b. No passado:* Εἰ ἔγνωσαν [σοφίαν Θεοῦ],	ἄν + tempo passado no Indic. ... οὐκ ἄν εἴχετε ἁμαρτίαν. ... οὐκ ἄν τὸν Κύριον τῆς δόξης ἐσταύρωσαν.	*Se fossem cegos, não teriam pecado.* (Jo 9.41) *Se tivessem conhecido [a sabedoria de Deus], não teriam crucificado o Senhor da glória.* (1Co 2.8)
CONDIÇÃO PROVÁVEL ou EVENTUAL	ἐάν + Subjuntivo Ἐὰν μόνον ἅψωμαι τοῦ ἱματίου αὐτοῦ,	quase qualquer tempo e modo ... σωθήσομαι.	*Se eu somente tocar o seu manto, ficarei curada.* (Mt 9.21)
CONDIÇÃO POSSÍVEL, POUCO PROVÁVEL	εἰ + Optativo εἰ *πάσχοιτε* διὰ δικαιοσύνην, μακάριοι. (1Pe 3.14) *ainda que sofrais por causa da justiça, bem-aventurados [sois].*	ἄν + Optativo Τί ἄν θέλοι ὁ σπερμολόγος οὗτος λέγειν; (At 17.18) *Que quer dizer este tagarela?*	Não há no NT exemplo completo de um período composto que corresponda a esta classe.

B. Advérbios

22.3 Introdução

O **advérbio** é uma palavra que modifica formas verbais, indicando as circunstâncias em que a ação indicada pelo verbo se desenvolve. Um advérbio, porém, não é apenas um modificador de verbos, pois pode também modificar adjetivos e outros advérbios.

Advérbios são classificados de acordo com as circunstâncias que expressam. Existem advérbios de lugar (ex.: ἐκεῖ, ἔξω), de tempo (ex.: νῦν, τότε), de modo (ex.: καθώς, οὕτως), de afirmação (ex.: ἀμήν, ναί), de negação (ex.: οὐ, μή), de intensidade (ex.: μᾶλλον), de interrogação (ex.: ποῦ, πῶς) etc.

Advérbios normalmente não são declinados e não apresentam flexão de gênero e número. No entanto, alguns deles apresentam variações de grau, semelhantes às dos adjetivos, como já foi mencionado na lição 7, § 7.5.

22.4 Usos especiais de advérbios

1. Advérbios usados em perguntas diretas

Em perguntas diretas, os advérbios de negação indicam o tipo de resposta esperada.

a. O advérbio οὐ (ou cognato)

Quando o advérbio **οὐ** ou algum cognato é usado numa pergunta direta, espera-se uma resposta afirmativa.

Ex.:
Λέγει αὐτῇ ὁ Ἰησοῦς· **Οὐκ** εἶπόν σοι, ὅτι ἐὰν πιστεύσῃς, ὄψει τὴν δόξαν τοῦ Θεοῦ; (Jo 11.40)
*Disse-lhe Jesus: "Eu **não** lhe disse que, se você crer, verá a glória de Deus?"*, e a resposta esperada é: **sim**.

[Nesse exemplo, observe também a oração condicional de 3ª classe].

b. O advérbio μή (ou cognato)

Quando o advérbio **μή** ou algum cognato é usado numa pergunta direta, espera-se uma resposta negativa.

Ex.:
Μὴ πάντες ἀπόστολοι; Μὴ πάντες προφῆται; ... (1Co 12.29)
*Todos **não** são apóstolos, são?*

ou:
***Será que** são todos apóstolos?*
ou:
*São, **porventura**, todos apóstolos?*,

e a resposta sempre vai ser:
não.

Isso vale também para as outras perguntas nesse contexto.

2. Advérbios de negação usados em sequência

Às vezes, advérbios de negação são usados em sequência. Nesses casos, o primeiro advérbio é reforçado pelos que o seguem.

Exs.:
Μηδενὶ μηδὲν ὀφείλετε, εἰ μὴ τὸ ἀγαπᾶν ἀλλήλους· (Rm 13.8)
***Não** devam **nada** a **ninguém**, a não ser o amar uns aos outros.*

Quando os advérbios de negação **οὐ** e **μή** ocorrem juntos seguidos de um verbo no aoristo do subjuntivo ou no futuro do indicativo, expressam a negação mais enfática e categórica de um acontecimento futuro.[3]

Πνεύματι περιπατεῖτε, καὶ ἐπιθυμίαν σαρκὸς **οὐ μὴ** τελέσητε. (Gl 5.16)
*Vivam pelo Espírito, e **com certeza não** satisfarão os desejos da carne.*

---

[3] Isso já foi observado na seção "Aplicando o texto à vida..." das lições 2 e 3, em que foram comentados os textos de João 10.27-28 e Gálatas 5.16, respectivamente.

C. Conjunções e partículas

22.5 Introdução

Existem algumas pequenas palavras que são de importância fundamental para a correta compreensão e interpretação de um texto. São **conjunções** e **partículas,** usadas para ligar palavras, cláusulas, sentenças, orações ou parágrafos, e para relacionar pensamentos.

As conjunções e partículas que ocorrem com mais frequência já foram apresentadas nos diversos vocabulários das lições. Algumas delas são repetidas aqui, em ordem alfabética:

ἀλλά	conj. adversativa: *mas; todavia, porém; exceto*
ἄν	partíc. que denota condição ou eventualidade
ἄρα	partíc.: *pois, portanto; então*
ἄχρι(ς)	conj., e como prep. c/ gen.: *até; até que*
γάρ	conj. causal, pospos.: *pois, portanto; certamente*
δέ	partíc. copul. pospos., advers.: *mas, porém, no entanto, por outro lado;* cont. ou explicativa: *ora, então; e, também, além disso; ou seja, a saber.*
διό	conj.: *por isso; portanto*
ἐάν	conj. (< εἰ + ἄν): *se, no caso de;* após pron. rel. equivale a ἄν: *tudo o que; o que quer que; quem quer que;* também após adv.: *onde quer que*
εἰ	partíc. condicional: *se*
ἕως	conj., adv., e prep. c/ gen.: *até, até que; enquanto*
ἤ	conj.: *ou;* em comp.: *que, do que*
ἵνα	conj.: *para que, a fim de que; que, de modo que*
καθώς	conj. causal: *visto que, uma vez que;* adv. comp.: *como, assim como, da mesma maneira como;* de tempo: *quando*
καί	conj. copulativa: *e; mas;* como adv.: *também;* καί ... καί: *tanto... quanto, não somente... mas também*
ὅπως	conj.: *que; para que, a fim de que;* adv.: *como*

ὅταν	partíc. temp.: *sempre que; quando*
ὅτε	partíc. temp.: *quando; enquanto*
ὅτι	conj.: *que; de modo que; pois, porque, visto que*
οὖν	conj. pospos.: *pois, portanto; então*
τέ	partíc. encl.: *e;* τὲ... τέ ou τὲ... καί ≈ *tanto... como, não somente... mas também*
ὡς	partíc. comparativa: *como, assim como;* conj.: *como;* temporal: *quando;* resultado: *de modo que;* propósito: *para, a fim de que*
ὥστε	conj.: *por isso, portanto; de modo que; a fim de que, para*

É importante estar atento aos diferentes significados que essas conjunções e partículas podem ter. Para traduzi-las corretamente onde aparecem, será necessário consultar léxicos que contenham informações detalhadas sobre seus usos e significados.

22.6 Uso das conjunções

Conjunções e partículas podem ser usadas de diversas maneiras. De acordo com a sua função, podem ser copulativas (como καί, δέ), adversativas (ἀλλά, assim como καί e δέ se o contexto assim o indica), disjuntivas (ἤ), explicativas (γάρ, δέ, καί; ἵνα, ὅτι), inferenciais (ἄρα, γάρ, διό, οὖν, ὥστε), transicionais (οὖν, δέ), causais (γάρ, καθώς, ὅτι, ὡς), comparativas (καθώς, ὡς), condicionais (εἰ, ἐάν), finais (ἵνα, ὅπως), consecutivas (ὥστε, ὡς, ὅτι), temporais (ἄχρι(ς), ἕως, ὅταν, ὅτε) etc. O contexto deverá indicar em cada caso a função que determinada conjunção ou partícula está cumprindo.

Algumas conjunções ligam elementos estruturais semelhantes, como um sujeito com outro sujeito, um parágrafo com outro parágrafo etc. São chamadas de conjunções coordenadas.

Ex.:
Εὐλογητὸς ὁ Θεὸς **καὶ** πατὴρ τοῦ Κυρίου ἡμῶν Ἰησοῦ Χριστοῦ. (Ef 1.3)
Bendito o Deus **e** *Pai do nosso Senhor Jesus Cristo.*

Outras, as chamadas conjunções subordinadas, introduzem frases que dependem de outras, como em orações condicionais (tratadas acima), ou em orações que indicam um propósito, um resultado etc.

O texto que segue contém tanto conjunções coordenadas como subordinadas que ilustram alguns desses usos:

Ex.:
Οὕτως **γὰρ** ἠγάπησεν ὁ Θεὸς τὸν κόσμον, **ὥστε** τὸν υἱὸν αὐτοῦ τὸν μονογενῆ ἔδωκεν, **ἵνα** πᾶς ὁ πιστεύων εἰς αὐτὸν μὴ ἀπόληται, **ἀλλ'** ἔχῃ ζωὴν αἰώνιον. (Jo 3.16)
Porque Deus amou o mundo **de modo que** deu o seu Filho unigênito **para que** todo aquele que crer nele não pereça, **mas** tenha a vida eterna.

γάρ — *porque*, conj. coordenada que conecta esta sentença com o contexto anterior, principalmente com o v. 14.

οὕτως ... ὥστε – *de tal maneira que, de modo que*, conj. subordinada consecutiva, que introduz a consequência / o resultado do amor de Deus.

ἵνα – *para que, a fim de que*, conj. subordinada que introduz o propósito que levou Deus a entregar seu Filho.

ἀλλά – *mas*, conj. adversativa que estabelece um contraste com a ideia anterior (vida eterna vs. perdição).

Vocabulário (para memorizar!)

παραλαμβάνω	*tomar, levar consigo; receber; aceitar*	(50)
προσφέρω	*trazer; oferecer*	(47)
θηρίον, -ου, τό	*animal; besta, fera*	(46)
μέρος, -ους, τό	*parte; pedaço*	(42)
τιμή, -ῆς, ἡ	*honra; preço*	(41)
φυλακή, -ῆς, ἡ	*guarda, sentinela; vigília; prisão*	(47)
χρεία, -ας, ἡ	*necessidade; falta*	(49)

Lição 22 | Orações condicionais • Advérbios, conjunções e partículas

ἁμαρτωλός, -όν	pecaminoso	(47)
ἱκανός, -ή, -όν	suficiente, adequado; apropriado, capaz, competente	(41)
ὅμοιος, -οία, -ον	semelhante, similar, parecido; igual	(45)
τοιοῦτος, -αύτη, -οῦτο(ν)	tal, tal como, desse tipo ou espécie	(57)
ἄχρι(ς)	conj., e como prep. c/ gen.: até; até que	(49)
διό	conj.: por isso; portanto	(53)
ἔξω	adv.: fora, de fora; c/ gen.: fora de	(63)
ἤδη	adv.: já, agora, finalmente	(61)
μηδέ (μηδ')	partíc. neg.: nem, e não; nem sequer	(56)
οὗ	adv.: onde; aonde, para onde	(54)
οὐκέτι	adv.: não mais, já não, nunca mais	(47)
οὐχί	adv. neg., forma enfática de οὐ	(53)
ποῦ	adv. interrog.: onde? para onde?	(48)
ὧδε	adv.: aqui; para cá	(61)
ναί	adv. de afirmação: sim	(33)

✎ Exercícios de revisão

Em cada um dos textos a seguir, procure reconhecer e entender a classe à qual cada oração condicional pertence, e considere o que isso implica em sua interpretação e tradução. Ao identificar as formas verbais, pense também no aspecto da ação que expressam.

1Pe 4.11

εἴ τις διακονεῖ, ὡς ἐξ ἰσχύος ὡς χορηγεῖ[4] ὁ Θεός·
__ ___ _____, ___ ___ *força* ___ *supre* _____,
ἵνα ἐν πᾶσιν δοξάζηται ὁ Θεὸς διὰ Ἰησοῦ Χριστοῦ.
___ __ _____ _____ _____ ___ _____ _____.

Jo 11.32

Κύριε, εἰ ἦς ὧδε οὐκ ἂν ἀπέθανέν μου ὁ ἀδελφός.
_____, __ ___ ____ ___ __ _____ ___ _ _____.

---

[4]χορηγέω – *suprir, dar, prover,* como um líder de coro conduz e supre um coro.

Gl 1.10

Εἰ ἔτι ἀνθρώποις ἤρεσκον[5], Χριστοῦ δοῦλος οὐκ ἂν ἤμην.

___ ___ _____ _____ _____ ___ __ _____.

Jo 14.23

Ἐάν τις ἀγαπᾷ με, τὸν λόγον μου τηρήσει…

___ ___ _____ ___ ___ _____ ___ _____…

Jo 15.7

Ἐὰν μείνητε[6] ἐν ἐμοί, καὶ τὰ ῥήματά μου ἐν ὑμῖν μείνῃ[7],

___ _____ ___ _____ ___ __ _____ ___ __ ____ _____,

ὃ ἐὰν[8] θέλητε αἰτήσεσθε, καὶ γενήσεται[9] ὑμῖν.

_____ _____ _____ ____ _____ ____.

Jo 15.14

Ὑμεῖς φίλοι μου ἐστέ,

____ _____ ___ ____,

ἐὰν ποιῆτε ὅσα ἐγὼ ἐντέλλομαι[10] ὑμῖν.

___ _____ ____ ___ _____ ____.

1Co 13.1-2

Ἐὰν ταῖς γλώσσαις τῶν ἀνθρώπων λαλῶ καὶ τῶν ἀγγέλων,[11]

___ ____ _____ _____ ____ ___ _____,

---

[5]Impf. ind. at. 1ª sg. de ἀρέσκω – *agradar*.

[6]Verbo μένω no aor. subj. at. 2ª pl.

[7]Verbo μένω no aor. subj. at. 3ª sg. Com frequência, no grego, quando um sujeito é neutro plural, ele "concorda" com um verbo no singular. Traduza em conformidade com os padrões da língua portuguesa, ou seja, coloque o verbo em português no plural.

[8]Após um pronome relativo, ἐάν equivale a ἄν: ὃ ἐάν = ὃ ἄν – *o que quer que*.

[9]Verbo γίνομαι no fut. ind. dep. 3ª sg.

[10]Pres. ind. dep. 1ª sg. de ἐντέλλομαι – *ordenar, mandar*.

[11]Pense no significado desta oração aplicando a regra de Granville-Sharp (considere as partes sublinhadas).

Lição 22 | Orações condicionais • Advérbios, conjunções e partículas

ἀγάπην δὲ μὴ ἔχω..., καὶ <u>ἐὰν</u> ἔχω πᾶσαν τὴν πίστιν...,
_____ ⇆ _____ ..., _____ _____ _____ ...,

ἀγάπην δὲ μὴ ἔχω, οὐθέν εἰμι.
_____ ⇆ _____ _____ , _____ _____ .

Observe também o texto de 1João 1.6-10, em que cada versículo começa com Ἐὰν seguido de verbos no modo subjuntivo.

Aplicando o texto à vida...

Na carta aos cristãos em Roma, encontramos a seguinte oração condicional:

> **Ἐὰν ὁμολογήσῃς** ἐν τῷ στόματί σου Κύριον Ἰησοῦν, **καὶ πιστεύσῃς** ἐν τῇ καρδίᾳ σου ὅτι ὁ Θεὸς αὐτὸν ἤγειρεν ἐκ νεκρῶν, **σωθήσῃ·** καρδίᾳ γὰρ πιστεύεται εἰς δικαιοσύνην, στόματι δὲ ὁμολογεῖται εἰς σωτηρίαν. (Rm 10.9-10)
> *Se você confessar com a sua boca a Jesus como Senhor, e crer em seu coração que Deus o ressuscitou dentre os mortos, você será salvo; porque com o coração se crê para justiça, mas com a boca se confessa para salvação.*

A conjunção ἐὰν, seguida de verbos no aoristo do subjuntivo, configura uma oração condicional da 3ª classe, expressando uma condição provável, isto é, estabelecendo uma condição que se espera que ocorra. Os dois verbos contidos nessa condição são ὁμολογέω e πιστεύω:

1. **ὁμολογέω**, palavra composta que literalmente significa *dizer a mesma coisa* e, dependendo do contexto, é traduzida por *confessar, reconhecer, declarar abertamente*. Aqui, a condição é: dizer a respeito de Jesus o mesmo que Deus diz a respeito dele, ou seja, que **Jesus Cristo é o Senhor** (cf. Fp 2.11). Isso só posso declarar abertamente quando reconheço

Jesus como o Senhor soberano do universo, o que por sua vez só posso afirmar quando ele também é reconhecido como Senhor de minha vida.

2. πιστεύω significa *crer, confiar*, e, na grande maioria das ocorrências no NT, expressa a ideia de *confiança, entrega e obediência totais a Jesus Cristo*.[12] O "objeto" da fé especificado no texto é o Senhor Jesus ressuscitado por Deus. Depois de sua ressurreição, o Senhor Jesus fez questão que seus discípulos não tivessem a menor dúvida de que tinham um Deus vivo e vitorioso. Ele apareceu a eles com provas indiscutíveis (At 1.3; 1Co 15.6-8). Que privilégio ter um Deus vivo, vitorioso e amoroso a quem podemos nos entregar!

Cumprindo-se as condições, a promessa é clara: *você será salvo!*

Interessante: essa oração condicional está contida em uma estrutura chamada *quiasmo*. Nessa estrutura particular, há uma simetria de afirmações do tipo A-B-C-B'-A', em que o foco está na afirmação central da sequência.

A — <u>Ἐὰν ὁμολογήσῃς</u> ἐν τῷ στόματί σου Κύριον Ἰησοῦν,
B — <u>καὶ πιστεύσῃς</u> ἐν τῇ καρδίᾳ σου ὅτι ὁ Θεὸς αὐτὸν ἤγειρεν ἐκ νεκρῶν,
C — σωθήσῃ·
B' — <u>καρδίᾳ</u> γὰρ <u>πιστεύεται</u> εἰς δικαιοσύνην,
A' — <u>στόματι</u> δὲ <u>ὁμολογεῖται</u> εἰς σωτηρίαν.

Como pode ser observado, a afirmação principal do texto considerado é: *você será salvo*, <u>desde que</u> consagre a sua vida com fé e confiança a Jesus Cristo e o reconheça como seu Senhor, vivo e vitorioso!

---

[12]Cf. William Barclay, *As obras da carne e o fruto do Espírito*, p. 102.

LIÇÃO 23

O texto original do Novo Testamento

23.1 Introdução

Os escritos do Novo Testamento foram produzidos de maneira semelhante à que deu origem aos escritos do Antigo (cf. Jr 30.1,2; 2Tm 3.16,17; 2Pe 1.21; 3.15,16).

Em relação aos Evangelhos, podemos dizer o seguinte: o que Deus anunciou no Antigo Testamento foi se cumprindo. As palavras, obras, morte, ressurreição e exaltação de Jesus Cristo aconteceram e foram lembradas com exatidão. Com a ajuda do Espírito Santo, que ensinou tudo e fez lembrar tudo (cf. Jo 14.26), as memórias foram transmitidas: primeiramente em forma verbal, por "testemunhas oculares e servos da palavra" (Lc 1.2), até que começaram a ser registradas por escrito (cf. Lc 1.1-4).[1]

Os escritos restantes do Novo Testamento têm em comum com os Evangelhos o fato de terem sido inspirados por Deus.

---

[1] Sobre a precisão da memória e a fidelidade da transmissão oral nas primeiras comunidades cristãs, que não permitia falsificações, o historiador Sozomeno († c. 450) registrou o seguinte incidente: "Durante um sermão sobre a história de como o paralítico foi baixado pela abertura do teto em um leito ou maca, o pregador disse que Jesus falou: 'Pegue sua maca e ande' (Mc 2.4-9). No entanto, em vez da palavra *krabbatos* para leito ou maca, usada por Jesus, o pregador usa um termo mais rebuscado, *skimpous*. Imediatamente um de seus ouvintes o questiona: 'Você é mais nobre do que aquele que disse *krabbatos*?' (Sozomeno I 11, Migne P. Gr. LXVII col. 889). O controle das palavras de Jesus pelos ouvintes era, em todos os casos, muito forte e deve ter sido assim desde o início". Citado em Eta Linnemann, *Gibt es ein synoptisches Problem?*, p. 164s.

23.2 A inspiração do texto

Podemos pensar que Deus seguiu o mesmo princípio para a produção dos escritos do Novo Testamento que já tinha seguido anteriormente. Seu Espírito moveu pessoas consagradas a ele para escrever, na própria linguagem e no estilo de cada um, o que entendiam que devia ser registrado. Sob orientação e supervisão de Deus, surgiram assim documentos que, no que se refere a sua autenticidade e veracidade, são dignos de total confiança (2Tm 3.16).

23.3 A transmissão do texto

Os *autógrafos*[2] assim produzidos podiam ser dirigidos inicialmente a um destinatário único (como a Timóteo, Tito, Filemom e Gaio), a uma igreja em particular ou a várias comunidades ao mesmo tempo, distantes uma da outra (cf. Cl 4.16; 2Co 1.1; 1Co 1.1,2; Gl 1.2; 1Pe 1.1; Tg 1.1). Com isso, desde a aparição dos primeiros escritos que mais tarde seriam reconhecidos como inspirados por Deus, cópias e mais cópias foram produzidas, todas feitas à mão.

Mesmo que esses manuscritos (*mss*) tenham sido reconhecidos como Palavra de Deus e copiados com zelo, era inevitável que pequenos erros surgissem no processo. Quando alguma dúvida sobre a exatidão de alguma cópia surgia nos primeiros anos em que os autógrafos ainda existiam, era possível cotejá-la com os autógrafos, e eventuais imperfeições podiam ser de imediato corrigidas ou descartadas. Isso, contudo, só era possível onde e quando os autógrafos existiam. Tal tarefa de conferir as cópias acabou se tornando mais difícil e até impossível à medida que esses autógrafos, escritos em material frágil como o papiro, se deterioraram pelo frequente manuseio e acabaram ficando

---

[2] *Autógrafo* é o nome dado aos documentos originais produzidos pelos escritores bíblicos. Estamos usando o termo "escritores" e não "autores", porque por trás de cada escritor estava o único Autor dos escritos do Novo Testamento, o próprio Deus.

ilegíveis e fragmentados. Cópias produzidas em áreas geográficas remotas, como no Egito, não tiveram a possibilidade desse tipo de verificação.

Em um ambiente em que o grego continuava a ser a língua falada pelo povo, a produção de cópias era mais fácil que em regiões onde a familiaridade com a língua grega foi se perdendo pouco a pouco. Em regiões mais remotas, como no Egito e no norte da África, quando o grego foi gradualmente substituído pelo idioma copta, depois do segundo e do terceiro séculos, cristãos nas igrejas e copistas nem sempre entendiam os *mss* gregos. Em virtude desse processo, surgiram cópias que não refletem a mesma perfeição das produzidas na corrente principal da transmissão do texto. A influência das heresias também contribuiu para que *mss* com imperfeições começassem a surgir.

23.4 A preservação do texto

Com certeza, Deus esteve interessado em que sua autorrevelação por meio dos escritos inspirados chegasse a ser conhecida, não só pelos primeiros cristãos, mas também pelas gerações posteriores (cf. Jo 17.20,21). O Senhor Jesus também deixou claro em mais de uma ocasião que a Palavra de Deus teria validade permanente e permaneceria para sempre (Mt 5.18; Lc 16.17; 21.33; Mc 13.31; Jo 10.35; cf. tb. Is 40.8 e 1Pe 1.23-25). Era necessário, então, que fosse preservada ao longo da transmissão do texto, tal como foi inspirada.

A história da igreja mostra que, mesmo enfrentando as mais diversas e severas perseguições, o cristianismo proliferou, e seus escritos sagrados sobreviveram milagrosamente. A única explicação plausível para isso é ver a mão protetora e poderosa de Deus cuidando de sua família e preservando sua Palavra. Entre todos os livros da literatura universal, a Bíblia é, de longe, o documento da Antiguidade mais bem preservado e com o texto mais confiável que existe.

23.5 A identificação do texto

Como consequência da ampla divulgação do texto bíblico, temos atualmente 5.989 *mss* gregos catálogados com o texto do Novo Testamento completo ou em parte. Esse acervo é composto de 140 papiros, 323 unciais (*mss* escritos em letras maiúsculas), 2.951 minúsculos (*mss* escritos em letras minúsculas) e 2.484 lecionários (*mss* preparados para a liturgia da igreja), totalizando 2.145.109 páginas de *mss*.[3] Além disso, há ainda uma enorme quantidade de citações e comentários escritos pelos pais da igreja[4], a partir dos quais seria possível reescrever todo o texto do Novo Testamento.

Ao ler e comparar esses *mss*, percebe-se que há inúmeras leituras[5] variantes. Essas leituras precisam ser analisadas cuidadosamente para reconhecermos qual leitura tem maior probabilidade de corresponder ao texto original. Um empreendimento desses pode parecer impraticável, mas pode se constatar que a ampla maioria dos *mss* contém um texto extremamente homogêneo, e apenas cerca de 2% do texto do Novo Testamento requer uma análise detalhada.

23.6 Crítica textual

Averiguar qual é o provável texto original a partir das cópias existentes é tarefa da **crítica textual**. Para cada leitura, são identificados os *mss* que a respaldam, chamados "testemunhas de texto", os quais passam a ser analisados segundo certos critérios. Alguns deles são:

---

[3] Dados publicados pelo INTF (Institut für Neutestamentliche Textforschung), disponíveis em: https://ntvmr.uni-muenster.de/, acesso em: 27/06/2023. Há mais *mss* bíblicos ainda, já achados, que aguardam ser catalogados.

[4] "Pais da igreja" é como são chamados os líderes e bispos que exerceram forte influência na igreja no período pós-apostólico. Seus escritos contêm valiosas informações sobre a interpretação das Escrituras e a teologia da época.

[5] O termo *leitura* é usado para se referir a palavras no texto que ocorrem de uma forma em alguns *mss* e de outra forma em outros.

1. A **data da leitura**. O fator determinante não é a data do *ms*, que é apenas uma cópia, mas a data do *texto* que essa testemunha apresenta, o que é bastante difícil de estabelecer. Uma cópia recente pode reproduzir um texto muito antigo.
2. A **qualidade das testemunhas**. É essencial recorrer a informações sobre as características de cada *ms* e os hábitos dos copistas refletidos no texto, que podem evidenciar cuidado ou desleixo. Uma testemunha que apresente muitos erros de escrita não é confiável, mesmo que seja antiga.
3. De acordo com algumas características que têm em comum, os *mss* são agrupados em tipos de texto: *alexandrino*, *bizantino*, *cesareense* e *ocidental*. Afora esses tipos de texto, existe uma diversidade de *mss* que contêm um texto misto que não pode ser classificado precisamente.
4. A **distribuição geográfica da leitura**. Uma leitura distribuída geograficamente de forma ampla e atestada em várias famílias de texto tem maior chance de ser a leitura original do que aquela que só é achada numa área geográfica limitada.

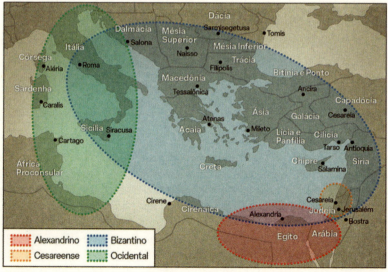

©2023, de André Daniel Reinke

Além das evidências externas, são avaliadas também as diversas evidências internas, para assim descobrir possíveis causas de alterações na transmissão do texto, sejam elas não intencionais ou intencionais.[6]

Todas as evidências são então avaliadas seguindo alguns *cânones* da crítica textual. Entre os cânones aplicados está o seguinte:

Dar preferência à leitura que melhor explica a origem das demais. É uma regra que leva a observações interessantes sobre o surgimento de leituras variantes.

Os seguintes dois cânones, sugeridos em torno de 1881 por Westcott e Hort, são aplicados ainda hoje por muitos críticos, mas são questionáveis. Seguem abaixo:

1. **Dar preferência à leitura mais breve.** O pressuposto subjacente é que escribas teriam tendido a "completar" o texto acrescentando e interpolando. No entanto, ficou demonstrado que outros copistas na Antiguidade tinham a tendência oposta: de encurtar o texto omitindo palavras na hora de copiá-lo.[7]
2. O outro cânon questionável é **dar preferência à leitura mais difícil.** Supostamente, copistas teriam intentado "melhorar" o texto que achavam "difícil". Mas isso só faz sentido se essa leitura "difícil" é atestada pela maioria

---

[6] Essas alterações podem ser devidas a confusão ótica (em razão da *scriptio continua* — caracteres semelhantes, haplografia, ditografia ou homoioarkton), confusão acústica, erros de memória ou também erros de juízo. O estudo dessas possibilidades é muito interessante, mas foge aos limites desta gramática.

[7] A. C. Clark, professor catedrático de latim na Universidade de Oxford, investigando a tradição manuscrita dos clássicos gregos e latinos, prova conclusivamente que o erro a que os copistas eram mais inclinados não era o da interpolação, mas, sim, o da omissão acidental. (Cf. Pickering, *Qual o texto original do Novo Testamento*, p. 51.)

das testemunhas e não apenas por algumas testemunhas isoladas.[8]

Em vez de dar preferência a uma leitura que contenha incoerências, pessoalmente creio que outro cânon deveria substituir o supracitado:

Dar preferência à leitura que mais claramente evidencia ser inspirada. Com certeza, Deus teria impedido que escritores guiados por ele produzissem leituras que não fazem sentido.

Todas evidências externas e internas são analisadas, e os cânones são aplicados a cada leitura variante, para então decidir qual leitura será considerada original. Atualmente, mais de 90% do texto reconstruído do Novo Testamento é aceito como original por todos. Além disso, existem de 6% a 8% de leituras variantes em que as diferenças consistem em: (1) ordem de palavras (ex.: *Jesus Cristo* vs. *Cristo Jesus*), (2) palavras substituídas por sinônimos (ex.: *Deus* vs. *Senhor*), (3) diferenças de ortografia (ex.: Μωσῆς vs. Μωϋσῆς para Moisés), (4) omissões ou inserções (ex.: *na vinda de nosso Senhor Jesus Cristo* vs. *na vinda de nosso Senhor Jesus*, em 1Ts 3.13). Essas pequenas diferenças não afetam nem o significado do texto, nem sua tradução. Podemos então, em vez de focar a atenção em diferenças secundárias, afirmar que em 97 a 98% do texto do Novo Testamento existe unanimidade em aceitá-lo como original por todos os que acreditam na inspiração e na preservação da Palavra de Deus. Mesmo nas ocasiões em que se encontram leituras variantes significativas, nenhuma delas afeta ou altera alguma verdade ou doutrina bíblicas.

---

[8]Jerônimo († 420) já reclamava dos copistas que "escrevem não o que veem, mas aquilo que pensam ser o intencionado: e, enquanto tentam retificar os erros dos outros, meramente expõem os próprios". Cit. Metzger, *The text of the New Testament*, p. 195, e Paroschi, *Crítica textual do NT*, p. 79s.

23.7 Versões modernas do Novo Testamento grego

Houve, ao longo da história, muitos estudiosos que se esforçaram por identificar o provável texto original do Novo Testamento. As abordagens na análise e avaliação dos *mss* existentes variaram bastante.

Na época da Reforma Protestante, o humanista Erasmo de Rotterdam compilou um texto grego do Novo Testamento a partir de um punhado de *mss* que tinha à disposição. Esse texto, que em edições posteriores foi chamado *Textus receptus*, serviu de base para as traduções que surgiram na época. É publicado ainda hoje nas versões de Stephanus (STE, 1550), de Elzevir (TR, 1624) e de Scrivener (SCR, 1894).[9]

Tendo em vista que a ampla maioria dos *mss* achados posteriormente pertence ao tipo bizantino de texto, surgiram diversas edições que o usam. Entre elas, existe a edição do *Texto Bizantino*, preparada por Robinson & Pierpont (RP, 2018), e uma do *Texto Majoritário*, de Hodges & Farstad (HF, 1982). Esses textos são muito parecidos, e têm o respaldo de mais de 5.100 dos *mss* bíblicos existentes hoje. Na tradição do Texto Bizantino, também se baseia o *Texto Patriarcal*, adotado oficialmente pela Igreja Ortodoxa Grega em 1904. Muito parecido com esses é o texto do Novo Testamento editado por W. N. Pickering, baseado nos *mss* da "Família 35", f^{35} (PCK, 2021).

Muito divulgadas são as edições do Novo Testamento grego de *Nestle-Aland* (NA), que incorpora a *Editio Critica Maior* (ECM), e da Sociedade Bíblica Unida (UBS), com frequência chamadas "texto crítico". Em ambas, a indicação das leituras variantes obedece a critérios diferentes, assim como a maneira de apresentar suas testemunhas no "aparato crítico" no rodapé da página. Outros "textos críticos" também foram publicados: o de Westcott &

---

[9] O *Textus receptus* está próximo do Texto Bizantino e do Majoritário, mas não pode nem deve ser confundido com eles.

Hort (WH, 1881), o da Society of Biblical Literature (SBLGNT, 2010), o da Tyndale House (THGNT, 2017) etc.

23.8 Um depoimento pessoal

Quando comecei a estudar o grego do Novo Testamento, fiquei maravilhado ao perceber a profundidade e riqueza do texto bíblico em sua versão original. Adquiri uma cópia da terceira edição do NT grego da UBS, que se tornou minha leitura preferida. Amava meu Novo Testamento grego. Desde então, tem sido essa minha paixão e área de concentração na atividade docente.

Aprendi e transmiti nas aulas de grego que fui convidado a ministrar o que é ensinado na maioria dos seminários teológicos: que o melhor texto grego era o da UBS, igual ao de Nestle-Aland. Quando foi publicada a quarta edição da UBS, chamou-me a atenção o fato de que, no aparato crítico, houve uma alteração na maneira de apresentar as testemunhas de texto. Antes, tinham sido ordenadas na sequência: papiros, unciais, minúsculos, lecionários, versões[10] e pais da igreja. Agora, nessa nova edição, os unciais da família bizantina eram tirados da ordem habitual e postos no final, como se não tivessem valor. Observei que a composição da equipe editorial tinha mudado. Comecei a me perguntar se o texto original muda quando muda a equipe que decide sobre a leitura que deveria ser adotada como a original. Seria tão subjetiva uma decisão tão importante? Onde ficou a objetividade científica? Comecei a duvidar da confiabilidade daquele NT grego que tinha em mãos.

Buscando uma explicação, fui informado que, no texto crítico que estava usando, haveria mais de cem versículos que, da maneira em que ficaram redigidos, não teriam respaldo de nem um único *ms* – a leitura apresentada era apenas uma conjectura da

---

[10] As versões são tradução de *mss* gregos a outros idiomas, como a Siríaca, a Copta, a Ítala, a Vulgata etc.

equipe editorial. Além disso, fui alertado de que às vezes a equipe editorial optou por adotar uma leitura que tinha achado em um único *ms*, ou outras leituras em dois. Ou quando, por exemplo, concordam os famosos Códices Sinaítico e Vaticano, o que não acontece com tanta frequência,[11] sua leitura era considerada a original, mesmo que fosse diferente da esmagadora maioria das outras testemunhas de texto.[12] Percebi que a importância dada a esses códices e a outros *mss* muito antigos não condiz com sua qualidade.[13]

Vendo e confirmando tudo isso, minha confiança em meu exemplar tão amado do NT grego ficou abalada. E agora? Seria possível achar um texto grego original mais confiável?

---

[11] Só nos quatro Evangelhos, os Códices Sinaítico e Vaticano discordam entre si mais de 3.000 vezes, o que significa que, em média, discordam em cada versículo.

[12] Veja alguns exemplos no final desta lição.

[13] Sobre a qualidade de alguns *mss* famosos, seguem algumas observações. Informações detalhadas sobre esses e muitos outros *mss* podem ser achadas, por exemplo, em P. W. Comfort, *Manuscritos do Novo Testamento*.

O papiro P^{66} (c. 125-200), que contém a maior parte do Evangelho de João, talvez seja o papiro mais antigo do Novo Testamento de algum tamanho. Ele tem em média dois erros por versículo – muitos sendo erros óbvios. [Colwell: o desleixo do copista pode ser percebido, por exemplo, nos "400 iotacismos (quando η, υ, ει, οι, ηι e υι são lidos e escritos como ι), 482 leituras singulares (que não ocorrem em nenhum outro *ms* antigo) e quase 200 leituras sem sentido".] Pelo tipo de erros, o copista deve ter copiado sílaba por sílaba. Se a pessoa que produziu o P^{66} tivesse prestado mais atenção e entendido o texto, não teria cometido o número e os tipos de erros que cometeu. P^{66} é uma das cópias mais antigas que temos, e uma das menos confiáveis.

O papiro P^{75} (c. 175-200) apresenta cerca de 145 iotacismos, mais 257 outras leituras singulares, 25% das quais não fazem nenhum sentido. Considerando o tipo dos erros, parece que o copista que escreveu P^{75} copiou letra por letra [cf. Colwell].

O antigo e famoso Códice Sinaítico, א (c. 350-375), apresenta, de acordo com Tischendorf, mais de 14.800 correções realizadas por 9 corretores, e contém 1.460 leituras singulares [cf. Burgon]. Não deixou descendentes (ou seja, aparentemente ninguém teve interesse em copiá-lo).

O Códice Vaticano, **B** (c. 350), considerado por Aland "de longe o melhor uncial", só nos Evangelhos contém 589 leituras singulares [cf. Burgon]. Também não deixou descendentes.

Comecei a pesquisar sobre o Texto Bizantino. Esse texto, conhecido como "o Texto da Igreja",[14] foi preservado em mais de 5.100 *mss* existentes. A seguir são mencionadas algumas de suas características.

- É um texto com uma amplíssima distribuição geográfica, com cópias achadas em todo o Mundo Antigo, principalmente na Ásia Menor, onde a maioria dos autógrafos foi escrita e onde se encontravam seus destinatários originais.
- É também um texto extremamente uniforme na enorme quantidade de *mss* que o contêm.[15]

Por que será que o Texto Bizantino era tão questionado por alguns? Só porque os *mss* achados que o contêm eram tardios? Mas isso tem uma explicação: no contexto da igreja primitiva, o manuseio constante das cópias dos escritos do Novo Testamento (produzidas em material frágil como o papiro) fazia com que essas se deteriorassem rapidamente e precisassem ser substituídas com frequência. Além disso, as condições climáticas da região onde as cópias circulavam impediam que elas se conservassem por muito tempo. Tudo isso favoreceu a multiplicação de cópias dos escritos bíblicos, e explica por que razão não foram achados *mss* muito antigos desse tipo de texto. Suas cópias eram produzidas em material frágil como o papiro, e eram manuseadas com frequência. Em virtude de condições climáticas desfavoráveis, não sobreviveram ao tempo. E, além disso, como foi mencionado acima (§ 23.6.1), o que realmente interessa não é tanto a data de determinado *ms*, mas a data do *texto* que o *ms* contém. Mesmo que centenas de *mss* da família bizantina sejam

---

[14]Kurt Aland, "The text of the church", *Trinity Journal* 8 (1987): 143.
[15]Houve uma tentativa de atribuir essa uniformidade a uma suposta recensão de Luciano de Antioquia († 312), mas um empreendimento desses teria sido inviável, com milhares de *mss* já espalhados nas comunidades cristãs.

datados do nono século em diante, a antiguidade desse texto remonta a fontes muito antigas, conforme refletido nos códices A (séc. 4/5), C (séc. 5), Q (séc. 5) e W (séc. 5), entre outros. E, se consideramos o que Kurt Aland afirma, que "... as citações do Novo Testamento encontradas nos escritos dos pais da igreja [...] constituem nosso testemunho mais importante do texto e têm a vantagem adicional de representar o texto em tempo e lugar conhecidos",[16] podemos afirmar que com certeza o Texto Bizantino já foi atestado por pais da igreja pelo menos no segundo século.[17] É muito provável que tivessem acesso a textos do primeiro século.

Argumentos que questionam o valor do Texto Bizantino não são convincentes. É interessante observar que atualmente há uma nova valorização desse tipo de texto, inclusive por parte daqueles que antes o menosprezavam. A *Editio Critica Maior*, por exemplo, depois de estudos exaustivos nas Epístolas Gerais, fez diversas correções na última edição do texto crítico de Nestle-Aland e UBS, e em aprox. 60% delas segue agora a leitura do Texto Bizantino.

23.9 Conclusão

Independentemente do que se pense sobre o Texto Bizantino, uma coisa é certa: quem deseja fazer crítica textual de maneira objetiva e descobrir o provável texto original do Novo Testamento

---

[16] Aland, *op. cit.*, 139.

[17] Há citações do texto bizantino em diversos escritos antes de Niceia (325 d.C.), p. ex. em Marcião († 160), citando Lc 12.31 e Fp 1.14; Ireneu († 202); Clemente de Alexandria († 215), citando Lc 10.21; 12.22; Jo 2.24; Rm 10.14; 1Co 4.11; Hb 11.32; 1Pe 2.5; Tertuliano († 220), citando Lc 12.5 e Ef 2.12; Orígenes († 254), citando Jo 2.24; 4.31; 13.26; 1Co 4.11; 5.10; 7.5; 7.7; 9.21; Ef 2.12; 1Pe 2.5. (Cf. Harry A. Sturz, *The Byzantine text-type and New Testament textual criticism*, p. 79.) Podem ser mencionados também Astério († 341), Basílio († 379), Úlfilas († 383), Epifânio († 403), Crisóstomo († 407), Severiano († 408), Teodoro de Mopsuéstia († 428), Marcos Eremita († 430), entre muitos outros. (Cf. Aland, *op. cit.*, 139ss.)

não pode ignorar esse texto. Precisa dar-lhe a devida atenção e valorização (como mostram os exemplos abaixo).

Quanto mais estudo o texto original do Novo Testamento e a crítica textual, mais me convenço de que temos um Novo Testamento totalmente confiável. Hoje dou prioridade ao Texto Bizantino, sem fechar os olhos para leituras variantes, algumas das quais revelam detalhes interessantes sobre a história da transmissão do texto. Posso afirmar, com total convicção e tranquilidade, que o conjunto de *mss* que temos à disposição reflete fielmente os textos originais do Novo Testamento. Este pode e deve ser levado a sério em tudo o que diz.

Exemplos que ilustram como variantes textuais são tratadas no texto crítico[18]

Mateus 1.25

καὶ οὐκ ἐγίνωσκεν αὐτὴν ἕως οὗ ἔτεκεν <u>τὸν υἱὸν αὐτῆς τὸν πρωτότοκον</u>...

Mas não a conheceu *intimamente* enquanto ela não deu à luz o seu filho primogênito.

Txt: τὸν υἱὸν αὐτῆς τὸν πρωτότοκον — *o seu filho primogênito*. C D^c E K N W Δ Π Σ (D* L it^d it^q *omitem* αυτῆς) 087 28 157 180 205 565 579 597 700 828 892 1006 1009 1010 1071 1079 1195 1216 1230 1241 1242 1243 1292 1365 1505 (1546 υἱὸν αὐτοῖς) 1646 2148 2174 *Biz* (representando aqui 1.454 *mss*) *Lec* it^aur it^f it^ff1 vg syr^p syr^h syr^pal(mss) arm eth nub slav Diatessarão^II Atanásio^373 Cirilo-Jerusalém^386 Dídimo^398 Epifânio^403 Crisóstomo^407 Jerônimo^419 Agostinho^430

---

[18]Nos exemplos que seguem, os tipos de texto das testemunhas são identificados pelas seguintes cores: *alexandrino*, *bizantino*, *cesareense*, *ocidental*, misto e indeterminado.

Proclo⁴⁴⁶ Ps-Atanásio?. HF RP TP TR. (c. 99% das testemunhas de texto).¹⁹

Var.: υἱόν – *filho*. ℵ B Z 071^(vid) f¹ f¹³ 33 (1182 cop^(sa) υἱὸν αὐτῆς) 1192 *pc* it^b it^c it^(g1) it^k syr^s syr^c syr^(pal(mss)) (cop^(bo) τὸν υἱόν) cop^(mae) geo Ambrósio³⁹⁷ Cromácio⁴⁰⁷. NA/UBS. (c. 0,5% das testemunhas.)

Comentário: O texto completo é atestado pela esmagadora maioria das testemunhas, e não há dúvida de que é original. Mesmo assim, a edição de NA/UBS opta pela leitura abreviada e indica com {A} que o texto por ela adotado é certo. Como justificar essa escolha?!

Marcos 2.17

Οὐκ ἦλθον καλέσαι δικαίους, ἀλλὰ ἁμαρτωλοὺς <u>εἰς μετάνοιαν</u>. *Eu não vim chamar justos, mas pecadores ao arrependimento.*

Txt: εἰς μετάνοιαν — *ao arrependimento*. f³⁵ C *Biz Lec* e todos os restantes. TP TR. (c. 90%.)

Var.: (omite as palavras). P⁸⁸ ℵ A B D W. NA/UBS. (c. 10%.)

Comentário: As edições de NA/UBS não só omitem as palavras εἰς μετάνοιαν, mas também deixam de mencionar que existe essa leitura mais bem atestada.

---

¹⁹As indicações de % foram preparadas por W. N. Pickering, *The Greek New Testament according to Family 35*, e por Robert Adam Boyd, *Text-Critical Greek New Testament* (Bible.com), chegando a resultados bem parecidos.

Marcos 3.15

... καὶ ἔχειν ἐξουσίαν <u>θεραπεύειν τὰς νόσους καὶ</u> ἐκβάλλειν τὰ δαιμόνια·
... *e ter autoridade para curar as enfermidades e expulsar os demônios.*

Txt.: θεραπεύειν τὰς νόσους καὶ – *para curar as enfermidades e.* A C² D K P W Γ Θ f^1 f^{13} f^{35} 28 33 579 (700) 1241 1424 2542 *Biz Lec* (lat) syʰ. TP TR. (c. 98%.)

Var.: (omite as palavras) ℵ B (C) (W). NA/UBS. (c. 1.8%.)

<u>Comentário</u>: As palavras estão atestadas na esmagadora maioria das testemunhas do texto (c. 98%). Mas só porque faltam nos códices ℵ e B, as edições de NA/UBS não as trazem, e a edição da UBS nem menciona que existe essa leitura. Por consequência, todas as traduções ao português baseadas no texto crítico também não trazem essas palavras.

Marcos 9.29

Καὶ εἶπεν αὐτοῖς, Τοῦτο τὸ γένος ἐν οὐδενὶ δύναται ἐξελθεῖν, εἰ μὴ ἐν <u>προσευχῇ καὶ νηστείᾳ</u>.
E lhes disse: Essa espécie não pode sair de modo nenhum a não ser por oração e jejum.

Txt.: προσευχῇ καὶ νηστείᾳ — *por oração e jejum.* P^{45vid} ℵ² A C D E F G H K L N W X (Δ τῇ νηστείᾳ) Θ Π Σ Ψ f^1 f^{13} f^{35} 28 33 157 180 205 565 579 597 700 892 1006 1009 1010 1071 1079 1195 1216 1230 1241 1242 1243 1253 1292 1342 1344 1365 1424 1505 1546 1646 2148 2174 *Biz* (representando aqui 1.651 *mss*) *Lec* itᵃ itᵃᵘʳ itᵇ itᶜ itᵈ itᶠ itᶠᶠ² itⁱ itˡ itᵠ itʳ¹ vg syrʰ copˢᵃ copᵇᵒ goth geo² slav Diatessarãoᵃ ᴵᴵ Diatessarãoᵖ ᴵᴵ Basil³⁷⁹ (νηστείᾳ καὶ προσευχῇ syrˢ syrᵖ syrᵖᵃˡ copᵇᵒ⁽ᵐˢ⁾ arm eth). TP TR. (c. 99,7%.)

Var.: προσευχῇ — *por oração*. ℵ* B 0274 2427 it[k] geo[1]. ECM NA/UBS SBL. (c. 0,2%.)

Comentário: É estranho que a equipe editorial do texto crítico tenha optado por omitir as palavras καὶ νηστείᾳ — *e jejum* para seguir uma leitura atestada por apenas quatro testemunhas gregas, quando a esmagadora maioria das testemunhas apoia claramente a leitura do texto como original (c. 99,8%). Metzger até chega a afirmar que as palavras καὶ νηστείᾳ são apenas "uma glosa que foi se introduzindo na maioria das testemunhas", e "importantes textos representativos dos tipos de texto alexandrino e ocidental resistiram a tal adição".[20] As evidências indicam o contrário: as testemunhas que omitem as palavras (ℵ* e B) são famosas, mas nem tão "importantes" (veja as observações sobre sua qualidade na nota de rodapé n. 12), e ℵ* até foi corrigido posteriormente (ℵ²) para refletir a leitura do texto. E, no que se refere às famílias de texto alexandrina e ocidental, a maioria de suas testemunhas nem apoia a leitura breve, mas a leitura que inclui as palavras καὶ νηστείᾳ.

Esses poucos exemplos mostram que um estudo minucioso e profundo do Novo Testamento não pode se basear apenas no texto crítico e nas traduções derivadas dele. Precisa considerar seriamente todas as evidências, incluindo o Texto Bizantino.

---

[20]B. Metzger, *Un comentario textual al Nuevo Testamento griego*, para Mc 9.29.

LIÇÃO 24

E agora? Como continuar?

24.1 Em primeiro lugar, *parabéns!*

Para chegar até esta parte do livro, você teve de empreender um esforço considerável. Estudou as lições, memorizou os vocabulários, fez os exercícios e provavelmente passou por momentos de desânimo e desejos de "jogar a toalha" – mas não desistiu! Espero que tudo isso não tenha significado apenas trabalho e suor, mas que você também tenha sido abençoado ao ver como textos bíblicos conhecidos, analisados detalhadamente, revelam a profundidade e riqueza existente na língua original. ***Parabéns*** por ter chegado até aqui!

24.2 E agora? *Como continuar?*

E agora? O que fazer para não perder todo esse investimento? Como continuar aproveitando o que estudou, consolidando os conhecimentos adquiridos e aplicando-os a sua vida? Seguem alguns conselhos que se mostraram úteis quando seguidos.

A experiência comprova que dedicar de 15 a 30 minutos a cada dia ao aprendizado de uma nova língua produz resultados muitíssimo mais efetivos do que se concentrar nela apenas 1 dia por semana, mesmo que naquele dia dedique 5 horas.

Em seu momento devocional, ou ao escutar uma pregação, ou ao preparar um estudo ou uma mensagem, procure sempre acompanhar a leitura do texto em um NT grego. Permita a seus olhos se familiarizarem mais e mais com os caracteres gregos e as estruturas das palavras e frases. Você não entenderá todas as palavras, mas se alegrará com cada palavra que reconhecer – e isso o motivará a continuar.

Comece lendo os textos escritos em um grego mais simples (mas não menos profundo), como, por exemplo, o Evangelho de João ou suas cartas, seguindo depois com os Evangelhos de Mateus e de Marcos. Leia cada dia um pouco, e persevere...

24.3 Leia e estude o Novo Testamento grego

Procure ter sempre um NT grego à mão. Hoje em dia é muito fácil ter acesso ao texto grego, e as versões disponíveis são muitas. Seguem algumas sugestões:

1. Versões digitais do NT grego

Vários aplicativos para *smartphone* e *tablet* permitem ter o texto grego literalmente na palma da mão. Além do texto, a maioria oferece também recursos adicionais que são muito úteis.

> *YouVersion,* com o texto do NT grego em diversas versões, identificadas pelas seguintes siglas: **BYZ04** (Texto Patriarcal), **BYZ18** (Texto Bizantino de Robinson & Pierpont), **F35** (Família 35 do Texto Bizantino de W. Pickering, com aparato crítico), **SBLG** (da Society of Biblical Literature), **TCGNT** (Texto Bizantino de **BYZ18** com aparato crítico indicando leituras variantes em outros textos gregos do NT), **THGNT** (da Tyndale House), e o *Textus Rexceptus* nas versões **TR1624** e **TR1894**. O aplicativo oferece também a possibilidade de comparar esses textos com traduções para o português e para outros idiomas, além de trazer uma variedade de excelentes recursos. Disponível também para computador em: bible.com/pt.
>
> **Bible App da Olive Tree,** um excelente aplicativo, que traz de graça o texto grego da SBL com seus recursos. Oferece

diversos materiais gratuitos, e nas frequentes promoções é possível adquirir ótimas obras com até 80% de desconto. Disponível também para computador em: olivetree.com.

Bible Hub, com diversos textos gregos (PT, RP, SBL, SCR, STE etc.), com tradução paralela para o inglês, análise morfológica, link para o Léxico de Strong (inglês), etc. Disponível também para computador: biblehub.com ou greekbible.org.

Blue Letter Bible, aplicativo gratuito que traz o texto grego da SBL com morfologia, o TR, e uma variedade de outras versões e recursos sumamente interessantes e úteis, sobretudo em inglês: blueletterbible.org.

GNT Reader, texto grego da SBL, com análise morfológica, concordância, aparato crítico, Léxico de Abbott-Smith (em inglês) e áudio. Disponível também para computador em: gntreader.com.

Hebrew/Greek Interlinear Bible, texto crítico com tradução interlinear para o inglês, análise morfológica, link para o Léxico de Strong (inglês).

ScriptureDirect (Interlinear Greek Bible), texto crítico próximo ao da NA e UBS, com tradução interlinear, diversos recursos interessantes, e o famoso Léxico de Low-Nida (em inglês). Disponível também para computador em: scripturedirect.com.

Para quem prefere ler e estudar a Bíblia no computador, há disponíveis diversos sites:

- academic-bible.com/en/online-bibles/about-the-online-bibles/
- accordancebible.com
- bible.com
- biblehub.com = greekbible.org
- bibliaportugues.com = biblehub.com;
- blueletterbible.org

- byzantinetext.com
- e-sword.net
- ebible.org
- gntreader.com
- laparola.net/greco
- logos.com
- olivetree.com
- sblgnt.com
- scripturedirect.com
- theword.net

Fique atento ao surgimento de novos aplicativos e sites.

2. Versões impressas do NT grego

Mesmo com todas essas possibilidades de ler o texto grego em formato digital, recomenda-se ter um Novo Testamento em formato impresso. Será útil não apenas para ler, mas também para fazer anotações, ou mesmo para ter consigo na hora de consultar outros materiais (o que certamente será necessário!). Seguem alguns, por ordem alfabética:

Novo Testamento grego. 5.ª ed. rev.(= UBS[5]). Texto idêntico à 28.ª ed. do *Novum Testamentum Graece* de Nestle-Aland, com algumas indicações de leituras variantes e suas testemunhas. Tem um layout mais "limpo" que o Nestle/Aland, o que facilita o estudo, principalmente para o iniciante.

Novo Testamento grego analítico, de Friberg & Friberg. Texto da 27.ª ed. de Nestle/Aland, com uma chave para a análise morfológica de cada palavra grega; no entanto, sem nenhuma ajuda para saber de que palavra se trata ou como achar essa palavra num léxico.

Novo Testamento interlinear analítico: Texto Majoritário com aparato crítico, editado por Gomes e Olivetti. Traz o

Texto Majoritário, uma análise morfológica de cada palavra com sua forma no léxico e uma tradução fluente além da interlinear. Contém um aparato crítico que remete a divisões significativas dentro dos mss remanescentes e variantes com as edições da UBS e Nestle/Aland.

Novo Testamento interlinear grego-português. Texto grego: *The Greek New Testament*, 5.ª ed. Tradução literal do grego por Vilson Scholz. Textos bíblicos em português: Nova Almeida Atualizada (NAA) e Nova Tradução na Linguagem de Hoje (NTLH).

Novum Testamentum graece, de Nestle-Aland. 28.ª ed. (= NA^{28}). Texto idêntico à 5.ª ed. do *Novo Testamento grego* da UBS, com mais indicações de leituras variantes, um aparato crítico mais completo, porém mais complicado de utilizar.

Textus receptus. Antigamente era publicado pela Sociedade Bíblica Trinitariana do Brasil.

The New Testament in the original Greek Byzantine textform 2018, de Maurice A. Robinson e William G. Pierpont. Essa edição traz um aparato crítico com todas as leituras em que o Texto Bizantino difere de Nestle/Aland e UBS, assim como um Apêndice com explicações detalhadas (em inglês) sobre a prioridade do Texto Bizantino. Está disponível para download sem custo (domínio público) em PDF de: ByzantineText.com.

24.4 Recursos para o estudo do NT grego

Ao ler o texto do NT grego, você perceberá que reconhece várias das palavras ali presentes; no entanto, também haverá uma quantidade grande de palavras para as quais precisará consultar materiais auxiliares para entendê-las corretamente. Seguem algumas sugestões de ferramentas que se mostraram de grande utilidade.

As obras apresentadas a seguir estão disponíveis em português. Além delas, existem excelentes materiais em outros idiomas que podem ser encontrados na internet. Junto com as informações bibliográficas, serão mostradas imagens (relacionadas a Mt 6.9-10) a fim de ilustrar o que os recursos trazem de útil.

1. Novo Testamento grego interlinear

Um NT interlinear apresenta o texto grego em uma linha, e na linha debaixo uma tradução ao português. Cada palavra grega tem a respectiva palavra traduzida logo debaixo dela.

A leitura em um NT interlinear é uma faca de dois gumes: é uma boa ajuda quando palavras desconhecidas aparecem traduzidas logo abaixo, o que mantém o ritmo da leitura e o ânimo para continuar. Por outro lado, quem costuma olhar imediatamente para a tradução, sem se esforçar primeiro por lembrar e exercitar o que já estudou, demora bem mais tempo para "caminhar com os próprios pés". O ideal é cobrir a linha da tradução e só olhar para ela depois de ter tentado por si próprio. Ler em um NT interlinear exige disciplina.

Vários dos aplicativos mencionados oferecem esse recurso de tradução interlinear. Os seguintes NT impressos também:

Novo Testamento interlinear analítico

Novo Testamento interlinear grego-português

2. Análise morfológica do texto do NT grego

Quase todos os aplicativos indicados acima ajudam a identificar a morfologia das palavras gregas. No entanto, deixam com o leitor o desafio de entender as abreviaturas que cada um usa, o que no início confunde um pouco. Muitos incluem os números de Strong e as traduções para o inglês de seu famoso léxico.

Entre os materiais impressos, o mais completo é o *Léxico analítico do Novo Testamento grego*, de W. D. Mounce. Apresenta a análise morfológica de todas as palavras gregas na forma em que ocorrem no NT, organizadas alfabeticamente. Inclui também um léxico com a tradução para o português.

Em estilo diferente, O *Novo Testamento grego analítico*, de Friberg & Friberg, também traz a identificação morfológica das palavras do NT grego com códigos, mas fica devendo informações essenciais para tirar proveito do que oferece:

αἰτῆσαι αὐτόν. 6.9 Οὕτως οὖν προσεύχεσθε ὑμεῖς·
VNAAG   NPAMZS   AB   CH   VMPN--YP   NPN-YP

Πάτερ ἡμῶν ὁ   ἐν τοῖς οὐρανοῖς,
N-VM-S   NPG-XP DVMS PD DDMP N-DM-P

ἁγιασθήτω τὸ   ὄνομά σου,
VMAP--ZS   DNNS N-NN-S NPG-YS

6.10   ἐλθέτω ἡ   βασιλεία σου,
        VMAA--ZS DNFS N-NF-S   NPG-YS

As ferramentas de análise morfológica são úteis, mas também são limitadas. Podem informar, por exemplo, que determinado verbo está no tempo presente do modo imperativo, mas não esclarecem que tipo de presente é, nem qual uso do imperativo deve ser entendido. Ou podem informar que um substantivo está no genitivo, mas não dizem que tipo de genitivo é. Essas decisões o intérprete precisa tomar, e um dos objetivos desta gramática é capacitá-lo para isso.

3. Chave linguística do NT grego

Existe um material muito útil que procura ajudar em tudo o que foi mencionado até agora: a *chave linguística*. É um material que segue a ordem do texto bíblico, e em cada versículo oferece as informações necessárias para entender cada palavra grega. Analisa-as, apresenta possíveis traduções no contexto em que ocorrem, às vezes acrescenta informações relacionadas a sintaxe etc. Faz tudo isso. Mas pressupõe que o leitor conheça os significados das palavras que ocorrem mais de 40 vezes no NT, pois não oferece informações sobre elas. (Daí a necessidade de memorizar os vocabulários em cada lição desta gramática).

Nova chave linguística do Novo Testamento grego, de Wilfrid Haubeck e Heinrich von Siebenthal:

9 9 προσ-εύχεσθε imp. • ὑμεῖς suj. enfático (A122); segue uma oração-modelo ("pai-nosso"), na forma em que Jesus deve tê-la ensinado em diversas ocasiões de formas diferenciadas ou nas distintas formas em que os primeiros cristãos a transmitiram (cf. Lc 11.1-4 e Didaquê 8.2-3). • πάτερ voc. πατήρ. • ὁ ἐν τοῖς οὐρανοῖς (= ὁ οὐράνιος [v. 14]) atr. de πάτερ (cf. A84); πάτερ ἡμῶν ὁ ἐν τοῖς οὐρανοῖς *pai nosso (que está/mora) no céu*, trad. *pai nosso no céu*. • ἁγιασθήτω aor. imp. pass. 3ª sing. ἁγιάζω⁹¹ *santificar, tornar santo, consagrar*; aqui *tratar como santo,*
10 *considerar santo* (B 3). **10** ἐλθέτω aor. imp. 3ª sing. ἔρχομαι; ἐλθέτω ἡ βασιλεία σου *venha o teu reino/teu domínio*; esta petição deve incluir esp. os seg. aspectos: a) o domínio salvífico de Deus, que irrompeu com a vinda de Jesus, está se expandindo (pelo fato de os seres humanos estarem se submetendo a ele e provando a bênção da salvação [escatológica]); b) ele logo mais se desdobrará em sua perfeição definitiva. • γενηθήτω aor. imp. pass. 3ª sing. γίνομαι aqui *ser feito* (B I2a), *acontecer*. • ὡς... καί *como... assim também* (B καί I13; cf. BDR §453³); γενηθήτω... ὡς ἐν οὐρανῷ καὶ ἐπὶ γῆς (sobre o art. "faltante" v. A106a) *como (ela acontece) no céu, assim aconteça também na terra* ou (NGÜ:) *aconteça na terra, assim como acontece no*
11 *céu*. **11** ἐπιούσιος¹¹ signif. incerto; as alternativas mais importantes são as seguintes

Chave linguística do Novo Testamento grego, de Fritz Rienecker e Cleon Rogers:

inf. aor. αἰτέω pedir. ■ οὕτως assim, da seguinte maneira. ἁγιασθήτω 9 3.ª sing. imp. aor. pass. ἁγιάζω (3 - 27) tratar como santo, reverenciar (BAG). (Para o imp. aor. nas orações, v. W.F. Bakker: *The Greek Imperative*). ■ ἐλθάτω 3a sing. imp. aor. ἔρχομαι vir. A petição 10 é para a futura vinda de Deus a fim de estabelecer Sua soberania na terra (McNeile). βασιλεία reino, governo de um rei, γενηθήτω 3a sing. imp. aor. γίνομαι tornar-se, vir a acontecer, ser feito, acontecer. ■ ἐπιούσιος 11

4. Dicionários e léxicos do grego do NT

No Brasil, temos alguns bons léxicos do grego do NT traduzidos para o português.

> *Bíblia de estudo palavras-chave hebraico e grego*. Essa Bíblia de estudo contém no Apêndice o *Dicionário grego do Novo Testamentoi*, de Strong, com materiais adicionais extraídos

da obra *Dicionário de estudo de palavras: Novo Testamento*, compilado por Spiros Zodhiates.

Gingrich, F. Wilbur; Danker, Frederick W. *Léxico do Novo Testamento grego/português*.

Louw, Johannes P.; Nida, Eugene A., orgs. *Léxico grego-português do Novo Testamento baseado em domínios semânticos*.

Robinson, Edward. *Léxico grego do Novo Testamento*.

Rusconi, Carlo. *Dicionário do grego do Novo Testamento*.

Taylor, William Carey. *Dicionário do Novo Testamento grego*.

Vine, W. E.; Unger, Merril F.; White Jr., William. *Dicionário Vine: o significado exegético e expositivo das palavras do Antigo e do Novo Testamento*.

Também são interessantes os materiais afins e dicionários teológicos como:

Barclay, William. *As obras da carne e o fruto do Espírito*.
_____. *Palavras chaves do Novo Testamento*.

Coenen, L.; Brown, Colin, orgs. *Dicionário internacional de teologia do Novo Testamento*.

Pop, F. J. *Palabras bíblicas e sus significados*.

5. Gramáticas avançadas de grego do NT

Acontecem diversas situações em que as informações oferecidas por uma gramática como esta precisam ser suplementadas por gramáticas mais completas e específicas. Podem ser recomendadas as seguintes obras em português:

Alexandre Júnior, Manuel. *Exegese do Novo Testamento: um guia básico para o estudo do texto bíblico*.

Dias, Marcelo; Pinto, Carlos Osvaldo. *Fundamentos para exegese do Novo Testamento*.

WALLACE, Daniel B. *Gramática grega: uma sintaxe exegética do Novo Testamento.*

REGA, Lourenço S.; BERGMANN, Johannes. *Noções do grego bíblico: gramática fundamental.*

6. O projeto do NT original

Na minha busca por materiais que pudessem auxiliar no estudo do NT grego, cheguei a conhecer praticamente tudo o que existe no mercado para esse fim, tanto em português como também em espanhol, em inglês e em alemão. Achei materiais úteis, como os apresentados acima, mas nenhum material pareceu-me completo. Sempre foi necessário buscar recursos adicionais.

Sonhei com um material que satisfizesse as expectativas dos mais exigentes, e criei então o projeto do **NT Original**. É um projeto inédito e singular, que traz tudo o que as diversas obras apresentam, e muito mais.

O **NT Original** parte do texto original grego (contendo as leituras variantes adotadas em edições modernas), analisa detalhadamente o texto palavra por palavra, versículo por versículo, registra as observações em uma variedade de notas e culmina em uma tradução do texto para o português.

As características que fazem dessa obra um projeto inédito e singular são:

a. O texto original grego, apresentado de modo que cada leitor possa ler o texto de sua preferência, seja NA[28], UBS[5], *Textus receptus*, Majoritário, Bizantino, f^{35} ou Patriarcal.
b. Indicação de leituras variantes no texto original, mediante um sistema de sinais inovador que permite saber qual a natureza de uma variante.
c. Leituras variantes analisadas, traduzidas e comentadas quando significativas ou interessantes, bem como a menção da edição do NT grego que as seguem.

d. Um sistema inédito de sinais de identificação morfológica de formas verbais que permite perceber o aspecto da ação verbal durante a leitura, tanto no texto original quanto em sua tradução. [Esses sinais são os que foram usados também nesta gramática.]
e. Análise linguística, sintática e exegética do texto original, palavra por palavra, com todas as informações necessárias para sua correta compreensão e interpretação, em uma riqueza de detalhes não achada em outras chaves linguísticas.
f. Notas esclarecedoras sobre funções sintáticas que contribuem para uma melhor compreensão do sentido do texto.
g. Opções de tradução de palavras ou expressões gregas, no contexto particular em que ocorrem, com explicações de conceitos-chave (detalhes que um NT interlinear não pode oferecer).
h. Uma tradução direta do texto original para o português em linguagem contemporânea, tão literal quanto possível e tão livre quanto necessária (comumente não apresentada em uma chave linguística ou em um NT interlinear).
i. Transliteração das palavras gregas com auxílio à pronúncia, e notas com explicações simplificadas para quem não está familiarizado com o grego.
j. Abundantes referências cruzadas, bem como breves comentários bíblico-teológicos que mostram como a Bíblia se interpreta a si mesma.
k. Um apêndice gramatical conciso com noções elementares e avançadas do grego bíblico.

Lição 24 | E agora? como continuar?

Seguem imagens das páginas referentes a Mateus 6.9,10 do NT Original:

9 Οὕτως οὖν ⁻προσεύχεσθε¹ ὑμεῖς· Πάτερ ἡμῶν ὁ ἐν τοῖς οὐρανοῖς, °ἁγιασθήτω¹ τὸ ὄνομά σου.

9 *Vocês*[31], então, ⁻orem[/32] assim[33]: "Nosso Pai[34], que estás nos céus[35], que o teu nome[36] °seja honrado[/37].

---

9 •[33] **Οὕτως** *houtōs*, adv. - *assim, dessa maneira, deste modo*. A oração que segue pode ser orada na forma em que está proposta, pensando em cada palavra, desde que não se torne uma repetição mecânica, vã; ela também pode ser considerada um modelo, um exemplo de como orar; possivelmente Jesus a ensinou em diversas ocasiões com algumas variações (cf. Lc 11.1-4; Didaquê 8.2). + •[32] ⁻**προσεύχεσθε¹** *proseuchesthe*, pres. imp. dep. 2p, προσ-εύχομαι *pros-euchomai*, v. 5; o pres. imp. indica que uma ação deve continuar de maneira habitual e costumeira. + •[31] **ὑμεῖς** *hymeis*, p.p. 2p, nom. v. 1; suj. enfático: *vocês*, que conhecem a Deus como Pai (v. 8), em contraste com os que não conhecem a Deus. •[34] **Πάτερ** *pater*, voc., πατήρ *patēr*, v. 1. Com esta invocação Jesus estabelece a base da oração em um relacionamento familiar e íntimo com Deus; ao se dirigir a Deus em oração, é para fazê-lo pensando nele como um Pai de amor. Enquanto que no AT Deus era chamado de Pai apenas 11 vezes (p.ex. Sl 103.13; Is 63.16), no NT ele é chamado de Pai 155 vezes (p.ex. Jo 1.12; Rm 8.15-17), como resultado da revelação e da obra de Jesus Cristo. + • **ἡμῶν** *hēmōn*, p.p. 1p, gen, ἐγώ *egō*; > *nosso*. O plural nesta oração mostra que um filho de Deus não é um indivíduo isolado, mas que pensa também em outros irmãos da família da fé (cf. Gl 6.10). •[35] **ὁ ἐν τοῖς οὐρανοῖς** *ho en tois ouranois* - *que está nos céus*, cf. Mt 5.16; semit.: *celestial*. 2Cr 7.14. •[37] °**ἁγιασθήτω¹** *hagiasthētō*, aor. imp. pass. 3s, ἁγιάζω *hagiazō* - *santificar, honrar, reverenciar, respeitar como sagrado* (cf. Is 29.23); pass.: *seja honrado*; imp. de pedido ou súplica > *que seja honrado*. + •[36] **ὄνομα** *onoma*, nom. n. - *nome*; o nome representa a pessoa, é a expressão da sua essência (cf. Jo 17.6; Rm 9.17). + • **σου** *sou*, v. 2. > ἁγιασθήτω τὸ ὄνομά σου, "que todos reconheçam que o teu nome é santo" (NTLH), "que sejas reverenciado como santo" ou "que sejas reconhecido como Deus" (L-N 88.27). Cf. Sl 34.3[4]; Ez 36.23; 39.7; 1Pe 3.15.

10 °Ἐλθέτω᷾ ἡ βασιλεία σου.
῾Γενηθήτω᷾ τὸ θέλημά σου,
ὡς ἐν οὐρανῷ, καὶ ἐπὶ τῆς γῆς.

10 °Venha᷾[38] o teu *Reino[39];
°seja feita᷾[40] a tua vontade[41],
como no céu[42], assim também sobre a terra[43].

10 •[38] Ἐλθέτω᷾ *elth<u>e</u>tō*, aor. imp. 3s, ἔρχομαι *<u>e</u>rchomai* - *vir, aparecer* (BAG), *ser estabelecido* (ER). + •[39] βασιλεία *basil<u>ei</u>a*, nom. f. - *reino, domínio, governo soberano, o exercício do poder real* (S-Z); cf. Mt 5.3. Esta petição pela vinda do Reino pode incluir: (1) que o domínio salvífico de Deus, que irrompeu com a vinda de Jesus (cf. Mt 12.28; Lc 17.20), se manifeste e se expanda, com seres humanos se submetendo a ele e experimentando as bênçãos da salvação, e (2) que a gloriosa consumação final do Reino de Deus aconteça em breve. •[40] ῾Γενηθήτω᷾ *gen<u>ē</u>th<u>ē</u>tō*, aor. imp. dep. 3s, γίνομαι *ginomai* - *acontecer, ser feito, realizado, cumprido, executado*. + •[41] θέλημα *thel<u>ē</u>ma*, nom. n. - *desejo, vontade, propósito, plano*. • ἐν *en*, v. 2. •[42] οὐρανῷ, *ouranō̂*, dat., οὐρανός *ouran<u>o</u>s* - *céu, a morada de Deus e dos seres celestiais* (Mt 18.10; Sl 103.19-22). • καὶ *kai*, v. 2. + • ἐπὶ *epi*, prep. - *sobre, em*. + • τῆς *tēs*, art. gen. f., ἡ *hē* - *a* [Var.: —]. + •[43] γῆς *gēs*, gen. f., γῆ *gē* - *terra, mundo*, ou seja, *entre os homens*; > *a tua vontade seja feita aqui na terra assim como é feita no céu*; que na minha vida, na vida da igreja e no mundo a vontade de Deus se cumpra! • Sl 135.6; Mt 7.21; 21.31; 26.39-42; Lc 1.38; Jo 6.38; At 21.14; Rm 8.19-23; 14.17; Tt 2.13; 2Pe 3.12s.
Var.: τῆς, *a.* BIZ TR TP ‖ — NA/UBS.

Da coleção do **NT Orıgınɑl**, já está disponível o volume introdutório:

Bergmann, Johannes. *O Sermão do Monte (Mateus 5 a 7): Novo Testamento grego-português com chave linguística, exegética e comentários* (Curitiba: Esperança, 2023).

24.5 Finalmente...

Estudar o grego do NT e usar todos os recursos linguísticos disponíveis não é mais que um meio para chegar a um fim. A Bíblia é um documento que Deus preparou para se comunicar com o ser humano que ele criou e ama, e com quem deseja se relacionar. É para nós um privilégio especial ouvir Deus falando por meio de sua Palavra, que *"é viva e eficaz, e mais afiada que qualquer espada de dois gumes; ela penetra até o ponto de dividir alma e espírito, juntas e medulas, e julga os pensamentos e as intenções do coração"* (Hb 4.12). Essa Palavra, inspirada por ele, *"é útil para o ensino, para a repreensão, para a correção e para a instrução na justiça, para que o homem de Deus seja apto e plenamente preparado para toda boa obra"* (2Tm 3.16,17).

Ouvir Deus falando a nós é obra do Espírito Santo. Sermos sensíveis a sua voz e ter um coração aberto para aceitar e aplicar o que ele nos diz deve ser nosso objetivo final.

Que o Senhor Jesus Cristo abençoe a cada um que se dispõe a ouvir Aquele que disse: *"Eu o instruirei e lhe mostrarei o caminho que você deve seguir. Eu o aconselharei e cuidarei de você"* (Sl 32.8).

Ἀμήν.

Apêndice 1
CRONOGRAMA

Para ministrar um curso com o conteúdo desta gramática, recomendamos dedicar um ano letivo (30 semanas) para que haja tempo suficiente para o aluno assimilar bem o conteúdo. Sugerimos o seguinte cronograma a ser desenvolvido em dois períodos de 15 semanas cada um.

Aula	Lição	Conteúdo
		Primeiro semestre
1	1	O alfabeto, acentos e outros sinais
2	2	Verbos: introdução; aspecto verbal; presente do indicativo; usos do presente
3	3	Verbos: presente do subjuntivo; usos do modo subjuntivo
4	4	Verbos: futuro do indicativo; usos do futuro
5	–	Revisão
6	5	Substantivos: introdução; artigo; casos; 2.ª declinação
7	6	Substantivos: 1.ª declinação; usos do nominativo, do genitivo e do vocativo
8	7	Adjetivos; graus de comparação
9	8	Preposições
10	–	Revisão
11	9	Pronomes: pessoais, possessivos, demonstrativos e relativos; usos do pronome relativo
12	10	Verbos: imperfeito; usos do imperfeito; verbos defectivos/depoentes
13	11	Verbos: introdução ao aoristo; 2º aoristo do indicativo e do subjuntivo; usos do aoristo
14	12	Verbos: 1º aoristo do indicativo e do subjuntivo
15	–	Revisão e avaliação

Aula	Lição	Conteúdo
		Segundo semestre
16	13	Substantivos: 3ª declinação; usos do dativo e do acusativo
17	14	Particípios: introdução; particípio presente e futuro; uso adverbial do particípio; sentidos do particípio
18	15	Particípios: particípio aoristo; uso adjetivo do particípio; genitivo absoluto; o particípio e a questão do tempo
19	16	Pronomes: interrogativos, indefinidos, reflexivos e recíprocos
20	–	Revisão
21	17	Verbos: perfeito e mais-que-perfeito
22	18	Verbos: modo imperativo, optativo e seus usos
23	19	Verbos: o infinitivo
24	20	Verbos: verbos contraídos; conjugação em -μι
25	–	Revisão
26	21	Usos do artigo; numerais
27	22	Orações condicionais; advérbios; conjunções e partículas
28	23	O texto original do Novo Testamento
29	24	E agora... Como continuar?
30	–	Revisão e avaliação

Apêndice 2: QUADRO PARA IDENTIFICAÇÃO DE FORMAS VERBAIS

Aum.	Rad.	Características	Terminações		Identificação			P.
	R		-ω -εις -ει		-ομεν -ετε -ουσι(ν)	Pres.	Ind.	A.	—	35
	R		-ομαι -η -εται		-όμεθα -εσθε -ονται	Pres.	Ind.	M./P.	—	36
	R		-ειν | -εσθαι	Inf.		Pres.		A. | M./P.	—	35s.
	R	[ω/η]	-ω -ῃς -ῃ		-ωμεν -ητε -ωσι(ν)	Pres.	Subj.	A.	—	44
	R	[ω/η]	-ωμαι -ῃ -ηται		-ώμεθα -ησθε -ωνται	Pres.	Subj.	M./P.	—	45
	R	ο ντ|υσ|ντ	3ª | 1ª | 3ª declin.	Part.		Pres.		A.	—	139s.
	R	ο μεν	2ª | 1ª | 2ª declin.	Part.		Pres.		M./P.	—	140
	R	ε [τ]	--τω		-τε -τωσαν	Pres.	Imp.	A.	—	182s.
	R	ε [σθ]	-ου -σθω		-σθε -σθωσαν	Pres.	Imp.	M./P.	—	183
	R	οι	-μι -ς --		-μεν -ε -εν	Pres.	Opt.	A.	—	185s.
	R	οι	-μην -ο -το		-μεθα -σθε -ντο	Pres.	Opt.	M./P.	—	185s.
	R	σ	-ω -εις -ει		-ομεν -ετε -ουσι(ν)	Fut.	Ind.	A.	—	51
	R	σ	-ομαι -ῃ -εται		-όμεθα -εσθε -ονται	Fut.	Ind.	M.	—	51
	R	σ	-ειν | -εσθαι	Inf.		Fut.		A. | M.	..	51
	R	σ [ω/η]	-ω -ῃς -ῃ		-ωμεν -ητε -ωσι(ν)	1.º aor.	Subj.	A.	●	124
	R	σ [ω/η]	-ωμαι -ῃ -ηται		-ώμεθα -ησθε -ωνται	1.º aor.	Subj.	M.	●	124
	R	σ ο ντ|υσ|ντ	3ª | 1ª | 3ª declin.	Part.		Fut.		A.	..	141
	R	σ ο μεν	2ª | 1ª | 2ª declin.	Part.		Fut.		M.	..	141
	R	σ α	-ι | -σθαι	Inf.		1.º aor.		A. | M.	●	125
	R	σ α ντ|σ|ντ	3ª | 1ª | 3ª declin.	Part.		1.º aor.		A.	●	150s.
	R	σ α μεν	2ª | 1ª | 2ª declin.	Part.		1.º aor.		M.	●	150
	R	σ α [τ]	-σον -τω		-τε -τωσαν	1.º aor.	Imp.	A.	●	183
	R	σ α [σθ]	-σαι -σθω		-σθε -σθωσαν	1.º aor.	Imp.	M.	●	183
	R	σ αι	-μι -ς --		-μεν -τε -εν	1.º aor.	Opt.	A.	●	186

Aum.	Rad.	Características	Terminações		Identificação		P.
R		σ αι	-μην -ο -το		1.° aor. Opt.	M.	186
R		θ [ω/η]	-ῶ -ῆς -ῆ		1.° aor. Subj.	P.	124s.
R		θε ντ|σ|ντ		Part.	1.° aor.	P.	150s.
R		θε ἱη	-ν -ς --		1.° aor. Opt.	P.	186
R		θη	-ναι	Inf.	1.° aor.	P.	125
R		θη [τ]	-τι -τω		1.° aor. Imp.	P.	183
R		θη σ	-ομαι -η -εται		Fut. Ind.	P.	52
R		θη σ	-εσθαι		Fut.	P.	52
R		θη σ ο μεν	2ª | 1ª | 2ª declin.	Part.	Fut.	P.	141
ᾳ			-εῖν | -εσθαι	Inf.	2.° aor.	A. | M.	116s.
ᾳ	ῃ		-ναι	Inf.	2.° aor.	P.	117
ᾳ		[ω/η]	-ω -ῃς -ῃ		2.° aor. Subj.	A.	118
ᾳ		[ω/η]	-ωμαι -η -ηται		2.° aor. Subj.	M.	118
ᾳ		ο ντ|σ|ντ	3ª | 1ª | 3ª declin.	Part.	2.° aor.	A.	151
ᾳ		ο μεν	2ª | 1ª | 2ª declin.	Part.	2.° aor.	M.	151
ᾳ		ε ντ|σ|ντ	3ª | 1ª | 3ª declin.	Part.	2.° aor.	P.	151
ᾳ		ε [τ]	-- -τω		2.° aor. Imp.	A.	183
ᾳ		ε [σθ]	-ου -σθω		2.° aor. Imp.	M.	184
ᾳ		οι	-μι -ς --		2.° aor. Opt.	A.	185s.
ᾳ		οι	-μην -ο -το		2.° aor. Opt.	M.	185s.
ᾳ	η	[τ]	-θι -τω		2.° aor. Imp.	P.	184
ReR		κ	-α -ας -ε(ν)		Perf. Ind.	A.	167s.
ReR		κ	-έναι	Inf.	Perf.	A.	168
ReR			-σθαι	Inf.	Perf.	M./P.	168
ReR		κ οτ|υι|οτ	3ª | 1ª | 3ª declin.	Part.	Perf.	A.	170s.
ReR			-μαι -σαι -ται		Perf. Ind.	M./P.	168

Apêndice 2 | Quadro para identificação das formas verbais

Aum.	Rad.	Características	Terminações			Identificação			Ação	P.
			2ª | 1ª | 2ª declin.			Part.	**Perf.**	M./P.	●---	171
	ReR	μεν	-μι -ς -σι(ν)	-μεν -τε -ασι(ν)			Pres.	Ind.	A.	---	207
	RεR		-μαι -σαι -ται	-μεθα -σθε -νται			Pres.	Ind.	M./P.	---	207
	RεR		--- -ς ---	-μεν -τε -σι(ν)			Pres.	Subj.	A.	---	207
	RεR		-μαι -[ω/η]-ται	-μεθα -σθε -νται			Pres.	Subj.	M./P.	---	207
	RεR		--- --- -τω	--- -τε -τωσαν			Pres.	Imp.	A.	---	207
	RεR		--- -σο -σθω	--- -σθε -σθωσαν			Pres.	Imp.	M./P.	---	207
	RεR	ιη	-ν -ς ---	-μεν -τε -εν			Pres.	Opt.	A.	---	207
	RεR	ι	-μην -ο -το	-μεθα -σθε -ντο			Pres.	Opt.	M./P.	---	207
	RεR		-ναι | -σθαι			Inf.	Pres.		A. | M./P.	---	207
	RεR	ντ|υσ|ντ	3ª | 1ª | 3ª declin.			Part.	Pres.		A.	---	207
	RεR	μεν	2ª | 1ª | 2ª declin.			Part.	Pres.		M./P.	---	207
ε	R		-ον -ες -ε(ν)	-ομεν -ετε -ον			Impf.	Ind.	A.	---	105s.
ε	R		-ομην -ου -ετο	-ομεθα -εσθε -οντο			Impf.	Ind.	M./P.	---	105s.
ε	R	σ [α]	-α -ας -ε(ν)	-αμεν -ατε -αν			1° aor.	Ind.	A.	●	123
ε	R	σ [α]	-αμην -ω -ατο	-αμεθα -ασθε -αντο			1° aor.	Ind.	M.	●	123
ε	R	θη		-μεν -τε -σαν			1° aor.	Ind.	P.	●	124
ε	Я		-ον -ες -ε(ν)	-ομεν -ετε -ον			2° aor.	Ind.	A.	●	116
ε	Я		-ομην -ου -ετο	-ομεθα -εσθε -οντο			2° aor.	Ind.	M.	●	117
ε	Я	η	-ν -ς ---	-μεν -τε -σαν			2° aor.	Ind.	P.	●	117
(ε)	ReR	κ/---	-ειν -εις -ει	-ειμεν -ειτε -εισαν			MqPf.	Ind.	A.	●---	173
(ε)	ReR	---	-μην -σο -το	-μεθα -σθε -ντο			MqPf.	Ind.	M./P.	●---	173
ε	RεR		-ν -ς ---	-μεν -τε -σαν			Impf.	Ind.	A.	---	207
ε	RεR		-μην -σο -το	-μεθα -σθε -ντο			Impf.	Ind.	M./P.	---	207

Legenda: R = Radical do presente. **Я** = Radical do 2° aor. **ReR** = Radical reduplicado. **RεR** = Radical reduplicado da conjugação em -μι. Nos infinitivos, as terminações separadas por | referem-se às vozes. Nos particípios, as informações separadas por | referem-se aos gêneros: masc. | fem. | neut., e as declinações: 1ª | 2ª | 3ª.

Apêndice 3
VOCABULÁRIO

Significados mais comuns das palavras que ocorrem mais de 40 vezes no NT, além de outras palavras importantes:

A α		
ἀγαθός, -ή, -όν (102)	bom; reto	§ 07
ἀγαπάω (143)	amar, com consideração, afeição e benevolência	§ 04
ἀγάπη, -ης, ἡ (116)	(< ἀγαπάω) amor	§ 06
ἀγαπητός, -ή, -όν (61)	amado	§ 12
ἄγγελος, -ου, ὁ (176)	anjo; mensageiro	§ 05
ἅγιος, -ία, -ον (233)	santo; consagrado, separado por ou para Deus	§ 07
ἄγω (67)	conduzir, guiar; ir [rad. 2º aor.: ἀγαγ]	§ 11
ἀδελφός, -οῦ, ὁ (343)	irmão; membro da comunidade da fé; compatriota; próximo	§ 05
αἷμα, -ατος, τό (97)	sangue	§ 13
αἴρω (101)	levantar; carregar, levar; tirar, remover	§ 09
αἰτέω (70)	pedir, rogar, solicitar; demandar, requerer (algo)	§ 14
αἰών, αἰῶνος, ὁ (122)	era, século; eternidade; mundo	§ 09
αἰώνιος, -ον (70)	eterno	§ 03
ἀκολουθέω (90)	seguir, acompanhar, ir junto com Jesus convida: Una-se a mim! Venha comigo!	§ 02
ἀκούω (430)	ouvir, escutar; prestar atenção; entender; obedecer	§ 02
ἀλήθεια, -ας, ἡ (109)	verdade	§ 04
ἀληθινός, -ή, -όν (28)	verdadeiro; genuíno, real; confiável	§ 07
ἀλλά (ἀλλ᾽) (638)	conj. adversativa: mas; todavia, porém; exceto	§ 03
ἀλλήλοις (13)	pron. recíproco, dat.: uns aos / para os outros	§ 16
ἀλλήλους (66)	pron. recíproco, ac.: uns aos outros; mutuamente	§ 16
ἀλλήλων (20)	pron. recíproco, gen.: uns dos outros	§ 16
ἄλλος, -η, -ο (155)	outro (da mesma espécie); ὁ ἄλλος: o outro	§ 07

ἁμαρτάνω (43)	lit.: errar o alvo, pecar, i.e., todo agir contrário à lei, à vontade, à justiça de Deus [rad. 2º aor.: ἁμαρτ]	§ 11
ἁμαρτία, -ας, ἡ (173)	(< ἁμαρτάνω) pecado, transgressão; também a culpa resultante do ato	§ 06
ἁμαρτωλός, -όν (47)	pecaminoso	§ 22
ἀμήν (130)	partíc. asseverativa: verdadeiramente, certamente; amém, assim seja!	§ 05
ἄν (167)	partíc. que denota condição ou eventualidade; não é traduzida	§ 10
ἀνά (13+)	prep. c/ ac.: para cima; acima, sobre; cada; como prefixo: para cima; outra vez	§ 04 § 08
ἀναβαίνω (82)	subir	§ 09
ἀνάστασις, -εως, ἡ (42)	ressurreição	§ 13
ἀνήρ, ἀνδρός, ὁ (216)	homem; varão; marido; ser humano	§ 09
ἄνθρωπος, -ου, ὁ (551)	homem; ser humano, pessoa	§ 05
ἀνίστημι (108)	levantar, ressuscitar; levantar-se	§ 15 § 20
ἀνοίγω (77)	abrir	§ 17
ἀντί (ἀνθ') (22)	prep. c/ gen.: em lugar de, em vez de; em troca de; por; como prefixo: em oposição a, contra	§ 08
ἄξιος, -ία, -ον (41)	digno; merecedor	§ 19
ἀπαγγέλλω (45)	relatar; anunciar, proclamar	§ 20
ἀπέρχομαι (118)	partir, sair; ir	§ 10
ἀπό (ἀπ', ἀφ') (646)	prep. c/ gen. abl.: de; desde; da parte de	§ 04 § 08
ἀποδίδωμι (48)	entregar, pagar, retribuir, restituir; dar, produzir; recompensar; vender	§ 15 § 20
ἀποθνῄσκω (111)	morrer [rad. 2º aor.: θαν]	§ 10 § 11
ἀποκρίνομαι (232)	responder	§ 10
ἀποκτείνω (74)	matar	§ 17
ἀπόλλυμι (91)	destruir; perecer [rad. 2º aor.: ἀπολ]	§ 11 § 20
ἀπολύω (67)	soltar, libertar; deixar ir	§17
ἀποστέλλω (132)	enviar [rad. 2º aor.: σταλ]	§ 10 § 11
ἀπόστολος, -ου, ὁ (80)	apóstolo; enviado, mensageiro	§ 17
ἄρα (49)	partíc. inferencial: pois, portanto; então	§ 21
ἄρτος, -ου, ὁ (97)	pão	§ 09
ἀρχή, -ῆς, ἡ (55)	começo, início, origem, princípio	§ 17
ἀρχιερεύς, -έως, ὁ (122)	sumo sacerdote	§ 13
ἄρχω (86)	governar; voz média: começar	§ 17
ἀσπάζομαι (59)	saudar	§ 10

αὐτός, -ή, -ό (5.601)	*ele / ela* = pron. pess. da 3ª. pess. sg.	§ 02
αὐτοί, -αί, -ά	*eles / elas* = pron. pess. da 3ª. pess. pl.	§ 02
ἀφίημι (146)	*despedir, mandar embora; deixar; permitir; abandonar; perdoar*	§ 09 § 20
ἄχρι(ς) (49)	conj., e como prep. c/ gen.: *até; até que*	§ 22

Β β

βάλλω (122)	*jogar; lançar* [rad. 2º aor.: βαλ]	§ 11
βαπτίζω (77)	*batizar; imergir, mergulhar; lavar*	§ 02
βασιλεία, -ας, ἡ (162)	*reino; reinado, governo, domínio real; o reinar*	§ 06
βασιλεύς, -έως, ὁ (115)	*rei*	§ 13
βλέπω (133)	*ver, olhar, contemplar*	§ 09

Γ γ

γάρ (1.042)	conj. causal / explicativa, pospos.: *pois, portanto; porque; certamente*	§ 03
γενεά, -ᾶς, ἡ (43)	*geração; era*	§ 19
γεννάω (97)	*gerar; dar à luz;* voz passiva: *nascer*	§ 14
γῆ, -ῆς, ἡ (250)	*terra*	§ 06
γίνομαι (670)	*ser; vir a ser, tornar-se; acontecer* [rad. 2º aor.: γεν]	§ 05 § 11
γινώσκω (222)	*vir a conhecer; conhecer, saber; compreender, reconhecer*	§ 02
γλῶσσα, -ης, ἡ (50)	*língua; linguagem, idioma*	§ 06
γραμματεύς, -έως, ὁ (64)	*escriba*	§ 13
γραφή, -ῆς, ἡ (51)	*escrito, Escritura*	§ 18
γράφω (191)	*escrever, registrar, descrever, redigir*	§ 14
γυνή, -αικός, ἡ (215)	*mulher; esposa*	§ 13

Δ δ

δαιμόνιον, -ου, τό (63)	*demônio*	§ 17
δέ (δ') (2.801)	partíc. copul. pospos., advers.: *mas, porém, no entanto, por outro lado;* cont. ou explicativa: *ora, então; e, também, além disso; ou seja, a saber.*	§ 04
δεῖ (101)	verbo impessoal: *é necessário, é preciso, deve-se*	§ 17
δείκνυμι (33)	*dar a conhecer, mostrar, demonstrar, exibir; explicar*	§ 20

δεξιός, -ά, -όν (54)	direito; destro	§ 18
δεύτερος, -α, -ον (43)	segundo	§ 15
δέχομαι (56)	pegar; receber, aceitar; acolher	§ 10
δέω (43)	atar, amarrar; prender; proibir	§ 18
διά (δι') (668)	prep. c/ gen.: por; por meio de; através de; c/ ac.: por causa de	
	διά (τό) + inf. ≈ por causa de, por; porque	§ 04 § 08
διακονέω (37)	servir, atender, cuidar de; ministrar	§ 12
διδάσκαλος, -ου, ὁ (59)	mestre, professor, instrutor	§ 18
διδάσκω (97)	ensinar, instruir	§ 14
δίδωμι (415)	dar, outorgar, conceder, constituir, oferecer; causar; entregar, confiar; colocar; realizar; designar etc.	§ 02 § 20
διέρχομαι (43)	atravessar; passar (por)	§ 08
δίκαιος, -α, -ον (79)	justo; reto; conforme ao padrão ou caráter de Deus	§ 07
δικαιοσύνη, -ης, ἡ (92)	(< δίκαιος) justiça, retidão, aquilo que é justo, aquilo que Deus quer, vida conforme à vontade de Deus	§ 15
διό (53)	conj.: por isso; portanto	§ 22
διώκω (45)	perseguir, seguir; ir atrás de	§ 16
δοκέω (63)	pensar, crer, supor, imaginar, considerar; parecer	§ 12
δόξα, -ης, ἡ (166)	glória, honra, majestade, esplendor, grandeza	§ 06
δοξάζω [δοξαδ-] (61)	honrar; glorificar; exaltar; adorar; louvar	§ 15
δοῦλος, -ου, ὁ (124)	escravo; servo	§ 05
δύναμαι (210)	ser capaz (de), estar em condições de, poder	§ 08
δύναμις, -εως, ἡ (119)	poder, força, vigor; capacidade, habilidade; ato de poder, milagre	§ 09
δυνατός, -ή, -όν (32)	capaz, forte, poderoso; habilidoso; δυνατόν ἐστιν – é possível, é capaz de ser feito	§ 19
δύο (132)	num.: dois	§ 15
δώδεκα (75)	num.: doze	§ 15

E ε

ἐάν (351)	conj. (< εἰ + ἄν): se, no caso de; após pron. rel. equivale a ἄν: tudo o que; o que quer que; quem quer que; também após adv.: onde quer que	§ 03
ἑαυτοῦ, -ῆς (321)	pron. reflex. da 3ª pess., gen.: de si mesmo	§ 10 § 16
ἐγγίζω (42)	aproximar-se, chegar perto	§ 12
ἐγείρω (144)	levantar, erguer; despertar, acordar; ressuscitar [rad. 2º aor.: ἐγερ]	§ 11
ἐγώ (1.802)	eu = pron. pess. da 1ª pess. sg.	§ 02

ἔθνος, -ους, τό (162)	raça, povo, nação; pl.: gentios, pagãos, alguém que não conhece a Deus	§ 13
εἰ (507)	partíc. condicional: *se*	§ 03
εἶδον / εἶδα	ver; perceber [2º aor. de ὁράω]	§ 05
εἰμί (2.461)	ser, estar, existir; acontecer; haver	§ 02 § 20
εἶπον / εἶπα	dizer, falar [2º aor. de λέγω]	§ 05
εἰρήνη, -ης, ἡ (92)	paz, bem-estar, tranquilidade, harmonia, concórdia; sem ansiedade ou preocupações	§ 17
εἰς (1.768)	prep. c/ ac.: *para, a; para dentro; em; até; por causa de, porque* (Mt 3.11; 12.41)	§ 02 § 08
	εἰς (τό) + inf. ≈ *para, para que; de maneira que*	
εἷς, μία, ἕν (346)	num.: *um(a)*	§ 11
εἰσέρχομαι (194)	*entrar*	§ 08
ἐκ (ἐξ) (916)	prep. c/ gen. abl.: *de; fora de; a partir de; por*	§ 02 § 08
ἕκαστος, -η, -ον (82)	*cada (um); todo*	§ 20
ἐκβάλλω (81)	*expulsar, lançar fora; enviar; tirar, remover*	§ 10
ἐκεῖ (105)	adv.: *lá, ali, naquele lugar; para lá*	§ 15
ἐκεῖνος, -η, -ο (265)	adj. e pron. dem.: *aquele / aquela / aquilo*	§ 04
ἐκκλησία, -ας, ἡ (114)	*assembleia, reunião; congregação, igreja*	§ 06
ἐλπίζω (31)	*esperar, esperar por, aguardar com confiança*	§ 17
ἐλπίς, -ίδος, ἡ (53)	*esperança*	§ 13
ἐμαυτοῦ, -ῆς (37)	pron. reflex. da 1ª pess., gen.: *de mim mesmo*	§ 16
ἐμός, ἐμή, ἐμόν (76)	pron. / adj. possessivo da 1ª pess.: *meu, minha*	§ 09
ἔμπροσθεν (48)	adv. e prep. c/ gen.: *adiante (de); em frente (a)*	§ 09
ἐν (2.757)	prep. c/ dat. loc.: *em, dentro de, no meio de; entre; com, por*	
	ἐν (τῷ) + inf. ≈ *enquanto, quando, ao* + *inf.*; *depois de* + *inf.*; *por* + *inf.*	§ 02 § 08
ἐνεργέω (21)	*operar, atuar (sobrenaturalmente), fazer, produzir, realizar, dar a capacidade para fazer*	§ 19
ἐντολή, -ῆς, ἡ (67)	*mandamento, ordem*	§ 17
ἐνώπιον (94)	como prep. c/ gen.: *perante, diante de; na presença de*	§ 20
ἐξέρχομαι (218)	*sair*	§ 08
ἔξεστι(ν) (32)	verbo impessoal: *é lícito, é legítimo, é correto, é permitido; é possível*	§ 19
ἐξουσία, -ας, ἡ (102)	*autoridade, poder*	§ 06
ἔξω (63)	adv.: *fora, de fora*; c/ gen.: *fora de*	§ 22

ἐπαγγελία, -ας, ἡ (52)	promessa; anúncio, mensagem	§ 14
ἐπερωτάω (56)	perguntar	§ 12
ἐπί (ἐπ', ἐφ') (891)	prep. c/ gen., dat. loc., ac.: sobre, em, em cima de; acima; no tempo de, durante; para	§ 04 § 08
ἐπιγινώσκω (44)	conhecer (bem); entender; reconhecer	§ 19
ἐπιθυμία, -ας, ἡ (38)	desejo, anseio, paixão (muitas vezes impura)	§ 06
ἐπιστρέφω (36)	voltar-se para, virar-se em direção a; voltar, retornar; converter-se, mudar e viver como Deus deseja	§ 21
ἑπτά (88)	num.: sete	§ 15
ἐργάζομαι (41)	trabalhar; operar; fazer; praticar, realizar	§ 19
ἔργον, -ου, τό (169)	trabalho; obra, ato, ação	§ 05
ἔρημος, -ον (48)	adj. deserto, desolado, solitário; subst. fem. deserto; região desabitada	§ 21
ἔρχομαι (636)	ir; vir [rad. 2º aor.: ἐλθ]	§ 05 § 11
ἐρωτάω (63)	perguntar; pedir, solicitar (a alguém)	§ 14
ἐσθίω (158)	comer [rad. 2º aor.: φαγ]	§ 10 § 11
ἔσχατος, -η, -ον (52)	último	§07
ἕτερος, -α, -ον (99)	outro (com uma expressão mais forte de diferença que ἄλλος); outro no sentido qualitativo, de outro tipo, de outra forma, diferente; ὁ ἕτερος: o outro	§ 07
ἔτι (93)	adv.: ainda; além	§ 15
ἑτοιμάζω (40)	preparar, deixar pronto	§ 12
ἔτος, -ους, τό (49)	ano	§ 21
εὐαγγελίζω (54)	anunciar boas novas; evangelizar	§ 19
εὐαγγέλιον, -ου, τό (76)	boa notícia; evangelho	§ 14
εὐθέως / εὐθύς (87)	adv.: imediatamente, logo, em seguida	§ 12
εὐλογέω (44)	louvar; agradecer; bendizer, abençoar	§ 12
εὑρίσκω (176)	achar, encontrar [rad. 2º aor.: εὑρ]	§ 11
εὐχαριστέω (38)	dar graças, agradecer; ser agradecido	§ 18
ἔχω (711)	ter, segurar, possuir; estar [rad. 2º aor.: σχ]	§ 03 § 11
ἕως (146)	conj., adv., e prep. c/ gen.: até, até que; enquanto	§ 06

Z ζ

ζάω (140)	viver	§ 14
ζητέω (117)	procurar, buscar; examinar, indagar	§ 14
ζωή, -ῆς, ἡ (135)	vida (no sentido físico); vida (no sentido espiritual)	§ 03

Η η

ἤ (344)	conj.: *ou*; em comp.: *que, do que*	§ 07
ἤδη (61)	adv.: *já, agora, finalmente*	§ 22
ἡμεῖς (864)	*nós* = pron. pess. da 1ª pess. pl.	§ 02
ἡμέρα, -ας, ἡ (389)	*dia*	§ 06

Θ θ

θάλασσα, -ης, ἡ (91)	*mar*	§ 14
θάνατος, -ου, ὁ (120)	*morte*	§ 05
θαυμάζω (43)	*maravilhar-se, espantar-se; admirar, ficar admirado*	§ 18
θεάομαι (22)	*contemplar, olhar, observar, ver, perceber (com os olhos)*	§ 17
θέλημα, -ατος, τό (62)	*desejo, vontade, propósito, plano, intenção*	§ 09
θέλω (209)	*desejar; querer*	§ 14
θεός, -οῦ, ὁ (1.318)	*deus; Deus*	§ 03
θεραπεύω (43)	*cuidar de; curar, sarar*	§ 10
θεωρέω (58)	*contemplar, ver*	§ 12
θηρίον, -ου, τό (46)	*animal; besta, fera*	§ 22
θλίψις, -εως, ἡ (45)	*tribulação, aperto; aflição, angústia*	§ 13
θρόνος, -ου, ὁ (62)	*trono*	§ 17

Ι ι

ἴδιος, -ία, -ον (114)	*próprio, da própria pessoa, particular; como simples possessivo: seu*	§ 14
ἰδού (200)	partíc. dem. (de ἰδοῦ, imp. de εἶδον): *olha!, olhai!, vê!, vede!; eis (que)*	§ 14
ἱερόν, -οῦ, τό (71)	*templo, santuário*	§ 17
Ἰησοῦς (919)	*Jesus*	§ 02
ἱκανός, -ή, -όν (39)	*suficiente, adequado; apropriado, capaz, competente*	§ 22
ἱμάτιον, -ου, τό (60)	*roupa; veste*	§ 19
ἵνα (663)	conj.: *para que, a fim de que; que, de modo que*	§ 03
ἵστημι (154)	*colocar (de pé); ficar ou apresentar-se (de pé); permanecer (firme)*	§ 15 § 20

Κ κ

κἀγώ (84)	(< καί + ἐγώ) *e eu; também eu*	§ 20
κάθημαι (91)	*sentar, estar sentado; assentar-se; viver, habitar*	§ 17

καθίζω (46)	*sentar, fazer sentar; assentar-se; permanecer*	§ 17
καθώς (182)	adv.: comp.: *como, assim como, da mesma maneira como*; causal: *visto que, uma vez que*; de tempo: *quando*	§ 20
καί (9.164)	conj. copulativa: *e; mas*; como adv.: *também*; καί ... καί: *tanto... quanto, não somente... mas também*	§ 02
καινός, -ή, -όν (42)	*novo* (no sentido de recente); *novo* (no sentido de inédito, não conhecido antes), *melhor*	§ 07
καιρός, -οῦ, ὁ (86)	*tempo (certo); oportunidade; momento*	§ 14
κακός, -ή, -όν (50)	*mau; ruim*	§ 07
καλέω (148)	*chamar; convidar; convocar*	§ 12
καλός, -ή, -όν (101)	*bom; lindo, belo*	§ 07
καρδία, -ας, ἡ (157)	*coração*	§ 06
καρπός, -οῦ, ὁ (66)	*fruto*	§ 11
κατά (κατ᾽, καθ᾽) (476)	prep. c/ gen.: *sobre; por*; c/ gen. abl.: *para baixo; contra; por*; c/ ac.: *segundo, conforme; por*	§ 04 § 08
καταβαίνω (82)	*descer*	§ 09
κατοικέω (44)	*habitar, morar*	§ 18
κεφαλή, -ῆς, ἡ (75)	*cabeça*	§ 18
κηρύσσω (61)	*proclamar, pregar, anunciar*	§ 14
κλαίω (40)	*chorar*	§ 18
κοινωνία, -ας, ἡ (19)	*comunhão, relacionamento próximo; contribuição, compartilhamento, participação solidária*	§ 21
κόσμος, -ου, ὁ (186)	*mundo; universo; humanidade; padrões e práticas contrários ao padrão de Deus*	§ 03
κράζω (56)	*gritar*	§ 20
κρατέω (47)	*apoderar-se de; segurar; agarrar*	§ 12
κρίνω (115)	*julgar*	§ 03
κρίσις, -εως, ἡ (47)	*juízo, julgamento; sentença; condenação; justiça*	§ 13
κύριος, -ου, ὁ (719)	*amo, senhor, dono, patrão; Senhor*	§ 04

Λ λ

λαλέω (296)	*falar, dizer*	§ 04
λαμβάνω (260)	*tomar, receber* [rad. 2º aor.: λαβ]	§ 11
λαός, -οῦ, ὁ (142)	*povo*	§ 05
λέγω (2.262)	*dizer, falar* [rad. 2º aor.: εἰπ]	§ 02 § 11
λίθος, -ου, ὁ (59)	*pedra*	§ 19

λογίζομαι (41)	calcular; avaliar; considerar; pensar	§ 18
λόγος, -ου, ὁ (330)	palavra; discurso, declaração, proclamação; ensino, instrução; mensagem, revelação; assunto, razão	§ 04
λοιπός, -ή, -όν (55)	restante; outro; adv.: daqui para frente; finalmente	§ 19
λύω (42)	desatar, soltar, libertar; destruir	§ 02

Μ μ

μαθητής, -οῦ, ὁ (261)	(< μανθάνω, aprender, assimilar) discípulo, aprendiz, seguidor de um mestre	§ 06
μακάριος, -α, -ον (50)	bem-aventurado, abençoado, feliz, afortunado, bendito, privilegiado	§ 19
μᾶλλον (81)	adv.: mais, muito mais	§ 07
μαρτυρέω (76)	testemunhar, testificar	§ 09
μαρτυρία (37)	testemunho, depoimento; reputação	§ 17
μέγας, μεγάλη, μέγα (243)	grande	§ 07
μείζων, -ον (48)	adj. comp. de μέγας: maior	§ 07
μέλλω (+ inf.) (109)	estar prestes a (+inf.), estar a ponto de (+inf.); dever (+inf.)	§ 04
μέν (180)	partíc. usada correlativamente, pospositiva; normalmente não é traduzida	§ 10
μένω (118)	permanecer, ficar	§ 09
μέρος, -ους, τό (42)	parte; pedaço	§ 22
μέσος, -η, -ον (58)	(que está) no meio; do meio	§ 19
μετά (μετ', μεθ') (473)	prep. c/ gen.: com, junto a; entre; c/ ac.: depois de, após μετὰ τό + inf. ≈ depois de, após	§ 05 § 08
μετανοέω (34)	arrepender-se (implicando um sentimento de pesar), mudar de pensamento / atitude / comportamento	§ 17
μή (1.043)	adv. de negação (usado c/ subj., imp., opt., inf., e part.): não; como conj.: (para) que não; a fim de que não	§ 03
μηδέ (μηδ') (56)	partíc. neg.: nem, e não; nem sequer	§ 22
μηδείς, μηδεμία, μηδέν (89)	nenhum, nenhuma; ninguém; nada; como adv.: de modo nenhum	§ 11
μήτηρ, μητρός, ἡ (83)	mãe	§ 06
μικρός, -ά, -όν (46)	pequeno, insignificante; adv.: pouco	§ 07
μισέω (40)	odiar; detestar; aborrecer	§ 12
μνημεῖον, -ου, τό (40)	túmulo, tumba	§ 21
μόνος, -η, -ον (115)	único; só; adv. μόνον: só, somente	§ 07

N ν

ναί (33)	adv. de afirmação: *sim*	§ 22
ναός, -οῦ, ὁ (45)	lit. e fig.: *templo*	§ 21
νεκρός, -ά, -όν (128)	*morto*	§ 07
νόμος, -ου, ὁ (195)	*lei*	§ 05
νῦν / νυνί (168)	adv.: *agora* (νυνί = forma enfática)	§ 10
νύξ, νυκτός, ἡ (61)	*noite*	§ 13

O o

ὁ, ἡ, τό (19.904)	art. definido (m., f. e n.): *o / a*	§ 03
ὁδός, -οῦ, ἡ (101)	*caminho*	§ 05
οἶδα (318)	*saber; conhecer* (< ὁράω; perf. c/ sentido de pres.)	§ 14
οἰκία, -ας, ἡ (94)	*casa; família*	§ 06
οἰκοδομέω (40)	*edificar, construir, reconstruir*	§ 12
οἶκος, -ου, ὁ (114)	*casa; lar; família; moradia; comunidade (cristã)*	§ 04
ὀλίγος, -η, -ον (41)	*pequeno; pouco*	§ 07
ὅλος, -η, -ον (110)	*todo, inteiro, completo*	§ 07
ὅμοιος, -οία, -ον (45)	*semelhante, similar, parecido; igual*	§ 22
ὄνομα, -ατος, τό (231)	*nome; pessoa; reputação, fama*	§ 09
ὀπίσω (35)	adv.: *atrás, detrás; para trás;*	
	como prep. c/ gen.: *atrás, após, depois de*	§ 09
ὅπου (84)	partíc.: *onde, onde quer que*	§ 20
ὅπως (53)	conj.: *que; para que, a fim de que;* adv.: *como*	§ 03
ὁράω (449)	*ver; perceber; contemplar* [rad. 2º aor.: ἰδ-]	§ 05 § 11
ὄρος, -ους, τό (63)	*monte, montanha*	§ 18
ὅς, ἥ, ὅ (1.365)	pron. rel.: *que, o que, o qual / a qual, quem*	§ 03
ὅσος, -η, -ον (110)	pron. correlativo: *quanto; o que; tão grande quanto (ou: que); tanto quanto*	§ 07
ὅστις, ἥτις, ὅ τι (148)	pron. rel. indefinido: *quem quer que, qualquer que; que;* com frequência equivale a ὅς, ἥ, ὅ	§ 09
ὅταν (123)	(= ὅτε + ἄν) partíc. temp.: *sempre que; quando*	§ 21
ὅτε (103)	partíc. temp.: *quando; enquanto*	§ 21
ὅτι (1.297)	conj.: *que; de modo que; pois, porque, visto que*	§ 05
οὐ (οὐκ, οὐχ, οὔ.) (1.630)	adv. de negação (usado c/ ind.): *não*	
	οὐχί = forma enfática	§ 02
οὗ (54)	adv.: *onde; aonde, para onde*	§ 22
οὐαί (47)	interj.: *ai!*	§ 21

Apêndice 3 | Vocabulário

οὐδέ (οὐδ᾿) (144)	conj. neg.: *nem, e não; também não*	§ 15
οὐδείς, οὐδεμία, οὐδέν (227)	*nenhum(a); ninguém; nada;*	
	como adv.: de modo nenhum	§ 11
οὐκέτι (47)	adv.: *não mais, já não, nunca mais*	§ 22
οὖν (501)	conj. pospos.: *pois, portanto; então*	§ 03
οὐρανός, -οῦ, ὁ (274)	*céu*	§ 05
οὔτε (87)	adv.: *e não;* οὔτε... οὔτε... ≈ *nem... nem...*	§ 03
οὗτος, αὕτη, τοῦτο (1.391)	adj. e pron. dem.: *este / esta / isto; esse / essa*	§ 02
οὕτω(ς) (208)	adv.: *assim, deste modo, desta forma, desta maneira;*	
	οὕτως ... ὥστε ≈ *de tal maneira ... que*	§ 03
οὐχί (53)	*forma enfática de* οὐ	§ 22
ὀφθαλμός, -οῦ, ὁ (100)	*olho*	§ 05
ὄχλος, -ου, ὁ (175)	*multidão; povo*	§ 05

Π π

παιδίον, -ου, τό (52)	*criança*	§ 19
πάλιν (141)	*para trás; outra vez, de novo; mais, ainda;*	
	por outro lado	§ 18
πάντοτε (41)	adv. temp.: *sempre*	§ 18
παρά (παρ᾿) (194)	prep. c/ gen. abl.: *de, da parte de;*	
	c/ dat. loc.: *perto de, junto de, ao lado de;*	
	c/ ac.: *junto a, perto de, ao longo de;*	
	c/ comp.: *em comparação com*	§ 04 § 08
παραβολή, -ῆς, ἡ (50)	*parábola; ilustração*	§ 19
παραδίδωμι (119)	*entregar, ceder, dar; encomendar, confiar, dedicar;*	
	expor; permitir	§ 15 § 20
παρακαλέω (109)	*chamar; exortar; confortar, encorajar, animar*	§ 12
παραλαμβάνω (50)	*tomar, levar consigo; receber; aceitar*	§ 20
παρίστημι (41)	*colocar ao lado; apresentar, dedicar;*	
	estar presente	§ 15 § 20
πᾶς, πᾶσα, πᾶν (1.244)	*todo, cada; inteiro*	§ 03
πάσχω (42)	*sofrer, padecer* [rad. 2º aor.: παθ]	§ 11
πατήρ, πατρός, ὁ (414)	*pai*	§ 04
πείθω (52)	*convencer, persuadir;* voz passiva: *obedecer*	§ 14
πειράζω (38)	*testar, examinar, provar, pôr à prova; tentar;*	
	tentar (com a intenção de levar alguém a pecar)	§ 19
πέμπω (79)	*enviar*	§ 09
πέντε (36)	num.: *cinco*	§ 21

περί (333)	prep. c/ gen.: *concernente a, acerca de, sobre*; c/ ac.: *ao redor de, em volta de*	§ 05 § 08
περιπατέω (95)	*andar; viver; comportar-se*	§ 12
πίνω (73)	*beber* [rad. 2º aor.: πι]	§ 11
πίπτω (90)	*cair* [rad. 2º aor.: πες]	§ 11
πιστεύω (243)	*crer; acreditar; confiar (em), confiar algo a alguém*	§ 10
πίστις, -εως, ἡ (243)	*confiança, fé; fidelidade, lealdade; crença*	§ 12
πιστός, -ή, -όν (67)	*fiel; confiável, fidedigno; crente, confiante*	§ 07
πληρόω (87)	*completar, encher; cumprir*	§ 04
πλοῖον, -ου, τό (68)	*barco*	§ 18
πνεῦμα, -ατος, τό (379)	*vento; sopro; espírito; Espírito*	§ 04
ποιέω (568)	*fazer, executar, realizar, trabalhar, produzir*	§ 04
πόλις, -εως, ἡ (164)	*cidade; povoado; vila*	§ 13
πολύς, πολλή, πολύ (418)	*muito, muitos; numeroso; grande*	§ 10
πονηρός, -ά, -όν (78)	*mau, maligno*	§ 07
πορεύομαι (154)	*ir, andar, caminhar; viver*	§ 10
ποῦ (48)	adv. interrog.: *onde? para onde?*	§ 22
πούς, ποδός, ὁ (93)	*pé*	§ 13
πρεσβύτερος, -α, -ον (66)	*mais velho; velho; ancião*	§ 18
πρό (47)	prep. c/ gen. abl., com sentido posicional: *diante de, na frente de;* ou temporal: *antes de, antes* πρὸ (τοῦ) + inf. ≈ *antes, antes de*	§ 08
πρός (699)	prep. c/ gen.: *(necessário) para;* c/ dat. loc.: *perto de, junto a;* c/ ac.: *para; em direção a; com* πρὸς (τό) + inf. ≈ *para, a fim de; assim que, de modo que*	§ 04 § 08
προσέρχομαι (86)	*ir (para); aproximar-se*	§ 10
προσεύχομαι (86)	*orar*	§ 10
προσκυνέω (60)	*adorar; prostrar-se; reverenciar*	§ 18
προσφέρω (47)	*trazer; oferecer*	§ 22
πρόσωπον, -ου, τό (76)	*rosto, semblante, face; aparência;* fig.: *presença*	§ 18
προφήτης, -ου, ὁ (144)	*profeta*	§ 06
πρῶτος, -η, -ον (156)	*primeiro*	§ 09
πῦρ, πυρός, τό (73)	*fogo*	§ 13
πῶς (103)	partíc. interrog.: *como? de que maneira?*	§ 16

Ρ ρ

ῥῆμα, -ατος, τό (68)	*palavra* (escrita ou falada*); coisa*	§ 13

Σ σ

σάββατον, -ου, τό (68)	*sábado; repouso, descanso; semana*	§ 18
σάρξ, σαρκός, ἡ (147)	lit.: *carne, corpo;* fig.: *natureza humana; natureza pecaminosa*	§ 13
σεαυτοῦ, -ῆς (43)	pron. reflex. da 2ª pess., gen.: *de ti mesmo*	§ 16
σημεῖον, -ου, τό (77)	*sinal; sinal milagroso, milagre com mensagem*	§ 18
σήμερον (41)	adv.: *hoje*	§ 18
σοφία, -ας, ἡ (51)	*sabedoria*	§ 06
σός, σή, σόν (27)	pron. / adj. possessivo da 2ª pess.: *teu, tua (seu, sua)*	§ 09
σπείρω (52)	*semear*	§ 19
σπέρμα, -ατος, τό (43)	*semente; descendência*	§ 19
σταυρόω (46)	*crucificar*	§ 12
στόμα, -ατος, τό (78)	*boca*	§ 13
σύ (1.066)	*tu [você]* = pron. pess. da 2ª pess. sg.	§ 02
σύν (128)	prep. c/ dat. instr.: *com* (expressa a ideia de companhia, associação)	§ 06 § 08
συνάγω (59)	*reunir; ajuntar*	§ 17
συναγωγή, -ῆς, ἡ (56)	*sinagoga; assembleia, reunião*	§ 14
συνίημι (26)	*entender, compreender; perceber; ser sensato, ter juízo*	§ 20
σῴζω [σῳδ-] (107)	*salvar; libertar; preservar; socorrer; livrar; curar*	§ 03
σῶμα, -ατος, τό (142)	*corpo*	§ 11
σωτήρ, -ῆρος, ὁ (24)	(< σῴζω) *salvador, libertador*	§ 04
σωτηρία, -ας, ἡ (46)	*salvação, libertação, preservação*	§ 15

Τ τ

τέ (215)	partíc. encl.: *e*; τὲ... τέ ou τὲ... καί ≈ *tanto... como, não somente... mas também*	§ 10
τέκνον, -ου, τό (99)	*criança; filho; descendente*	§ 13
τέλος, -ους, τό (40)	*fim; propósito final; resultado*	§ 21
τέσσαρες, τέσσαρα (31)	num.: *quatro*	§ 21
τηρέω (70)	*guardar, vigiar; observar, obedecer; conservar*	§ 04
τίθημι (100)	*pôr, colocar*	§ 15 § 20

τιμή, -ῆς, ἡ (41)	honra; preço	§ 22
τις, τι (526)	pron. indef., enclítico: alguém, um (certo); algum, alguma coisa, algo; qualquer um; pl.: alguns	§ 02
τίς, τί (555)	pron. interrog.: quem? quê? qual? por quê? que tipo de?	§ 02
τοιοῦτος, -αύτη, -οῦτο(ν) (57)	tal, tal como, desse tipo ou espécie; tal, tão grande	§ 22
τόπος, -ου, ὁ (94)	lugar	§ 20
τότε (160)	adv.: naquela época, então	§ 10
τρεῖς, τρία (67)	num.: três	§ 15
τρίτος, -η, -ον (56)	terceiro; adv.: pela terceira vez	§ 15
τυφλός, -ή, -όν (50)	cego	§ 12

Υ υ

ὕδωρ, ὕδατος, τό (78)	água	§ 09
υἱός, -οῦ, ὁ (379)	filho; descendente	§ 03
ὑμεῖς (1.840)	vós [vocês] = pron. pess. da 2ª pess. pl.	§ 02
ὑπάγω (79)	partir; ir	§ 12
ὑπάρχω (60)	começar; vir a existir, estar (presente); ser	§ 14
ὑπέρ (150)	prep. c/ gen. abl.: por; em lugar de; em favor de; c/ ac.: sobre, acima de, além de	§ 06 § 08
ὑπό (ὑπ', ὑφ') (220)	prep. c/ gen. abl.: por, por meio de; c/ ac.: sob, debaixo de; abaixo de	§ 06 § 08

Φ φ

φανερόω (49)	manifestar, revelar, mostrar, dar a conhecer	§ 09
φέρω (66)	levar, carregar; conduzir; trazer	§ 17
φημί (66)	dizer, falar	§ 15 § 20
φιλέω (25)	amar, ter afeição por; gostar (de); beijar	§ 17
φοβέομαι (95)	temer; estar com medo; reverenciar, respeitar	§ 10
φόβος, -ου, ὁ (47)	temor, medo; terror; reverência	§ 15
φυλακή, -ῆς, ἡ (47)	guarda, sentinela; vigília; prisão	§ 22
φωνέω (43)	emitir um som; clamar; chamar	§ 15
φωνή, -ῆς, ἡ (139)	voz; som	§ 06
φῶς, φωτός, τό (73)	luz	§ 13

Χ χ

χαίρω (74)	alegrar-se, regozijar-se	§ 14
χαρά, -ᾶς, ἡ (59)	alegria, gozo	§ 19
χάρις, -ιτος, ἡ (156)	graça	§ 13
χείρ, χειρός, ἡ (178)	mão	§ 13
χρεία, -ας, ἡ (49)	necessidade; falta	§ 22
Χριστός, -οῦ, ὁ (531)	lit.: *Ungido; Cristo* (no hebraico: *Messias*)	§ 02
χρόνος, -ου, ὁ (54)	tempo	§ 19
χωρίς (41)	adv.: *à parte, separadamente;*	
	como prep. c/ gen.: *sem, à parte de; fora (de)*	§ 18

Ψ ψ

ψυχή, -ῆς, ἡ (103)	alma; vida	§ 12

Ω ω

ὧδε (61)	adv.: *aqui; para cá*	§ 22
ὥρα, -ας, ἡ (106)	hora	§ 14
ὡς (503)	partíc. comparativa: *como, assim como;* conj.: *como;* temporal: *quando;* resultado: *de modo que;* propósito: *para, a fim de que;* c/ numerais: *cerca de, aproximadamente*	§ 10
ὥστε (83)	conj.: *por isso, portanto; de modo que; a fim de que, para*	§ 19

Bibliografia

ALAND, Kurt. "The text of the church". *Trinity Journal* 8 (1987): 131-44.

_____; ALAND, Barbara. *Der Text des Neuen Testaments*. 2. ed. (Stuttgart: Deutsche Bibelgesellschaft, 1989).

ALEXANDRE JÚNIOR, Manuel. *Exegese do Novo Testamento: um guia básico para o estudo do texto bíblico* (São Paulo: Vida Nova, 2016).

BALZ, Horst; SCHNEIDER, Gerhard, orgs. *Exegetisches Wörterbuch zum Neuen Testament*. Bd. 1-3. 2. Aufl. (Stuttgart: Kohlhammer, 1992).

BARCLAY, William. *As obras da carne e o fruto do Espírito*. Trad. Gordon Chown (São Paulo: Vida Nova, 2000). Tradução de: Flesh and Spirit.

_____. *Palavras chaves do Novo Testamento* (São Paulo: Vida Nova, 1985). Tradução de: New Testament words.

BAUER, Walter. *Griechisch-Deutsches Wörterbuch zu den Schriften des Neuen Testaments und der frühchristlichen Literatur*. 6., völlig neu bearb. Aufl. im Institut für neutestamentliche Textforschung Münster unter besonderer Mitwirkung von Viktor Reichmann, hrsg. v. Kurt Aland und Barbara Aland (Berlin/New York: Walter de Gruyter, 1988).

_____; ARNDT, William F.; GINGRICH, F. Wilbur. *A Greek-English lexicon of the New Testament and other early Christian literature*. A Translation and adaptation of Walter Bauer's Griechisch-Deutsches Wörterbuch zu den Schriften des Neuen Testaments und der übrigen urchristlichen Literatur. Fourth rev. and augmented ed., 1952. (Chicago: University of Chicago, 1957).

BEALE, G. K.; CARSON, D. A., orgs. *Commentary on the New Testament use of the Old Testament* (Grand Rapids: Baker Academics, 2007).

BERGMANN, Johannes. *O Sermão do Monte (Mateus 5 a 7): Novo Testamento grego-português com chave linguística, exegética e comentários* (Curitiba: Esperança, 2023).

BLACK, David Alan, org. *Rethinking New Testament textual criticism* (Grand Rapids: Baker Academics, 2002).

BLASS, Friedrich; DEBRUNNER, Albert. *Grammatik des neutestamentlichen Griechisch*. 16. ed. rev. por Friedrich Rehkopf (Göttingen: Vandenhoeck & Ruprecht, 1984).

BOYD, Robert Adam. *Text-Critical Greek New Testament*. Disponível em: www.Bible.com.

BROMILEY, Geoffrey W., org. *Compendio del diccionario teológico del Nuevo Testamento* (Grand Rapids: Libros Desafio, 2002). Título original em alemão:

Theologisches Wörterbuch zum Neuen Testament (ThWNT). [Tradução de: *Theological Dictionary of the New Testament* (TDNT), resumida em um volume por G. W. Bromiley.]

Brooks, James A.; Winbery, Carlton L. *Syntax of New Testament Greek* (Lanham: University Press of America, 1979).

Bullinger, Ethelbert W. *Diccionario de figuras de dicción usadas en la Biblia*. Trad. e adap. Francisco Lacueva (Terrassa: CLIE, 1985).

Campbell, Constantine R. *Basics of verbal aspect in biblical Greek* (Grand Rapids: Zondervan, 2008).

_____. *Keep your Greek: strategies for busy people* (Grand Rapids: Zondervan, 2010).

Coenen, L.; Beyreuther, E.; Bietenhard, H., orgs. *Theologisches Begriffslexikon zum Neuen Testament* (Wuppertal: R. Brockhaus, 1967-1971). vols. I-II/2.

_____; Brown, Colin, orgs. *Dicionário internacional de teologia do Novo Testamento*. Trad. Gordon Chown (São Paulo: Vida Nova, 2000). Tradução de: The New international dictionary of New Testament theology. [Edição alemã original: *Theologisches Begriffslexikon zum Neuen Testament*.]

Comfort, Philip Wesley. *Manuscritos do Novo Testamento: uma introdução à paleografia e à crítica textual*. Trad. José Ribeiro Neto (São Paulo: Vida Nova, 2022). Tradução de: Encountering the manuscripts: an introduction to New Testament paleography and textual criticism. [Nota: contém uma extensa bibliografia.]

_____, org. *A origem da Bíblia*. Trad. Luís Aron de Macedo (Rio de Janeiro: CPAD, 1998). Tradução de: The origin of the Bible.

Dana, H. E.; Mantey, Julius R. *Gramática griega del Nuevo Testamento*. Trad. para o espanhol Adolfo Robleto; Catalina H. de Clark; Stanley Clark (El Paso: Casa Bautista de Publicaciones, 1975). Tradução de: A manual grammar of the Greek New Testament.

Dias, Marcelo; Pinto, Carlos Osvaldo. *Fundamentos para exegese do Novo Testamento* (São Paulo: Vida Nova, 2020).

Duvall, J. Scott; Verbrugge, Verlyn D., orgs. *Devotions in the Greek New Testament* (Grand Rapids: Zondervan, 2012).

Editio critica maior: *Novum Testamentum graecum* (Stuttgart: Deutsche Bibelgesellschaft, 2013).

Friberg, Barbara; Friberg, Timothy. *O Novo Testamento grego analítico* (São Paulo: Vida Nova, 1987). Tradução de: Analytical Greek New Testament.

Gingrich, F. Wilbur; Danker, Frederick W. *Léxico do Novo Testamento grego/português* (São Paulo: Vida Nova, 1984).

Gomes, Paulo Sérgio; Olivetti, Odayr. *Novo Testamento interlinear analítico grego-português: texto majoritário com aparato crítico* (São Paulo: Cultura Cristã, 2008). Baseado em: Hodges, Zane C.; Farstad, Arthur, eds. *The Greek New Testament according to the majority text*.

Greek New Testament text of the Greek Orthodox Church. Patriarcado Ecumênico de Constantinopla, ed. 1904 (Atenas: Hellenic Bible Society, 2017).

Hatch, Edwin; Redpath, Henry A. *A concordance to the Septuagint and the other Greek versions of the Old Testament* (Graz: Akademische Druck- u. Verlagsanstalt, 1975). vols. I-III.

Haubeck, Wilfrid; Von Siebenthal, Heinrich. *Neuer sprachlicher Schlüssel zum griechischen Neuen Testament* (Giessen: Brunnen, 1994 [vol. 2] e 1997 [vol. 1]).

_____;_____. *Nova chave linguística do Novo Testamento grego*. Trad. Nélio Schneider (São Paulo: Targumim/Hagnos, 2009). Tradução de: Neuer sprachlicher Schlüssel zum griechischen Neuen Testament.

Hodges, Zane C.; Farstad, Arthur, eds. *The Greek New Testament according to the majority text*. 2. ed. (Nashville: Thomas Nelson, 1982).

Hoffmann, Ernst G.; Von Siebenthal, Heinrich. *Griechische Grammatik zum Neuen Testament* (Riehen: Immanuel, 1985).

Keener, Craig S. *Comentário histórico-cultural da Bíblia: Novo Testamento*. Trad. José Gabriel Said; Thomas Neufeld de Lima (São Paulo: Vida Nova, 2017). Tradução de: The IVP Bible background commentary.

Kittel, G.; Friedrich, G., orgs. *Theologisches Wörterbuch zum Neuen Testament* (Stuttgart: Kohlhammer, 1933-1979). vols. 1-11.

Langenberg, Heinrich. *Biblische Begriffskonkordanz: Biblische Grundbegriffe heilsgeschichtlich und konkordant (nach dem Urtext übereinstimmend) erklärt*. 6. Aufl. (Metzingen: Ernst Franz, 1984).

LaSor, William Sanford. *Gramática sintática do grego do Novo Testamento*. Trad. Rubens Paes (São Paulo: Vida Nova, 1986). Tradução de: Handbook of New Testament Greek.

Linnemann, Eta. *Gibt es ein synoptisches Problem?* (Neuhausen-Stuttgart: Hänssler, 1992).

Louw, Johannes P.; Nida, Eugene A., orgs. *Léxico grego-português do Novo Testamento baseado em domínios semânticos*. Trad. Vilson Scholz (Barueri: Sociedade Bíblica do Brasil, 2013). Tradução de: Greek-English lexicon of the New Testament based on semantic domains.

Mauerhofer, Erich com Gysel, David. *Uma introdução aos escritos do Novo Testamento*. Trad. Werner Fuchs (São Paulo: Vida, 2010). Tradução de: Einleitung in die Schriften des Neuen Testaments. Bd. 1-2.

Metzger, Bruce M. *The text of the New Testament: its transmission, corruption, and restoration* (New York: Oxford University Press, 1992).

_____. *A textual commentary on the Greek New Testament*. 2. ed. (Stuttgart: Deutsche Bibelgesellschaft, 2002).

_____. *Un comentario textual al Nuevo Testamento griego*. Trad. Moisés Silva; Alfredo Tepox (Stuttgart: Deutsche Bibelgesellschaft, 2006).

Mounce, William D. *Fundamentos do grego bíblico: livro de gramática*. Trad. Gordon Chown (São Paulo: Vida, 2009). Tradução de: Basics of biblical Greek: grammar.

_____. *Léxico analítico do Novo Testamento grego*. Trad. Daniel de Oliveira (São Paulo: Vida Nova, 2013). Tradução de: The analytical lexicon to the Greek New Testament.

Novo Testamento grego. 5. ed. rev. (UBS[5]) (Barueri: Sociedade Bíblica do Brasil).

Novo Testamento interlinear grego-português. Texto grego: *The Greek New Testament*. 5. ed. Tradução literal do grego Vilson Scholz. Textos bíblicos em português: Nova Almeida Atualizada (NAA) e Nova Tradução na Linguagem de Hoje (NTLH). (Sociedade Bíblica do Brasil, 2019).

Novum Testamentum graece. Nestle-Aland, 28. ed. (NA[28]) (Stuttgart: Deutsche Bibelgesellschaft, 2018).

Omanson, Roger L. *A textual guide to the Greek New Testament* (Stuttgart: Deutsche Bibelgesellschaft, 2006).

_____. *Variantes textuais do Novo Testamento*. Trad. Vilson Scholz (Stuttgart: Deutsche Bibelgesellschaft, 2010).

Paroschi, Wilson. *Crítica textual do Novo Testamento*. Ed. corr. (São Paulo: Vida Nova, 1999).

Pasquale, C. N.; Ulisses, I. *Gramática da língua portuguesa* (São Paulo: Scipione, 1999).

Pickering, Wilbur N. *Nova tradução do Novo Testamento*. Disponível em: prunch.com.br.

_____. *Qual o texto original do Novo Testamento*. Autopublicação via Amazon.com, 2020.

_____. *The Greek New Testament according to family 35*. 3. ed. Autopublicação via Amazon.com, 2015.

_____. *The identity of the New Testament text IV*. Autopublicação via Amazon.com, 2014.

Pop, F. J. *Palabras bíblicas e sus significados*. Trad. Guillermo van Halsema (Buenos Aires: Escaton, 1972). Tradução de: Bijbelse woorden en hun geheim.

Rega, Lourenço S.; Bergmann, Johannes. *Noções do grego bíblico: gramática fundamental*. 3. ed. (São Paulo: Vida Nova, 2014).

Rienecker, Fritz. *Sprachlicher Schlüssel zum Griechischen Neuen Testament* (Giessen: Brunnen, 1970).

_____; Rogers, Cleon. *Chave linguística do Novo Testamento grego*. Trad. Gordon Chown; Júlio Paulo T. Zabatiero (São Paulo: Vida Nova, 1995). Tradução de: Linguistic key to the Greek New Testament. [Edição em alemão: Sprachlicher Schlüssel zum Griechischen Neuen Testament.]

Robertson, A. T. *A grammar of the Greek New Testament in the light of historical research*. 2. ed. (New York: Hodder & Stoughton, 1915).

_____. *Imágenes verbales en el Nuevo Testamento* (Terrassa: CLIE, 1989). vols. 1-6. Tradução de: Word pictures in the New Testament.

_____. *Word pictures in the New Testament* (Nashville: Lifeway, 1958).

ROBINSON, Edward. *Léxico grego do Novo Testamento*. Trad. Paulo Sérgio Gomes (Rio de Janeiro: CPAD, 2012). Tradução de: A Greek and English lexicon of the New Testament, 1850.

ROBINSON, Maurice A.; PIERPONT, William G., orgs. *The New Testament in the original Greek: Byzantine text form* (VTR Publications, 2018). Disponível em: www.ByzantineText.com.

ROGERS, Cleon L. Jr.; ROGERS III, Cleon L. *The new linguistic and exegetical key to the Greek New Testament*. Rev. ed. (Grand Rapids: Zondervan, 1998). [Título da edição original: RIENECKER, Fritz. *The linguistic key to the Greek New Testament*, 1982.]

RUSCONI, Carlo. *Dicionário do grego do Novo Testamento*. Trad. Irineu Rabuske (São Paulo: Paulus, 2003). Tradução de: Vocabolario del greco del Nuovo Testamento.

STRONG, James. *Dicionário grego do Novo Testamento*. Com materiais adicionais extraídos do *Dicionário de estudo de palavras: Novo Testamento*, compilado por Spiros Zodhiates. Incluído no Apêndice da *Bíblia de estudo palavras-chave hebraico e grego* (Rio de Janeiro: CPAD, 2011).

TAYLOR, William Carey. *Dicionário do Novo Testamento Grego* (Rio de Janeiro: JUERP, 1991).

_____. *Introdução ao estudo do Novo Testamento grego* (Rio de Janeiro: JUERP, 1990).

TEXTUS RECEPTUS. Ed. F. H. A. Scrivener (London: Trinitarian Bible Society, 1894).

THAYER, Joseph Henry, org. *A Greek-English lexicon of the New Testament: being Grimm's Wilke's Clavis Novi Testamenti*. Trad para o inglês, rev. e ampl. J. H. Thayer (New York: American Book Company, 1989).

THE GREEK NEW TESTAMENT. 5. ed. rev. (United Bible Societies; Stuttgart: Deutsche Bibelgesellschaft, 2015).

UBS HANDBOOKS for New Testament (United Bible Societies, 1961-1997). 20 vols.

VAUGHAN, Curtis; GIDEON, Virtus E. *A Greek grammar of the NT: a workbook approach to intermediate grammar* (Nashville: Broadman, 1979).

VINE, W. E.; UNGER, Merril F.; WHITE JR., William. *Dicionário Vine: o significado exegético e expositivo das palavras do Antigo e do Novo Testamento* (Rio de Janeiro: CPAD, 2002). Tradução de: Vine's expository dictionary of biblical words.

_____; _____; _____. *Vine's complete expository dictionary of Old and New Testament words* (Nashville: Thomas Nelson, 1996).

VON SIEBENTHAL, Heinrich. *Kurzgrammatik zum griechischen Neuen Testament* (Giessen: Brunnen, 2005).

WALLACE, Daniel B. *Gramática grega: uma sintaxe exegética do Novo Testamento*. Trad. Roque Nascimento Albuquerque (São Paulo: Ed. Batista Regular, 2009). Tradução de: Greek grammar beyond the basics.

_____. *Gramática griega: sintaxis del Nuevo Testamento.* Adapt. al español y edit. Daniel S. Steffen (Miami: Vida, 2011). Tradução de: Greek grammar beyond the basics.

WUEST, Kenneth S. *The practical use of the Greek New Testament* (Chicago: Moody Press, 1946).

ZERWICK, Max; GROSVENOR, Mary. *A grammatical analysis of the Greek New Testament* (Roma: Editrice Pontificio Istituto Biblico, 1996).

Sobre o Autor

Johannes Bergmann nasceu em Montevidéu, no Uruguai, em uma família de imigrantes alemães. Graças ao exemplo de fé dos pais, aprendeu cedo o que significa seguir ao Senhor Jesus no dia a dia.

Estudou engenharia, até que foi chamado para servir no Reino de Deus em tempo integral. Preparou-se, inicialmente, atendendo ao convite de Deus expresso em Salmos 32.8: "Eu quero instruí-lo e lhe mostrar o caminho que deve seguir". Como complemento desse discipulado aos pés do Senhor continuou com estudos formais de teologia em Montevidéu, na Basileia (Suíça) e em Leuven (Bélgica). Sempre teve o privilégio de estudar com professores tementes a Deus e amantes da Sua Palavra. Essa influência foi marcante para sua vida e ministério.

Serviu em seminários teológicos no Uruguai, no Paraguai, e em diversas instituições no Brasil. Ministra cursos de Grego Bíblico (há mais de quarenta anos), Hermenêutica, Exegese, Teologia Bíblica e Exposição do Novo Testamento, entre outras disciplinas, além de dar aulas particulares de grego bíblico via Internet.

Paralelamente ao seu ministério docente, sempre colaborou ativamente nas equipes pastorais das igrejas locais nas cidades onde morava.

Publicou:

- *Noções do grego bíblico: gramática fundamental* (São Paulo: Vida Nova, 2004[1], 2014[3]).
- *O Sermão do Monte (Mateus 5 a 7): Novo Testamento grego-português com chave linguística, exegética e comentários* (Curitiba: Esperança, 2023).

É casado com Marliese desde 1990, e pai de Elisabeth, Samuel e Christian. O autor pode ser contactado por este e-mail: ntoriginal@gmail.com.

Índice de passagens bíblicas

Os números indicam as páginas em que os textos são citados como exemplos. Os números em **negrito** indicam páginas em que os textos são abordados na seção "Aplicando o texto à vida...". Os números em *itálico* indicam textos dos exercícios.

Mateus
1.25   253
2.13   195
3.9   217
3.11   133
4.2   154
4.18   143
5.3   133
5.8   133
5.17   *198*
5.23   161
5.43   54
5.44   179
5.48   182
6.1   196
6.8   196
6.9   217
6.9-10   262-265, 269-270
6.9-13   180, 181
6.24   132
6.25   181
6.28   160
6.31,34   182
7.14   160
7.17   38
9.9   134
9.21   229
9.35   *146*
10.2   73
11.29   132
12.3   217

12.22   193
12.28   228
12.29   *165*
13.4   196
13.18   153
15.22   *66*
16.18   99
16.21   134
16.22   182
17.9   75
18.20   154
19.6   181
19.16   *87*
19.18-19   182
19.19   *165*
20.15   194
20.30   75
21.19   *120*
22.36   85
23.2   214
24.12   216
24.12s   **58**
24.45   *87*
25.34   152
26.26   *121*
26.75   172
27.31   196
27.40   219
28.18   *209*
28.18-20   *146*

Marcos
1.8-9   *126*
1.14   196
1.15   *174*
1.22   107
2.2   132
2.17   254
2.28   *78*
3.14-15   *198*
3.15   255
4.2   *110*
4.6   196
4.41   135
5.34   180
5.36   181
6.41   135
8.32   134
9.7   144
9.29   255s.
9.31   *223*
9.42   84
9.45   84
10.26   *198*
10.45   127
10.51-52   *127*
13.11   181
14.36   160
14.72   194

Lucas
1.28 180
2.4 196
2.41 108
2.46 32, 113
4.43 **199**
5.17 196
5.33 217
6.20 215
7.13 181
8.1 216
9.28 193
11.3 136
12.20 132
14.11 *164*
14.27 **102s.**
16.3 *165*
16.4 115
17.3 163
17.5 180
17.31 182
18.12 37
19.10 *198*
20.16 185
22.23 185
22.60 153, *156*
24.13 136

João
1.1 214
1.1-2 *65*
1.6 133
1.6-13 *136*
1.14 *120*
1.15 *109*
1.17 *208*
1.19-21 41
1.22 160
1.29 38
1.29-34 *101*
1.45-48 *95*
1.49-51 *66*

1.50 75, 84
2.16 73
2.22 *121*
2.24 *109*
3.5 *209*
3.10 214
3.16 *48*, **88**, 236
3.35 72
3.36 **89**, 153
4.6 171
4.27 215
5.31 162
5.42 *78*
6.17 173
6.19 136
6.35 *120*
6.68 55
7.35 54
9.1-3 **165**
9.21 160
9.41 229
10.10 *48*
10.11 *209*
10.27s **41**
11.32 *237*
11.40 232
12.26 **103**
12.47 *48*
13.34 163
13.35 *77*
14.2 73
14.2-6 *77*
14.3 38
14.6 **66**, 98
14.23 *56*, 227, 238
15.5 32, **96s.**, 194
15.6 114
15.7 *225*, 238
15.14 *238*
16.13 *57*
16.27 *175*
17.3 82, *87*

17.11 75
17.25 72
19.22 167
19.24 182
20.1 214

Atos
1.5 54
2.26 134
2.42-47 **110**
3.8 154
3.14 219
3.26 144
4.20 **127**
7.9 143
8.27 155
9.4 *165*
9.26 *156*
9.31 134
9.34 38
14.23 173
16.6 134
16.28 182
16.31 *57*, 181
17.18 230
18.3 133
18.8 *110*
18.21 153
19.21 *199*
21.28 215
22.26 *57*
26.27 77
26.29 185

Romanos
1.1 72, 74
1.16 *156*
1.17 214
1.20 196
3.1 214
3.4 185
4.18-21 **147**

Índice de passagens bíblicas

4.20 **29**
5.5 **78, 175**
5.7 55
6.2 133
6.11 181
6.12 181
7.18 195, 215
7.25 99
8.13 228
8.28 **157**
8.35 74
10.9-10 **239**
11.20 133
12.9-13, 16-19 182
12.11 145
12.15 193
13.8 233
14.8 73
15.2 215
15.26 73

1Coríntios
2.8 229
3.2 135
4.12 133
7.15 180
10.13 192
12.6 99
12.28 *224*
12.29 233
13.1-2 *238*
13.2 229
13.7 37
13.13 85, *224*

2Coríntios
3.18 37
4.5 163, *165*
5.15 *156*
7.2 135
8.9 114, 144
8.17 85

10.1 99

Gálatas
1.10 238
5.16 **49**, 134, *137*, 233
6.9 144

Efésios
1.3 235
2.5 134
2.8 216
4.2-3 182
4.4-6 *223*
4.11 219
5.1 181
5.25 217
5.28 162
5.33 182
6.11 196
6.21 219

Filipenses
2.1 161
2.7 143
2.13 195
2.28 114
4.6s **188**
4.9 **121**
4.11 114
4.13 **29**

Colossenses
4.18 217

1Tessalonicenses
4.3 195
5.16-18 *187*
5.23-24 *187*

1Timóteo
2.8 194
4.13 218

5.1 182
6.11 76

2Timóteo
1.12 32
2.14 182
2.19 *156*
3.16-17 271
4.2 181

Tito
2.11 132

Hebreus
1.5 *188*
3.4 161
3.9 136
4.12 84, 153, 271

Tiago
1.11 114
1.25 **224**
4.15 *57*

1Pedro
2.11,12,18 182
3.1 182
3.11 *188*
3.14 230
4.2 **137**
4.8 216
4.11 *237*

1João
1.1 *174*
1.2 82, *87*
1.6-10 239
1.9 229
2.6 *209*
2.15 179, 218
2.17 *157*
3.7 180

305

3.12 218
3.13 *209*
3.14,18 **210**
4.4 84
4.4-6 *41*
4.8 *72, 77, 214*
4.19 223
5.3 74

5.10 *175*
5.11-12 **89**
5.12 *157*
5.20 82, *87*

Judas
1.2 185

Apocalipse
1.3 215
21.1-2 75
22.6 82

Índice remissivo

a.c.i.: acusativo com inf.; *veja* infinitivo
ablativo; *veja* genitivo ablativo
acentuação 25, 26
    acento agudo 25
    acento circunflexo 25
    acento grave 26
acusativo, caso 61, 135s.
    acusativo com infinitivo (a.c.i.); *veja* infinitivo
    adverbial 136
    cognato 135
    de extensão 136
    de objeto direto 135
    de objeto interno 135
    duplo 135
    implícito 135
adjetivos 81, 130
    introdução 81
    atributivo 82
    comparação 83
    da 1ª e 2ª decl. 81
    da 3ª declinação 130
    graus dos adjetivos:
        normal ou positivo 83
        comparativo 83, 84
        superlativo 83, 85
    possessivo 100
    predicativo 82, 142
    substantivado 82, 142
advérbios 85, 232
    comparação 85
    de negação 232, 233
    usados em perguntas diretas 232
    usados em sequência 233
    οὐ μή + aor. subj. / fut. ind. 233
Aktionsart; *veja* verbo, aspecto da ação
alfabeto 23
antecedente; *veja* pronome
aoristo, tempo
    introdução 113
    a questão do tempo 115
    alterações pelo acréscimo do σα e θησ 125
    aoristo sigmático 116
    formação 116
    tradução 115
    usos
        aor. do imperativo 181, 183s.
        aor. do indicativo 115
        aor. do subjuntivo 46
        com sentido de futuro 114
        constatativo 113
        consumativo 114
        culminativo 114
        dramático 115
        efetivo 114
        epistolar 114
        futurístico 114
        gnômico 114
        ingressivo 113
        proléptico 114
1º aoristo
    indicativo ativo 123

indicativo médio 123
indicativo passivo 124
infinitivo 125
subjuntivo ativo 124
subjuntivo médio 124
subjuntivo passivo 124
2º aoristo
    indicativo ativo 116
    indicativo médio 117
    indicativo passivo 117
    infinitivo 116, 117
    subjuntivo ativo 118
    subjuntivo médio 118
    subjuntivo passivo 118
apódose 227
apóstrofo 28
artigo 59, 218
    função 59, 213ss.
    declinação 59s.
    usos gerais 213ss.
        com nomes próprios 216
        com subst. abstratos 216
        como pronome 217
        para generalizar 215
        para identificar 214
        para substantivar 215
    usos especiais 218
        desacompanhado de subst. 218
        numa sequência de nomes 218
        regra de Granville-Sharp 218
aspecto; *veja* verbo, aspecto da ação
aspiração (áspera e branda) 25
ativa; *veja* voz ativa
aumento 105s., 123
αὐτός, -ή, -ό (usos) 99
casos; *veja* substantivo, caso
comparação; *veja* graus
    graus dos adjetivos; *veja* adjetivos, graus
    graus dos advérbios; *veja* advérbios, graus
condicionais; *veja* orações condicionais
conjugação em -ω 36
conjugação em -μι 36s, 205ss.
    introdução 205
    características 205
    classificação 206
    flexão 206
conjunções e partículas 234
    adversativas 235
    causais 235
    comparativas 235
    condicionais 235
    consecutivas 235
    copulativas 235
    disjuntivas 235
    explicativas 235
    finais 235
    inferenciais 235
    temporais 235
    transicionais 235
consoantes 25
    dentais 25
    guturais 25
    labiais 25
    líquidas 25
    mudas 25
    sibilantes 25
contraídos; *veja* verbos contraídos
coronis 27
crase 27
crítica textual 244ss.
dativo, caso 61, 131
    de associação 133
    de causa 133
    de companhia 133
    de esfera 134
    de interesse pessoal 131

Índice remissivo

de lugar 134
de modo 134
de objeto indireto 132
de posse 133
de referência 133
de relação 133
de tempo 134
instrumental 61, 133
locativo 61, 134
declinações:
  introdução aos casos 59-62
1ª declinação 69
  introdução 69
  radical term. em -α precedido por
    ε, ι ou ρ 69
  radical term. em -α não precedido
    por ε, ι ou ρ 70
  radical term. em -η 70
  radical term. em -ας 70
  radical term. em -ης 71
2ª declinação 59
  introdução 59
  declinação do feminino 59
  declinação do masculino 59
  declinação do neutro 59
3ª declinação 129
  introdução 129
  radical dos substantivos de 3ª
    declinação 129
  terminações 130
defectivos; *veja* verbos depoentes
dentais; *veja* consoantes
depoentes; *veja* verbos depoentes
desinência 35
ditongos 24
enclíticas; *veja* palavras enclíticas
espírito; *veja* aspiração
futuro, tempo 51
futuro do indicativo 51

formação e flexão 51s.
formações perifrásticas 54
significado básico 51
usos
  deliberativo 55
  gnômico 55
  imperativo 54
  preditivo 54
voz ativa 51
voz média 51
voz passiva 52
alterações pelo acréscimo do
  σ 52s.
alterações pelo acréscimo do
  θησ 53s.
de εἰμί 52
gênero gramatical 34, 46, 59, 60, 62s.
genitivo, caso 61, 73ss.
  ablativo 61, 73s
  absoluto 75, 149, 153
  de autoria 74
  de comparação 75
  de descrição 73
  de origem 74
  de parentesco 73
  de posse 73
  de relacionamento 73
  de separação 74
  objetivo 74
  partitivo 73
  plenário 74
  subjetivo 74
Granville-Sharp, regra 218
graus de comparação; *veja*
  adjetivos graus
  advérbios graus
grego, como estudar 16ss, 257ss.
grego *koinê* 15, 219
guturais; *veja* consoantes

identificação do texto original 244
imperativo, modo
  significado 179
  aspecto da ação 180
    no presente 181
    no aoristo 181
  formação 182
    presente 183, 184
    aoristo 183s.
  ideia do imperativo expressa
    mediante:
      1ª pessoa plural do subj. 182
      aoristo do subjuntivo com μή 182
      futuro do indicativo 182
      ἵνα com o subjuntivo 182
  usos
    admoestação 180
    apelo 180
    concessão 180
    encorajamento 180
    exortação 180
    solicitação 180
    ordem ou mandato 179
    pedido, súplica 180
    permissão 180
    proibição 179
  de εἰμί 184
imperfeito, tempo:
imperfeito do indicativo 105, 106
  significado básico 105
  formação 105s.
  flexão 106s
  usos 107
  de εἰμί 107
indicativo, modo 32
infinitivo:
  introdução 191
  a.c.i., acusativo com infinitivo 192

usos
  com artigo e preposição 196
  com artigo sem preposição 195
  epexegético 194
  explicativo 194
  expressando propósito 192
  expressando resultado 193
  inf. com verbos impessoais 194
  inf. complementar 193
  inf. sem artigo 192
  διά τό + inf. 196
  εἰς τό + inf. 196
  ἐν τῷ + inf. 196
  μετά τό + inf. 196
  πρίν (ἤ) + inf. 194
  πρό τοῦ + inf. 196
  πρός τό + inf. 196
  τοῦ + inf. 195
  ὥστε + inf. 193
inspiração do texto bíblico 242
instrumental; *veja* dativo instrumental
iota subscrito e adscrito 24
labiais; *veja* consoantes
líquidas; *veja* consoantes
locativo; *veja* dativo locativo
mais-que-perfeito, tempo:
  significado básico 172
  formação 172
manuscritos gregos 242ss.
média; *veja* voz média
modo indicativo; *veja* indicativo
modo imperativo; *veja* imperativo
modo optativo; *veja* optativo
modo subjuntivo; *veja* subjuntivo
modos do verbo 32
mudas; *veja* consoantes
ν eufônico 34
ν móvel 34

nominativo, caso
   significado 61, 72
   usos
      nom. de sujeito 72
      nom. predicativo 72
      predicado nominal 72
      nom. vocativo 72
      nom. de aposição 72
NT grego
   versões impressas 260s.
   versões online 259
   versões para smartphone 258s.
NT original 267ss
numerais 219
   introdução 219
   no NT 220
   flexão 221
número, em verbos 31
optativo, modo 185
   introdução 185
   formação 185
      presente 185, 186
      1º aoristo 186
      2º aoristo 185
   significado e usos 185
      desejo ou voto 185
      possibilidade 185
      perguntas indiretas 185
orações condicionais
   introdução 227
   classificação 227, 231
      condição real ou realizável 228
      condição irreal 228
      condição futura provável 229
      condição futura possível,
         pouco provável 230
      resumo da classificação 231
οὐ μή + aor. subj. / fut. ind. 233
palavras enclíticas 26

palavras pospositivas 47
palavras proclíticas 26
particípio:
   introdução 139
   aspecto da ação 152, 171
   1º aoristo ativo 149
   1º aoristo médio 150
   1º aoristo passivo 150
   2º aoristo ativo e médio 151
   2º aoristo passivo 151
   futuro 141
   perfeito ativo 170
   perfeito médio/passivo 171
   presente ativo 139
   presente médio/passivo 140
   presente de εἰμί 141
   usos do particípio
      a oração subordinada
         circunstancial 142, 153
      adjetivo 149, 152
      adverbial 142
      atributivo 152
      circunstancial 142
      gerúndio 142, 153
      predicativo 152
      sentido causal 143
      sentido concessivo 144
      sentido condicional 143
      sentido final 144
      sentido imperativo 145
      sentido modal 143
      sentido resultante 144
      sentido temporal 143
      substantivado 152
   tempo da ação do part. 154
      part. aoristo 154
      part. futuro 155
      part. perfeito 154, 170
      part. presente 139s., 154

partículas; *veja* conjunções
πᾶς, πᾶσα, πᾶν 130
passiva; *veja* voz passiva
perfeito, tempo
   significado básico 167
   formação e flexão 167, 168
   infinitivo 168
   reduplicação 169
   terminações 169
   tradução 170
   2º perfeito 170
   particípio perfeito 170
pessoa, em verbos 33
pontuação; *veja* sinais de pontuação
preposições:
   introdução 91
   usadas como prefixos 91s
presente, tempo:
   significado e usos
      aorístico 38
      com sentido de futuro 38
      costumeiro 37
      durativo 31, 37
      futurístico 38
      gnômico 37
      histórico 38
      instantâneo 38
      iterativo 37
      linear 31, 37
presente do imperativo
   significado 181
   formação e flexão 182s.
   de εἰμί 184
presente do indicativo
   formação e flexão 35, 36
   de εἰμί 34
presente do optativo
   formação e flexão 185s.

presente do subjuntivo
   significado 43
   formação e flexão 44, 45
   de εἰμί 45
preservação do texto original 243
proclíticas; *veja* palavras proclíticas
pronomes 97, 159
   introdução 97
   antecedente 97
   de identidade 99
   demonstrativo 99
   enfático 98, 99
   indefinido 161
   interrogativo 159, 160
   pessoal 33, 97s.
      uso básico 98s.
      usos de αὐτός, -ή, -ό 99
   possessivo 98, 100
   recíproco 163
   reflexivo 161s.
   relativo 100
prótase 227
sibilantes; *veja* consoantes
sinais de pontuação 28
subjuntivo, modo
   significado 43
   usos especiais
      propósito: ἵνα ou ὅπως + subj. 46
      exortação: 1ª pl. no subj. 46
      proibição: μή + aor. subj. 46
      em perguntas deliberativas 46
      negação: οὐ μὴ + aor. subj. 46, 233
      ἐάν + subj.: condição provável 46, 229
substantivos
   casos 59, 60s., 69ss.; *veja* cada caso:
      ablativo (gen. abl.) 74

Índice remissivo

acusativo 135s.
dativo 131ss.
genitivo 73ss.
instrumental (dat. instr.) 61, 133
locativo (dat. loc) 61, 134
nominativo 72
vocativo 75
declinações:
  1ª decl. 69ss.
  2ª decl. 62s.
  3ª decl. 129s.
tempos verbais; *veja* cada um:
  aoristo
  futuro
  imperfeito
  mais-que-perfeito
  perfeito
  presente
terminações
  primárias 36
  secundárias 106
texto original do NT 241
  identificação 244
  inspiração 242
  preservação 243
  transmissão 242
transliteração 23, 24
tradução, como proceder 40
trema 27

verbos
  aspecto da ação 31s., 37, 43, 152, 154, 171, 180
    durativo 31
    linear 31
    pontual 32
    resultante 32
  contraídos
    introdução 201
    formação 201
    flexão 202ss.
      pres. ind. 202
      pres. subj. 202
      imperf. ind. 203
      pres. imp. 203
      inf. pres. 204
      part. pres. 204
  depoentes ou defectivos 108
  número 33
  pessoa 33
  tempo 31s (*veja* cada um)
vocativo 59, 61s., 75s.
vogais 24
vogal de ligação; *veja* vogal temática
vogal temática 35
voz em verbos 33
  ativa 33
  média 33
  passiva 33